TERESA SAN ROMÁN

# LOS MUROS DE LA SEPARACIÓN
## ENSAYO SOBRE ALTEROFOBIA Y FILANTROPÍA

Etnografia i Antropologia

1

Etnografia i Antropologia és una col·lecció que dona continuïtat a la sèrie Publicacions
d'Antropologia Cultural de la UAB, creada el 1998 per l'antropòloga Teresa San Román,
amb més d'una vintena de volums publicats.

La nova col·lecció es publica en format electrònic d'accés obert i posa un èmfasi especial en
l'etnografia. La publicació de monografies etnogràfiques ens endinsa en societats i realitats diverses,
permet entendre les accelerades dinàmiques socioculturals del nostre món, i contribueix a repensar
els reptes globals actuals des de la teoria antropològica.

Es tracta d'una col·lecció del Departament d'Antropologia Social i Cultural de la Universitat
Autònoma de Barcelona (UAB) que publica el Servei de Publicacions de la UAB.
La col·lecció compta amb un consell editorial i un consell assessor, que garanteixen el rigor
en el procés de selecció i la qualitat de les obres publicades.

https://monografies.uab.cat/monografies/catalog/series/etnografia-antropologia

Una primera edició, reduïda i restringida d'aquesta obra va ser publicada el 1995 pel Servei
de Publicacions de la Universitat Autònoma de Barcelona. La segona edició va ser publicada
el 1996 pel Servei de Publicacions de la Universitat Autònoma de Barcelona i l'editorial Tecnos.

EDICIÓ
Universitat Autònoma de Barcelona
Departament d'Antropologia Social i Cultural

PRODUCCIÓ
Universitat Autònoma de Barcelona
Servei de Publicacions
Plaça de l'Acadèmia. Edifici A
08193 Bellaterra (Cerdanyola del Vallès)
Tel. 93 581 10 22
sp@uab.cat · https://publicacions.uab.cat

ISBN: 978-84-19333-90-2 (PDF)
ISBN: 978-84-19333-89-6 (paper)
Dipòsit legal: B. 20.040-2023

Imprès a Espanya - Printed in Spain

## Nota a la edición de 2023

El presente libro es una reedición del publicado en 1996 por las editoriales Tecnos y Universidad Autónoma de Barcelona. En esta edición se han realizado algunos cambios que no suponen variaciones de contenido en el texto, sino solo facilitar la lectura o suprimir algunas repeticiones.

No se ha actualizado de ninguna forma y se ha mantenido el marco temporal de lo publicado en la edición de 1996.

Agradezco al Departamento de Antropología Social y Cultural de la Universidad Autónoma de Barcelona y a su Servei de Publicacions el haber hecho posible esta nueva edición. A los profesores de Antropología, Virginia Fons y José Luis Molina, su ayuda, imprescindible para esta nueva edición en 2023.

A Nirmala y Swapna San Román. Nacidas en la India, ciudadanas del Estado español, vecinas de Cerdanyola del Vallès, amantes de Riudarenes, La Guardia, Teverga y La Cabrera, deseosas de cruzar la frontera con Francia desde la playa de Port de la Selva, parlantes imparables en catalán y en castellano, fans del Barça, a quienes deseo en la vida lo mejor: el interés y respeto por las culturas y, antes, el amor por los seres humanos.

*Los muros de la separación no llegan al cielo.*
Máxima cristiana

*El coraje es el único compañero moral adecuado a la lucidez.*
P. A. Taguieff (1987: 416)

# Índice

SEGUNDA PARTE. **POR UNA FILANTROPÍA SIN FUNDAMENTO**

## Prefacio

No puede haber mejor manera de iniciar esta colección de Etnografía y Antropología (de hecho, una nueva e ilusionada etapa de la colección de monografías del Departamento de Antropología Social y Cultural de la Universitat Autònoma de Barcelona, UAB) que publicando una nueva edición revisada del libro de Teresa San Román, *Los muros de la separación. Ensayo sobre alterofobia y filantropía.* Una primera versión de este trabajo fue publicada inicialmente en 1995 por el Servei de Publicacions de la UAB, y la versión ampliada actual en 1996, juntamente con la editorial Tecnos.

¿Qué puede aportar —se preguntará el lector— una reflexión sobre las raíces del racismo y la xenofobia (pero también sobre la alterofilia y la filantropía) publicada hace más de un cuarto de siglo? ¿Es que no está todo dicho? La respuesta es que, a juzgar por la estupefacción (superada cada día) con que presenciamos los acontecimientos de nuestro entorno, entre ellos la polarización y el extremismo, no disponemos de teorías que nos ayuden a entenderlos. Y este libro era y es, precisamente, un paso en esa dirección, por desgracia descuidada, la de la reflexión crítica sobre los fundamentos de la alterofobia y la filantropía desde una perspectiva empírica, comparativa y transcultural. De ahí los anexos etnográficos que acompañan los ensayos, anexos que nos permiten apreciar la diversidad y la continuidad de los procesos de categorización del «Otro» y, muy a menudo, de su exclusión. El caso de los gitanos, sin querer ser central, sí es, sin embargo, privilegiado para poder entender los fundamentos de la exclusión con perspectiva histórica. Es también destacable el ensayo sobre Taiwán y las dinámicas interculturales de los diferentes grupos étnicos a través de la historia.

¿Qué es, pues, eso tan relevante que dice la autora en este libro que nos ayudará a entender lo que pasa hoy día? Sin pretender hacer un epítome de un conjunto de ensayos tan rico y elaborado, nos atrevemos a señalar algunos elementos que entendemos claves para la lectura de este libro.

## Hacia una teoría de la categorización, y a menudo exclusión, del «Otro»

Si el *etnocentrismo* puede considerarse universal por su propia naturaleza constitutiva de la percepción y la valoración del mundo, no por ello hay que deducir que este lleve necesariamente a la *xenofobia*. Valorar la propia cultura no conlleva despreciar la de los demás. Por el contrario, la noción rousseauniana del «buen salvaje», supuestamente constitutiva de la naturaleza humana, que llevaría a la *alterofilia*, tampoco se sostiene. Y es que las cosas son un poco más complicadas. El proceso de *categorización de la diferencia cultural* se da al menos en tres niveles, conectados o no, a saber, *a*) el de la experiencia cotidiana, en el que la competencia por los recursos o por el prestigio puede jugar un papel importante, *b*) el de los discursos públicos, los cuales estigmatizan y simplifican por definición, y *c*) el de las estructuras legales y económicas, que simple y llanamente reconocen, limitan o niegan derechos a categorías de personas.

En este contexto aprendemos que las teorías racistas y antirracistas pertenecen de hecho al ámbito de los *discursos*, y que unas y otras se retroalimentan. En esta dinámica, las posturas antirracistas son más débiles que las racistas, que conectan mejor con los «racismos cotidianos» (las experiencias de competencia por recursos escasos de clases sociales populares), las estructuras estatales y los nacionalismos culturalistas. En este sentido, el racismo como ideología ha pasado de la biología a la cultura para legitimar sus postulados de exclusión, apelando a las esencias irreductibles, en este caso culturales, del *ser* (a menudo nacional y patriótico).

Ahora bien, este esencialismo es ante todo impostura, pues la selección de los marcadores culturales que se toman como base de la categorización de las diferencias es no solo arbitraria sino *relacional*, es decir, co-constituida a partir del contacto con otros grupos (con los que se comparten muchas características), algo que Barth (1976), entre otros, señaló con tanta precisión.

Lejos de postular determinismo, Teresa San Román nos recuerda que hay margen para la selección, para la adaptación, para el cambio, nada es inmutable. Ahora bien, sí que sería universal la existencia de un *referente cultural* (en el que caben las contradicciones y la transformación), un referente que, de nuevo, no tiene por qué llevar a la alterofobia. En palabras de la propia autora:

> Existe un *referente étnico o cultural* o como quiera que se acabe por llamar, en todos y cada uno de los seres humanos, que adquirimos por medio del proceso de enculturación y socialización y que configura estructuras mentales, potencia unas capacidades sobre otras, crea hábitos duraderos, interioriza modelos de relación entre las personas y valores culturales. [...] Este substrato de *referencia cultural* de ninguna manera tiene por qué conducir necesariamente a un etnocentrismo, entendido como juicio de superioridad y/o proyección universalista de la particularidad, ni tiene por qué guiarnos hacia la militancia étnica, nacionalista o de cualquier otra índole, y menos aún determina la violencia contra los que exhiben diferencias. Pero yo creo que está ahí y, por tanto, más vale verlo, asumirlo, conocerlo, criticarlo, conducirlo, que no simplemente negar su existencia en un nuevo exorcismo en favor de una manipulación, por muy antirracista que en este caso fuera (San Román, 1996: 107).

Probablemente, continúa la autora, esta capacidad de categorizar a los otros, de atribuirles características, destacar u ocultar rasgos, actuaría de forma *sistemática*, vinculando categorías y atributos con una lógica profunda todavía por determinar, algo no muy lejano a las propuestas de los sistemas clasificatorios de Lévi-Strauss (1995) o de las estructuras de las metáforas de Lakoff (2008) por citar ejemplos bien conocidos.

Visto lo visto, ¿qué hay, pues, de la alterofilia y de la filantropía? ¿De dónde salen? Probablemente de la historia de Occidente, aunque no exclusivamente, sin quitarle por ello su valor ni negar la existencia de una humanidad compartida:

> Yo creo que libertad, igualdad, solidaridad y cosmopolitanismo son todos ellos valores propios de nuestra cultura occidental, de la ideología evangélico-económica, de la de los intentos de reforma de sus desviaciones desde san Francisco de Asís hasta Leonardo Boff (cada uno entendido en su tiempo histórico y concreto), de la valoración revolucionaria

del individuo, efectivamente, desde el siglo XVIII, de las revoluciones comunistas inspiradas en el marxismo, de los actuales defensores de los inmigrantes extranjeros y de los gitanos marginados. Son nuestras propias ideas, no necesariamente exclusivas, nuestro proyecto universal (San Román, 1996: 121).

Si admitimos la universalidad de los procesos de enculturación y la existencia de un etnocentrismo *de facto*, la existencia de dinámicas interculturales en el seno de sociedades complejas (como quizá han sido siempre) que llevan a procesos de diferenciación selectiva y categorizaciones compartidas, la frecuente cristalización de esas dinámicas en estructuras legales y económicas que materializan los procesos de exclusión, ¿qué lugar queda para la convivencia con *otros*? ¿Es posible un mundo sin pasar por la asimilación (voluntaria o forzada)? La respuesta de Teresa San Román es que sí, pero siempre que admitamos la necesidad de una *negociación*:

> En una propuesta de negociación, la diferencia entre *integración social* y *asimilación étnica* es fundamental y va mucho más allá de las palabras. La asimilación implica el abandono de la diferencia étnicamente significativa y de la identidad étnica correspondiente para adoptar la identidad y la cultura significativa para esa identidad de «otro». Lejos de esto, la integración (o inserción, si se prefiere) se refiere a la *posición* de los individuos y/o de los grupos, de manera que una posición integrada es la que les permite hacer uso de los derechos *cívicos* como seres políticos o como entidades políticas de esa polis.

> Ese *derecho a la diferencia* a mí me parece que solo puede significar *derecho a contar con recursos igualitarios para promover la propia diferencia en un marco de derechos generales consensuados a los que se subordina*. Por eso es necesario un consenso que invente los universales a partir de propuestas particulares, a partir, también, de la similitud, de la humanidad compartida que pienso que sí existe, que existiría, aunque solo fuera en la capacidad universal humana de cambiar, en sus intentos diferentes y divergentes por no sufrir y en la posibilidad de razonar, de simbolizar y de comunicarse.

Estas ideas, insistimos, no recogen la riqueza de argumentos del libro, pero sí nos ayudan a entender el debate intelectual que lo motivó originalmente, y que, por suerte o por desgracia, sigue siendo vigente hoy día.

## De la dimensión intelectual a la dimensión aplicada

La trayectoria intelectual de Teresa San Román va de la mano de una teoría de la intervención basada en (de nuevo) el conocimiento acumulado de una empresa empírica, comparativa y transcultural. En esta empresa, la autora fundó o trabajó en estructuras institucionales que ya no existen como tales, como el Área de Antropología de la UAB (ahora felizmente todo un Departamento), el Grupo de Relaciones Interculturales y Marginación Social (GRIM, el germen del actual Grupo de Investigación en Antropología Fundamental y Orientada, GRAFO, un grupo de investigación consolidado), la Escuela Universitaria de Trabajo Social del ICESB o la Fundación ESICO de Barcelona. En esos años, la universidad que conocimos era fundamentalmente una empresa *intelectual*, *erudita*, *humanista*, preocupada por generar teorías sobre el mundo, por la discusión y el detalle, antes de convertirnos en vendedores de «innovaciones» o de «impacto social», actividades exigentes y competitivas que nos llevan a olvidar demasiado a menudo la importancia de la teoría. Si las observaciones de la autora sobre las razones del éxito de la extrema derecha francesa de Le Pen (padre) siguen siendo acertadas hoy día (a saber, el descontento, la oposición con categorías inventadas de otros, la esperanza vana de un futuro mejor), también lo es su insistencia en construir primero un conocimiento crítico y contrastado para, después, pasar a la intervención. Entendemos, y esta colección es prueba de ello, que solamente el conocimiento crítico acumulado, empírico y comparativo, puede orientar la intervención social con el concurso de los actores implicados.

Un comentario más para acabar. Este libro no es un manual estructurado pensado para una fácil lectura, sino que está concebido como un *diálogo* entre autores de referencia y las observaciones etnográficas que permiten a la autora validar o negar las diferentes aportaciones. Más que un decálogo de conceptos y definiciones invitamos al lector a unirse, aquí y allá a una conversación intelectual que no ha hecho más que comenzar.

## Referencias

Barth, F. *et al.* (1976), *Los grupos étnicos y sus fronteras*, México: Fondo de Cultura Económica.

Lakoff, G. y Johnson, M. (2008), *Metaphors we live by*, University of Chicago Press.

Lévi-Strauss, C. (1995), *Antropología estructural*, Barcelona: Paidós.

# Introducción*

En líneas generales, suele existir un problema en la polémica sobre racismo, xenofobia, antirracismo y anti-antirracismo. Ninguno de ellos son conceptos que se propongan desde una teoría de la discriminación o desde una teoría de la vinculación entre distintos tipos de discurso y diferentes situaciones sociales y políticas. Las distinciones entre conceptos, cuando tienen algún otro referente que el sentido común, se establecen indistinta y alternativamente por el origen del discurso, por sus causas, por sus efectos o por sus pretendidos remedios. En los últimos años se están realizando mayores esfuerzos por construir una aproximación teórica, pero pocos y aún incipientes.

No puedo, hoy por hoy, acometer semejante empresa. Pero sí puedo plantear la posibilidad de relacionar el tema de la alterofobia con otra cuestión que me interesa: el análisis de los procesos de marginación o de exclusión social. Y por eso este libro que pretende aportar críticas, en su sentido metodológico, teórico e ideológico, referidas al contenido de la polémica sobre «racismo» o sobre «xenofobia», tal como se viene produciendo.

Para ello voy a cuestionar la visión particularista, la más difundida del racismo como fenómeno europeo, manteniendo mi posición, ya antigua, de una *propuesta* no-particularista y no-universalista. Una propuesta centrada en la vinculación posible pero no necesaria entre racismo y otras alterofobias, por una parte, y cierto tipo de condiciones múltiples, económicas, políticas y sociales, por otra; vinculación contrastada y corroborada en casos

* En septiembre de 1994 se concluyó este libro, que fue editado por la Universidad Autónoma de Barcelona (UAB) en una versión reducida que en 1996 se amplía, en especial en sus contenidos etnográficos. Esa primera edición, muy restringida, respondió a la necesidad de cumplir con una promesa a los estudiantes del curso de Doctorado sobre xenofobia y racismo que impartía en ese momento y pretendía también aportar un material para la reflexión y discusión de los formadores que participaban en un programa de Interculturalidad de la Dirección General de Ordenación Educativa del Departamento de Enseñanza de la Generalidad de Cataluña y de la UAB. Aproveché la oportunidad para enviar una decena de ejemplares a colegas que trabajan en este campo, pidiendo que aportaran sus críticas y sugerencias. Agradezco a Ignasi Terradas su larga y estimulante carta, a Joan Prat su conversación telefónica, sus reflexiones a Pepi Soto y Montse Clúa. A Aurora González Echevarría le agradezco su implacable crítica habitual.

particulares en distintas áreas geográficas y diferentes momentos históricos, e igualmente contrastada y rechazada en otros. Cuando estas condiciones de su existencia se dan, darían cuenta tanto de su funcionalidad legitimadora como de su activación particular en el tiempo y en el espacio, pero no resolverían por entero el problema de su génesis. Esta tendría que considerar también imágenes, discursos y elementos culturales preexistentes, culturalmente disponibles con anterioridad.

Aunque necesariamente sea con brevedad, hablaré de la alterofobia y los gitanos como pueblo, como comunidad transterritorial con una identidad difusa, una cultura discernible, pero versionalista, adaptaticia, y una historia con trazos de una uniformidad al menos importante, que da sentido a sus diferencias y a su identidad simultáneamente[1]. Lo hago no solo por apego, costumbre y fidelidad. También porque es evidente que el caso de los gitanos en Europa es un caso de características muy peculiares, que resulta una prueba de fuego, muy frecuentemente mortal, para la totalidad de las teorías que circulan hoy en torno a la alterofobia racista o xenófoba. Insidiosamente para estas, no es una casualidad que los textos no lleguen ni a *mencionar*, en la gran mayoría de los casos, a los gitanos, siendo como es (junto al de los judíos) uno de los casos más antiguos de racismo popular e institucional, quizá el más extendido, sin duda el menos reconocido y, al menos en España, el más profundo[2]. El olvido de semejante mole contrastadora por parte de todas las partes implicadas en la polémica es, como muy poco, sorprendente.

Una cosa más. No espere el lector una exposición detallada de los «racismos», los «antirracismos» y los «anti-antirracismos», por dos razones: puede, para ese propósito, consultar varios trabajos aparecidos en años anteriores[3]. Además, no es mi propósito revisar críticamente cada teoría, sino

---

1. Para este tema ver T. San Román (1994), *La diferència inquietant*, Barcelona: Alta Fulla/Serveis de Cultura Popular.

2. Ver, por ejemplo, los resultados de la encuesta del CIS sobre xenofobia recogida en *El País*, 21 de abril de 1993, en la que los gitanos ocupan el puesto de mayor rechazo.

3. Para una consulta inicial de carácter general podrían señalarse algunos títulos posibles, no siempre en la misma línea: M. Banton (1967), *Race Relations*, London: Tavistock-Basic Books; (1987), *Racial Theories*, Cambridge U.P.; C. Guillaumin (1980), *Sociological Theories: Race and Colonialism*, UNESCO; (1972), *L'idéologie raciste. Genèse et language actuel*, Paris: Mouton; E. Morin (1980), «Identité ethnique et ethnicité. Analyse critique des travaux anglo-

un substrato de supuestos y preconcepciones que creo que quedan todavía por cuestionar, de los que solo algunos me interesan en el momento actual de mi trabajo. Voy a hablar por lo tanto de estos últimos.

Tengo que agradecer a muchas personas sus sugerencias y opiniones sobre las ideas que aquí expongo, expresadas, algunas esbozadas en escritos a lo largo de muchos años, reformuladas y discutidas. Unas, como Aurora González Echevarría, lo han hecho desde el pensamiento antropológico y los problemas de construcción de ese pensamiento; Verena Stolcke, también compañera de la Universidad Autónoma de Barcelona (UAB), quien, compartiendo un marco de referencia ideológico global común, por acuerdo en algunos casos y por contraste en otros, me ha llevado a exigirme un examen crítico, nunca definitivo, de mi propia posición intelectual y política en este tema; a mis compañeros del GRIM en la Universidad Autónoma[4] les debo la descripción de problemas y ejemplos tomados de sus trabajos sobre poblaciones inmigradas en Cataluña y sobre situaciones más generales de marginación. A otras, como Carmen Chapa, Pilar Liria, José María Cabodevilla y Purificación Salas, que son todas ellas personas de otras latitudes intelectuales e incluso ideológicas alguna de ellas, pero llenas de conocimiento y de sensibilidad histórica y social, les agradezco el no haber naufragado entre las páginas de la Biblia y del Corán.

Y una gratitud muy especial a Pierre-André Taguieff, a quien nunca he visto y quien no sabe de mi existencia, porque uno de sus libros, *La Force du Préjugé*[5], supuso tres cosas: una crítica feroz, certera y despiadada de algunos de mis planteamientos iniciales, un encuentro en algunas otras ideas que compartimos en el examen crítico del discurso sobre el racismo de algu-

---

saxons», en P. Tapp, ed., (1980) *Identités Collectives et Changements Sociaux*, Toulouse: Privat; J. Rex y D. Mason, eds. (1986), *Theories of Race and Ethnic Relations*, Cambridge U.P.; J. Rex (1986), *Race and Ethnicity*, Open U.P.; A. Smith y M. Bulmer, eds. (1992), *Ethnic and Racial Studies*, London: Routledge; P. A. Taguieff (1985), «Le néo-racisme différentialiste», *Language et Société*, 34; (1989), «La nouvelle judeophobie», *Les Temps Modernes*, noviembre: 1-80; R. Thompson (1989), *Theories of Ethnicity: A Critical Appraisal*, New York: Greenwood; T. Todorov (1989), *Nous et les autres. La réflexion françaises sur la diversité humaine*, Paris: Éds. du Seuil; (1988), *Cruce de culturas y mestizaje cultural*, Madrid: Júcar Universidad.

4. Grupo de Relaciones Interculturales y de Marginación, UAB.

5. P. A. Taguieff (1987), *La Force du Préjugé. Essai sur le racisme et ses doubles*, Paris: La Découverte.

nos intelectuales antirracistas y, por fin, una constatación de que el solo análisis del discurso (aun siendo tan incisivo como el suyo) resulta una mirada penetrante dirigida hacia las propias gafas, de que es necesaria la contrastación empírica de las ideas y necesarias las relaciones con los seres humanos de los que hablamos. Para él, mi respeto, mi gratitud y mi reproche, por esto último y por destruir la esperanza sin proponer una redención que abarque a más gente que al grupo de los creyentes. De alguna manera le diría lo que él recoge de Pascal: «Es igualmente peligroso que el hombre conozca a Dios sin conocer su propia miseria, como conocer la miseria sin conocer a un Redentor que le pueda curar»[6]. La búsqueda de redención, en mi reproche, tendría que escribirse con minúscula.

Nunca había tenido que expresar tantos y tan sinceros agradecimientos a instituciones que hubieran apoyado mi trabajo como en este caso. En 1993 recibí del Equipo de Dirección de la Escuela Universitaria de Trabajo Social del ICESB de Barcelona el encargo de preparar un texto sobre racismo, xenofobia y otras alterofobias, que muy especialmente recogía el interés de su directora, la Sra. Teresa Crespo. Con toda puntualidad, cortesía, y con una gran disponibilidad, apoyaron al principio mi trabajo personal para realizarlo. El cambio de la Junta Directiva de la EUTS poco después truncó la continuidad del proyecto, tanto por existir un desconocimiento mutuo como por no estar yo convencida de que se mantuviera en la institución la línea de libertad de pensamiento que había caracterizado la Escuela durante el período anterior. La Fundación ESICO de Barcelona decidió posteriormente embarcarse en la aventura incierta de contribuir a los gastos de la investigación. Posteriormente, la posibilidad abierta a que la UAB coeditara el libro con Tecnos, hizo renunciar espontáneamente a ESICO a mantener el proyecto inicial de edición, por entender que el tema del libro aconsejaba la más amplia divulgación que estuviera en nuestras manos. Agradezco mucho a la Fundación su confianza y generosidad y al Servicio de Publicaciones de la UAB, a Mercedes y Carles, su constante y animoso aliento y eficacia en esta y en todas las publicaciones de la Serie de Antropología. Por último, quisiera añadir que, durante 1992, 1993 y 1994 recibí una subvención a un proyecto de investigación por parte de la DGICYT. Aunque este libro no

---

6. Citado por P. A. TAGUIEFF (1987: 420), *op. cit.*

forma parte de aquel proyecto, sí se ha beneficiado del contexto de reflexión y datos que él me proporcionó, por lo que creo que debo agradecerle también ahora la ayuda recibida. Quiero dejar constancia del uso que he hecho de los *Human Relations Area Files* y de la magnífica posibilidad de acceso a informes etnográficos que supone. El esfuerzo que hizo la UAB para adquirirlos y el empeño y paciencia que pusimos en ello desde el Área de Antropología Social estoy segura de que serán fructíferos.

PRIMERA PARTE

## DISCURSO SOBRE LA ALTEROFOBIA

# 1. La desigualdad y los genes, y la identidad nacional culturalista

## 1.1. Las dimensiones del racismo y la definición del adversario

En ciencias sociales, en general, el análisis de los discursos racistas y antirracistas, y el análisis de las relaciones sociales vinculadas a la heterofobia y la heterofilia se han conectado escasamente, tanto en las relaciones sociales directas como en las institucionales. Aunque siempre se plantean juntos, el discurso suele reducirse a una legitimación de las acciones, que en sí mismas solo aparecen a niveles muy globales y abstractos («la explotación» o «las diferencias de cultura» o «la economía-mundo»), mientras que cuando el énfasis está en las relaciones y fenómenos más concretos, con referentes empíricos delimitados y precisos, se da por bueno, sin más argumentos, uno u otro análisis del discurso. Por otra parte, el análisis más profundo del discurso, el que considera sus incoherencias o critica sus supuestos y postulados, viene acompañado de referencias a la necesidad de fundamentar todo ello y de contrastarlo empíricamente, pero no lo hace. Ese es un reto que tenemos por delante y ante el que yo solo quiero apuntar aquí algunas orientaciones[1].

M. Banton, en 1967, hacía una distinción entre lo que podían llamarse *tres dimensiones del racismo*. La primera sería la *dimensión ideológica*, que incluiría no solo la doctrina racista propiamente dicha sino su contextualización en una interpretación de la historia y en una visión del mundo y de las relaciones entre las personas en las que aquella cobra sentido, sin excluir la producción teórica pertinente de distintas disciplinas científicas. Una segunda dimensión sería la del *prejuicio racial*, es decir, las orientaciones previas a la acción, las disposiciones guiadas por los estereotipos étnicos. Por último, habría una dimensión que atendería a las relaciones sociales, econó-

---

1. Ver también «La añoranza de los hechos» para este mismo propósito, en este libro y el anexo al capítulo 7.

micas, políticas y culturales en todo su sentido, entre grupos y entre individuos, que podría calificarse también de racismo y que él llama *discriminación
racial* y entiende como comportamientos colectivos observables, incluso mesurables en muchos casos, que constituirían parte de las relaciones sociales
y se vincularían al funcionamiento intra e intersocietal[2].

P. A. Taguieff, en 1987, adopta esa propuesta explícitamente para distinguir entre lo que él llama un *racismo-actitud* o prejuicio, un *racismo-con-
ducta* o comportamientos discriminatorios y un *racismo-ideología* que
abarcaría las distintas doctrinas, desde la teoría de las razas hasta el nacionalismo diferencialista de «la preferencia nacional». Taguieff entiende que
los fenómenos que designamos hoy como «racismo» incluirían una variedad de formas (racismo, antisemitismo, xenofobia, etc.) y que tales fenómenos pueden ser identificados antes de que el propio término «racista» apa-
reciera a comienzos del siglo xx[3].

Si tenemos en cuenta, además de estas dimensiones, sus funciones y la
realidad cultural y política a la que se vinculan, podríamos establecer unas
relaciones que, aunque en la vida aparecen solapadas de muchas formas,
para su discernimiento y análisis podríamos expresar así:

| Operaciones cognitivas | Dimensiones de alterofobia | Categorizaciones | | | |
|---|---|---|---|---|---|
| | | *Qué es* | *Componentes* | *Función* | *Resultados sociales* |
| *Percibir* | I. Racismo-Actitud o «Racialismo» | Actitudes Disposiciones Sentimientos | Opiniones Verbalizaciones | Orientación pasional de la acción | Hostilidad latente |
| *Clasificar-Jerarquizar (y llevarlo a la práctica)* | 2. Racismo-Conducta o «Discriminación» | Comportamientos Relaciones sociales | Actos de exclusión o explotación | Satisfacción de intereses | Supeditación Agresión |
| *Justificar* | 3. Racismo-Ideología. «Racismo» | Ideas | Representaciones Explicaciones Evaluaciones | Legitimación de actos y resultados | Mantenimiento de discriminación y uso de pueblos |

2.  M. Banton (1967), *Race Relations*, London: Tavistock-Basic Books.

3.  *Cf.* Le Bas Choppard (1986), *De l'égalité dans la différence. Le socialisme de Pierre
Leroux*, Paris: Press Fond. Nat. Scc. Politiques: 250. Citado por P. A. Taguieff (1987), *La force
du préjugé. Essai sur le racisme et ses doubles*, Paris: La Découverte.

El enorme valor de Taguieff, con independencia de las críticas que ya he mencionado (la cortedad de sus propuestas finales y la escasa contrastación y referencia a los trabajos sobre situaciones concretas), es el *proporcionar una crítica a las ideas, que sitúa racismos definidos frente a la falacia de un racismo único, en primer lugar, y muestra cómo el antirracismo va, por así decirlo, a remolque de las innovaciones discursivas de los racismos, de manera que la crítica antirracista a un tipo de racismo es asumida por los racistas y les permite elaborar un nuevo racismo, mientras que el antirracismo permanece anclado en argumentaciones que tienen poco sentido en la versión racista del momento.* Y así, en vez de conocer a los racistas, los recuerdan o los inventan. Él habla de una «retorsión» o estrategia que consiste en tomar el argumento del adversario, dotándolo de un contenido que lo lleva hasta sus últimas consecuencias, y *devolverlo* utilizándolo en beneficio de las aspiraciones propias políticamente orientadas en contra de la argumentación del adversario.

En definitiva se trata de que, por ejemplo, si el racista proclama la diferencia biogenética y jerárquica resultante entre las razas, la reacción antirracista proclama la inexistencia empíricamente contrastada de tal supuesto y la base de la diferenciación en la cultura, sin admitir una jerarquización en la medida en que las culturas se inscriben en visiones del mundo no medibles, en que al haber gran diversidad cultural, el intento europeo de imponer su cultura es etnocéntrico e imperialista, en que cada cultura tiene un valor en sí misma, es valiosa en sí misma. El racista entonces asume la crítica, pero por un movimiento de «retorsión» la *devuelve* llevada a su extremo lógico: así no hay diferenciación biológica esencial. No hay superioridad. No hay conmensurabilidad posible, cada cultura es valiosa en sí misma y es un producto único. Por lo tanto, el respeto implica separar y aislar esas culturas y defender la propia. Racismo y antirracismo se explican mutuamente, se responden y, sin querer, se mezclan. Volveremos.

Lo que ahora me interesa es que, si se parte de este planteamiento, es posible hacer otros, es posible reordenar las relaciones racismo-antirracismo y verter luz sobre las distintas dimensiones de cada uno, llevar esa clarificación más allá del análisis del discurso que interesa, no sin razón, a Taguieff. Podrían exponerse de otra forma las «teorías del otro» y sus correlatos, las otras dimensiones del racismo.

## 1.1.1. Explicaciones antirracistas del racismo

La *explicación fundamental*, que permea todos los antirracismos directa o indirectamente, *sería la función legitimadora del racismo*, una legitimación de la separación entre pueblos hasta llegar incluso a la fuerza, o a la separación del propio pueblo respecto a otros pueblos, nunca todos. El racismo se reduce así a la función legitimadora de la dimensión doctrinal, mientras que las actitudes o los comportamientos se entenderían desde otras perspectivas, como las teorías generales sobre los estereotipos, las teorías psicológicas de las fobias, la culpabilidad, la proyección, etc., las teorías del «chivo emisario» o las teorías históricas del capitalismo y la explotación. El racismo es así solo una función legitimadora de la dominación dirigida a separar a los grupos para distintos propósitos (que variarían en cada versión de racismo).

La causa más comúnmente atribuida al racismo por el pensamiento antirracista sería la explotación, y su origen más concreto estaría en la dominación colonial desde finales del siglo xv[4]. Esta explicación, radicada en la legitimación de la explotación, se contradecía a sí misma y se refutaba empíricamente con casos como el de los judíos u otros genocidios, que eliminaba a aquellos a quienes se suponía que tenía que explotar.

Una versión más reciente situaría el racismo en las exigencias de explotación y de expulsión o exclusión, del capitalismo liberal[5]. Esta versión tiene dos ventajas. En primer lugar, explica que, al ser el interés del capitalismo en unos casos explotar, pero en otros circunscribir derechos, crear divisiones de clase, sacar fuera (del mercado de trabajo, por ejemplo) a grandes segmentos de población, el racismo no justificaría exclusivamente la explotación

---

4. Ver, por ejemplo, O. C. Cox (1948), «Caste, class and race», London: Doubleday, y la crítica de R. Miles (1980) en *Racial and Ethnic Studies*, 3: 169-187; J. Rex y D. Mason, eds. (1986), *Theories of Race and Ethnic Relations*, Cambridge U.P.; J. Solomos (1991a), *Black Youth, Racism and the State...*, Cambridge U.P., y (1991b), «Les formes contemporaines de l'idéologie raciale dans la société britannique», *Les Temps Modernes*, 46: 540-541.

5. Ver, por ejemplo, P. Fitzpatrick (1987), «Racism and the innocence of law», en P. Fitzpatrick y A. Hunt, eds. (1987), *Critical Legal Studies*, Oxford: Basil Blackwell: 119-131. V. Stolcke (1992), «The right to difference in a unequal world», manuscrito. Ha sido publicado como «Talking cultures: new boundaries, new rhetorics of exclussion in Europe», *Current Anthropology*, 36(1), en febrero de 1995, después de concluido este libro y sin haber tenido la oportunidad de leer aún el texto final.

sino también la exclusión, el genocidio, la expulsión. En esta misma línea, puede situarse el racismo legitimador del orden de la economía-mundo de Wallerstein o, de una forma mucho más flexible, la idea de una dominación y desigualdad social más amplia (entre sexos, por ejemplo) expresada por Balibar o entre grupos de edad, como la expresada por Meillassoux[6]. La segunda ventaja de esta versión explicativa del racismo es que conjuga, hasta cierto punto al menos, la idea de la dominación y la del nacionalismo de Estado, de manera que «la preferencia nacional» justificaría la oscilación explotación-expulsión de inmigrantes y, al tiempo, el apoyo a la explotación en el Tercer Mundo.

Las *fundamentaciones* ideológicas y discursivas, doctrinales, que permitirían esta legitimación vendrían de diferentes ámbitos de las ideas. A la primera en el tiempo yo la llamaría «integrismo religioso», especialmente católico, pero también de otras vertientes del cristianismo, que permitirían conjugar varias cosas. Por una parte, la imposición de unos valores y unas normas, una ética universal que en el proceso colonial e imperialista o en «la preferencia nacional» del nacionalismo racista radical jugaría un papel fundamental de dominación y homogeneización de juicio. Por otra parte, en muchos momentos permitió un esencialismo, al distinguir entre seres con alma y sin ella, fieles y poseídos del Mal, idólatras y creyentes, que permitió verdaderas masacres y utilizaciones de los «otros» humanos[7].

---

6. *Cf.* I. Wallerstein (1983), *Le capitalisme historique*, Paris: La Découverte, y (1987), «La construcción de los pueblos: racismo, nacionalismo, etnicidad», *Actuel Marx*, 1(1): 25-26. E. Balibar e I. Wallerstein, eds. (1988), *Raza, nación y clase*, Iepala. V. Martínez-Alier (Stolcke) (1989, segunda edición), *Marriage, Class and Colour in Nineteenth Century Cuba*, Michigan U.P.; C. Meillassoux (1986), *Anthropologie de l'esclavage*, Paris: PUF, y (1975), *Mujeres, Graneros y Capitales*, Madrid: Siglo XXI.

7. Puede resultar chocante hablar de un cristianismo integrista en un momento como el actual, en el que atribuimos la exclusiva del integrismo al islam. Sin necesidad de señalar con el dedo a nadie del presente por no molestar más, podemos recurrir al papel, a uno de los papeles, jugado por el cristianismo católico en el pasado, y no solo la quema de brujas. Un ejemplo entrañable y culpabilizador para quienes pertenecemos al Estado español es el de los moriscos y judíos. Por ejemplo, a finales del XVI el Santo Oficio de Valladolid los censa cuidadosamente para tenerlos controlados; antes, en 1481, dice Serafín de Tapia, el obispo de Ávila había dictado normas de las Constituciones Sinodales que se conservan en su Archivo Diocesano. En ellas puede leerse «que ningún cristiano ni cristiana... vaya a bodas ni mortuorios de judíos e moros por los honrar ni menos los dichos infieles sean llamados por los fieles a las semejantes cosas...» y algo más tarde, en las Ordenanzas de 1487, «que ningún cristiano sea osado de morar con judío ni con

Más adelante, el racismo articularía una doctrina en torno a la teoría de las razas, que sustituyó casi por completo al integrismo religioso. Primero los biólogos, más tarde los genetistas, ofrecían un modelo de humanidad dividida en subgrupos que, por adaptaciones diversas a lo largo de milenios, por la endogamia, y por razón de la transmisión de herencia biológica, configurarían algo así como subespecies. El racismo elaboraría entonces una doctrina ya plenamente esencialista, por la que la herencia biológica perceptible (genética después) llevaría inevitablemente de una generación a otra, *conjuntos de caracteres* inseparablemente unidos, tales como el color de la piel o la forma del cráneo, *junto con* capacidades biopsíquicas y características intelectuales y culturales. La diferencia de valor entre tales subespecies humanas, las razas, en función de esa disimetría de atributos pertinentes para el progreso, permitiría pensar en la conveniencia de un dominio del blanco occidental, creo que todavía presente de forma muy extendida[8].

Esta teoría esencialista de las razas[9], tal como aquí la he mostrado sin atender a las investigaciones y conclusiones posteriores de la Biología, fue rechazada por los propios biólogos. Primero se declaró radicalmente falso el maridaje inseparable entre herencia de determinados caracteres físicos y de ciertos otros psíquicos o culturales, se señaló la constatación de un enorme peso de las condiciones del contexto, ampliamente entendido, de los individuos y al final se negó pertinencia en absoluto a un concepto bastardo para la ciencia tal como estaba entonces formulado, el de raza, y se formuló un determinismo «environmentalista»[10].

La tercera fundamentación ideológica aparecería como «retorsión» de la argumentación antirracista. Esta enfrentaba, al argumento biologista de una división esencial y jerárquica de los seres humanos, el de una comunidad

---

moro a soldada nin en otra manera cualquier, nin críe los fijos de los judíos nin de las judías nin de las moras». *Cf.* S. DE TAPIA (1991: 68 y s.), *La comunidad morisca de* Ávila, Ávila: Diputación Provincial de Ávila, Institución Gran Duque de Alba.

8. Frente a la mayor parte de los escritos recientes, yo sostendría que ese biologismo racista es el que sigue dominando en el racismo popular, aunque otros como la «preferencia nacional» hayan tomado su lugar en grupos de elite, especialmente política.

9. Creo que lo más adecuado es recurrir aquí a los textos clásicos de Gobineau o La Pouge y contrastarlos después con los mucho más radicales y políticos de, por ejemplo, A. HITLER, *Mein Kampf.*

10. Ver, por ejemplo, M. LEIRIS (1950), «Raza y civilización», en (1961), *El racismo ante la ciencia moderna*, UNESCO/Librería Ondarroa.

esencial humana y una valoración de las diferencias en sí mismas sobre la base de la argumentación del relativismo cultural de la antropología. El fundamento sería ahora que configura adaptaciones culturales específicas en grupos humanos distintos que forman unidades de identidad política y cultural únicas. Los racistas *devuelven* entonces el paquete de argumentos antirracistas: el proceso de enculturación se piensa lineal y se rigidiza, de manera que las culturas serían unidades de sentido estancas que el individuo interioriza sin poder ya modificarlas. Esas culturas, irreductibles, sin posibilidad de comparación por su inconmensurabilidad, por su imposibilidad de someterse con sentido a ningún criterio valorativo, determinan su propia evolución encerradas sobre sí mismas y los individuos se identifican con ellas y logran dar, a su vez, sentido a su vida social en su interior. De esta forma la defensa de la propia cultura y de la propia identidad es plenamente comprensible. El racista, por consiguiente, inventaría un nuevo soporte al pensar en una nueva estabilización de las diferencias y en una explicación para su defensa, incluso violenta. El fundamento de esta nueva justificación que venía a legitimar las mismas relaciones de explotación y exclusión, se encontraría ya desarrollado en el pensamiento de la Ilustración[11].

En este período de la historia europea se producirían tres contradicciones que se resuelven, cada una de ellas, en la configuración de esa justificación[12].

En primer lugar, se partiría de una idea republicana asentada sobre un concepto de nación, infundido por la identidad y la cultura propia, en un contexto, el francés, en el que florecía una gran diversidad cultural de hecho. La resolución se lograría por medio de la elaboración de una fundamentación legal, inspirada en principios que se suponían universales y que, por tanto, obligaban por igual a toda la ciudadanía del Estado. En segundo lugar, los valores revolucionarios de igualdad, hermandad y libertad otorgados a cada individuo, le daban el derecho a vincularse libremente con el Estado en tanto que ciudadano. Sin embargo, este principio chocaba con la realidad de las fuertes desigualdades existentes, que finalmente conducían a

---

11. P. A. Taguieff (1987), *op. cit.*, realiza un análisis espléndido de este punto de partida en la filosofía de las Luces tanto para el racismo como para el antirracismo actual. Nos detendremos en él más adelante.

12. *Cf.* V. Stolcke (1992), *op. cit.*, que desarrolla ampliamente esa postura en su comentario a P. Fitzpatrick (1987), *op. cit.*

la limitación de la participación política. En tercer lugar, la idea de relación libre y voluntaria con el Estado que en principio nutría el acceso a la ciudadanía, chocaba frontalmente con la propia idea de Estado nación étnicamente fundamentada, lo que se resolvía por medio del condicionamiento de aquel acceso por criterios territoriales y de descendencia. A partir de aquí el discurso xenófobo se desarrolla concatenando distintas premisas que darían soporte a leyes y comportamientos de supeditación y de exclusión. Una era la conceptualización de extranjero como peligroso, como posible agresor y traidor a la patria; otra era la afirmación de la propia identidad nacional en términos culturalistas.

Este tipo de racismo se explica así como un desarrollo de tres conjuntos de ideas concatenadas: un relativismo cultural radical, un nacionalismo culturalista instaurado por el Estado nación y un, de nuevo, biologismo, al hacer de la identificación con la cultura propia y el propio grupo un instinto de conservación capaz de defender por todos los medios aquello con lo que se identifica. Sin embargo, el objeto de la función legitimadora, la causa social, política y económica que el racismo vendría a justificar sería siempre, como en las explicaciones antirracistas del racismo anteriores, la dominación y la desigualdad, en este caso a través de la instauración de una pseudoigualdad en el interior del Estado nación y una *exclusión de lo diferente orientadas a conservar tanto la cultura como el dominio.*

Las *víctimas* de todos los racismos son las mismas o, al menos, se solapan: los «otros» explotados o excluidos por la razón económica y política de la dominación, los extranjeros, los «otros» portadores de culturas diferentes que cuestionan tanto nuestra ordenación social (igualitaria en las ideas, desigual en los hechos) como nuestras normas, valores y, en último término, nuestra identidad nacional.

A partir de esta perspectiva el antirracismo hace una propuesta de igualdad, otra propuesta de paz, otra de libertad del individuo, otra de respeto por las diferencias. Pero como ha mostrado Taguieff, esas propuestas se enuncian de forma que se contradicen: la paz, frente a la guerra contra los racistas; la libertad del individuo frente al respeto por la cultura que contradice la igualdad de todos. Penetra sin embargo a lo largo y a lo ancho de todo el espectro político, convirtiéndose en un bien que todos desean tener en exclusiva frente a la extrema derecha, tan temida y rechazada por tantos votantes.

Pero esa misma apropiación múltiple me parece que genera otro conflicto al nivel de las soluciones. Primero porque el final de la extranjería, esto es, la otorgación amplia y generosa de la ciudadanía plena sin condiciones por razón de diferencia física o cultural, que sería consecuente con ese antirracismo, no la defienden más que sectores muy minoritarios, yo diría que la mayor parte de las veces fuera de los partidos políticos. Segundo, porque el concepto de igualdad tampoco es uniforme entre quienes se adjudican una ideología antirracista, de manera que puede entenderse como igualdad universal en todo o en derechos básicos, solo en el interior del propio Estado o de la propia nación o del propio partido, etc. Es una igualdad con múltiples formas y matices que implica poco más que una aspiración que ya alguien recogerá algún día, pero que de momento es aplicable solo a aspectos limitados y a comunidades restringidas. El antirracismo es, por consiguiente, un instrumento de lucha política en el que no suele expresarse ningún tipo uniforme de igualdad. El mayor logro en el consenso ha sido la Declaración Universal de los Derechos Humanos, a pesar de todos los problemas, de su etnocentrismo incuestionado, de su corrupción constante en el fragor de las luchas políticas y de los desintereses por su aplicación efectiva.

## 1.1.2. Explicaciones racistas del racismo

Las explicaciones que los racistas se dan a sí mismos se resumirían en la afirmación de que las diferencias entre grupos humanos son *un hecho* que tiene implicaciones humanas y políticas que solo abandonan su lógica por la interferencia de un romanticismo humanista sensiblero y la de los intereses políticos concretos de los partidos y grupos de ideología comunista.

Las *causas* racistas del racismo se suceden en el tiempo y hasta cierto punto conviven; es una convivencia en la que la hegemonía de una u otra es solo una cuestión de énfasis, más contextual todavía que temporal:

*a)* La *teoría de las razas* en sus dos vertientes; la del xix o diferencia esencial y jerarquía intelectual y cultural de las razas por herencia biológica, desarrollada sobre todo por el darwinismo social, y la actual, muy vinculada al pensamiento de la sociobiología[13], que predica una fijación instintiva de ciertos rasgos que, unidos a la endogamia de los grupos, tiende a perfilar poblaciones diferentes desde el punto de vista de las tendencias estadísticas, a exhibir unas u otras características intelectuales y culturales.

*b)* Una *teoría de la aversión instintiva*, derivada de las posiciones anteriores que atribuiría como universal a todos los seres humanos una prevención ante los «otros», ante los diferentes que, como ya antes señalé, podría llegar a la defensa violenta del propio grupo, la propia cultura y la propia identidad. Esta causa del racismo argumentada por los racistas estaría en íntima relación con la propuesta *c.*

*c)* Una *teoría psicosocial de la identificación*, que haría de un niño en proceso de socialización un miembro de un grupo sociocultural con identidad, encontrando en esa identificación el sentido a la mayor parte de las cosas que hará en la vida. Esa participación identitaria clara y única sería pues una condición necesaria del desarrollo de los seres humanos y una condición de seguridad y referencia en la edad adulta.

*d)* Por último, una interpretación de la *teoría del relativismo cultural*, tal como fue enunciada desde los primeros momentos del desarrollo autónomo de la antropología cultural como disciplina y tal como se fue perfilando precisamente en la lucha contra el racismo: determinismo ambientalista, exclusividad, excepcionalidad de la cultura de un pueblo, inexistencia de patrones universales de enjuiciamiento y jerarquización, por lo tanto, sentido y dinamismo cultural interno, valor de las culturas por sí mismas.

Dos cosas querría aclarar. Una es que el que los racistas hayan entendido su racismo como consecuencia lógica de todo esto no significa que quienes han enunciado estas teorías tengan que ser necesariamente partidarios ni de la explotación ni de la incomunicación entre los seres humanos. Leyendo a los sociobiólogos actuales, no es raro encontrar expresiones de voluntad de superación de las pautas de la naturaleza en la misma medida en que el ser humano llega a superar otras pautas igualmente naturales en favor de

---

13. Ver, por ejemplo, P. L. VAN DEN BERGUE (1967), *Race and Racism*, London: Wiley, y (1986), «Ethnicity and the Sociobiology debate», en J. REX y D. MASON, eds. (1986), *op. cit.*; E. O. WILSON (1975), *Sociobiology, the New Synthesis*, Harvard U.P.

sus ideales. Igualmente, leyendo a los relativistas culturales de principios de siglo, se puede concluir con facilidad que la crítica al evolucionismo suponía al mismo tiempo una crítica a la primacía de la civilización occidental. La otra cuestión a aclarar, es que estas teorías son, en buena parte, desarrollos suscitados en la propia guerra antirracismo-racismo y que la controversia no abandona nunca del todo ninguna de ellas.

El relativismo cultural (como contrapunto al etnocentrismo radical de la teoría de las razas) renace en el derecho a la diferencia, no como fundamento de igualdad entre los pueblos sino como premisa del desarrollo incomunicado de los pueblos, de la «preferencia nacional» en una tesitura asumida de inconmensurabilidad de las culturas. Renace como fundamento de la exclusión de los extranjeros como portadores de desestructuración cultural, social e identitaria, tanto para los «nacionales» como para ellos mismos. Por eso, una última observación: entonces cabe perfectamente ser racista, pedir la expulsión de «los otros» y simultáneamente ser antiimperialista y denunciar el genocidio y (más) el etnocidio como crimen contra la humanidad, como intromisión contra natura en el desarrollo autónomo de las culturas diferentes. Nacionales. Empezando por la propia.

Pero también el antirracismo merece explicaciones. Como en el caso del racismo se dan desde su propia autorrepresentación y desde las posiciones del contrario, del racista; de alguna forma lo he esbozado ya y solo lo sintetizaré.

## 1.1.3. Explicaciones antirracistas del antirracismo

Para el antirracista, el antirracismo sería una reacción sana ante la legitimación que el racismo hace de la explotación, la dominación y la discriminación y, por consiguiente, ante su capacidad de potenciar todo ello. El antirracista parte de un presupuesto de igualdad (¿de todos los individuos?, ¿de todos los pueblos?, ¿de todas las ideologías?, ¿de todas las acciones y comportamientos?, ¿en todos los aspectos?), un presupuesto de libertad (¿del individuo?, ¿de expansión de cada diferencia?, ¿de cualquier tipo de discurso y expresión?) y un presupuesto de solidaridad (¿entre gentes de distinta ideología?, ¿de distinto partido?, ¿de distinta religión?, ¿de distinta nación?)[14].

---

14. Remito, de nuevo, a P. A. Taguieff (1987) y (1991), *ops. cits.*, para esta argumentación.

La fuerza de la *fundamentación antirracista* sería también la ciencia: los biólogos han proclamado la inexistencia de las propias razas, de diferencias culturales biogenéticamente transmisibles e inscritas, los antropólogos, la inconmensurabilidad y la excepcionalidad de las culturas. No hay ninguna aversión instintiva, como lo demuestran muchos estudios que, es bien cierto, ponen de manifiesto convivencias pluriculturales pacíficas y cooperativas. La identificación, en el sentido de autoidentificación, el proceso identitario, puede realizarse perfectamente en medios de convivencia multicultural, y también esto cuenta con apoyo empírico y teórico.

En su versión crítica, Taguieff hace una descripción antirracista del antirracismo como reacción ante las consecuencias de la dominación, apoyada en principios antinómicos de la ideología de Las Luces; esta ideología se reivindica por casi todos los grupos políticos y actualmente se encuentra encerrada en sus propias ambigüedades e incoherencias, que la paralizan, y en la manipulación política de todo signo, que la corrompe. Reclama, pues, una revisión ideológica y política del antirracismo y advierte de la extraordinaria inoperancia a la que, por estas causas, ha llegado desde el final de la Segunda Guerra Mundial, en la que tuvo un papel preponderante pero que le dejó como secuela el lastre de ser la ideología oficial del ganador. Martin Barker[15] había insistido en esto, y atribuyó a este hecho y al desprestigio del racismo de Estado practicado por el Estado nacional socialista, el que hoy nadie (casi, diría yo) quiera autorreconocerse como racista ni tolerar que se le llame racista, aunque en sus hechos y en sus ideas y actitudes lo sea.

## 1.1.4. Explicaciones racistas del antirracismo

Las explicaciones racistas del antirracismo (rara vez se habla de ellas) serían prácticamente las opuestas. Para los racistas el movimiento antirracista supone una seria distorsión ideológica de las verdades científicamente demostradas (esa ingenuidad respecto a la creencia en una capacidad de la ciencia

---

15. M. BARKER (1981), *The New Racism: conservatives and the Ideology of the Tribe*, London: Function Books, y (1984), «Racism: the new inheritors», *Radical Philosophy*, 21.

para generar «verdades» la comparten con una parte muy notable de los antirracistas). Cada paso de desarrollo de las ciencias habría sufrido su distorsión para que pudiera encajar en los objetivos antirracistas y se habrían ocultado los hechos empíricos de mayor envergadura que corroboran tales teorías en un sentido contrario al de la distorsión antirracista.

La causa de estas distorsiones sería la legitimación de las ideas y planes imperialistas del comunismo en general y de los partidos de izquierda domésticos en particular. Igualmente, el universalismo ecualizador implicaría un atentado a las diferencias en el seno de la humanidad y un proyecto destructor respecto a la propia cultura de la nación, a su propia identidad basada en sus tradiciones históricas. En otra versión que se conjuga con esta, el antirracismo supondría la legitimación de un complot contra las costumbres y la moral para introducir así una ética y unos usos deshonestos y extraños a nuestra civilización.

## 1.1.5. Posiciones de «solapamiento» o «intermedias»

El racismo ha tenido *implicaciones prácticas diversas* a lo largo de la historia: si son inferiores o «medio hombres» se les puede matar o explotar o usar de cualquiera que sea la forma (versión extrema); si son inferiores y por ellos mismos no dan más de sí, hay que instruirles, ayudarlos a que mejoren su cultura (versión caritativa) y, en todo caso, se les puede explotar o excluir al hilo de las conveniencias occidentales porque ellos solos lo tendrían aún peor, aunque no se den cuenta, y porque el progreso, cuando crezca suficientemente a costa, entre otras cosas, del uso de los «otros», les llegará a ellos en cierta medida y mejorarán su situación (versión moderada).

Es decir, el espectro de los racismos y de sus resultados para los seres humanos está lejos de ser uniforme. En un extremo está el genocidio y en el otro la educación y la protección. En medio, cientos de posiciones intermedias que conjugan las deducciones lógicas severas de las teorías y doctrinas racistas y de las teorías usadas por los racistas (que no deben confundirse), con el contexto ideológico, la adscripción política y religiosa, los intereses, las vivencias y experiencias y las particularidades características de cada individuo. *El hilo conductor, sin embargo, es la separación de los seres hu-*

*manos y la concentración del interés y la responsabilidad en la propia comunidad, racial, cultural o nacional.*

Las ambigüedades del antirracismo y las múltiples plasmaciones empíricas del racismo producen una *zona intermedia de solapamiento*, a veces incluso involuntario o inconsciente, posiciones a mitad de camino que todos conocemos. Son posiciones en las que, por ejemplo, se reconoce la existencia de razas o de exclusividad cultural y de jerarquía, pero se supone también una cierta maleabilidad de la humanidad. Las personas podemos cambiar, las culturas también y, por tanto, «las razas», al menos en sus contenidos culturales, son a la larga modificables. Las discrepancias surgen entonces respecto hacia dónde tendría que producirse esa modificación, en qué dirección, de qué forma, con qué medios. Unos pretenderán educar a las elites, crearlas o potenciar a las «naturales», crear interlocutores, testimonios vivientes y líderes nativos, a un tiempo; para algunos el objetivo será que se integren en el sistema de clases. Mientras que para otros será que luchen por la abolición de las clases integrándose en la de los trabajadores. Por el contrario, otros más pretenderán educar a todos, para que puedan optar en el sistema de la meritocracia en pie de igualdad o para que engrosen el poder y la capacidad de los desfavorecidos para mejorar sus posiciones.

Estas posiciones que he llamado *de solapamiento o intermedias* son, como es de suponer, atacadas tanto desde el racismo como desde el antirracismo, pero con una sorprendente simetría: en primer lugar, los racistas los consideran antirracistas y los antirracistas piensan que son racistas. En segundo lugar, los dos enemigos enfrentados les acusan de ambigüedad y de falta de compromiso, por servir intereses políticos partidistas. En tercer lugar, los racistas acusan a las elites «ambiguas» de falta de patriotismo y los antirracistas de ser clasistas. Por último, unos y otros postulan que las posiciones ambiguas en el pueblo son producto de la ignorancia y se prestan a la manipulación política de su adversario.

Las consecuencias del racismo de todos los tipos en la vida social se conocen: explotación y exclusión. Pero junto a estas hay otras que van de la autoafirmación, la endosolidaridad nacional y el chauvinismo a la violencia pasando por la indiferencia o por el exotismo. Todas ellas, de distintas formas, están apoyando las legislaciones y las actuaciones administrativas de exclusión de los inmigrantes y marginales minoritarios étnicos nacionales y, en general, las prácticas de explotación.

Pero también el antirracismo actual tiene consecuencias que conviene considerar. Entre sus resultados más positivos está el crear ambigüedad e incoherencia entre el discurso antirracista o pseudoantirracista, por una parte, y la práctica de quienes utilizan esta ideología como estrategia política y la manipulan para alcanzar otro tipo de objetivos, por otra. También, y no creo que pueda ponerse en cuestión, consigue suavizar medidas legislativas, prácticas administrativas y comportamientos discriminatorios de los individuos. A partir de la (escasa) participación de «los diferentes nativos o indígenas o étnicos o minoritarios» en el movimiento antirracista, se han creado con el tiempo organizaciones propias de los inmigrantes o de otras minorías deprimidas para protegerse contra el abuso. Y, por último, esgrimiendo una culpabilidad colectiva por el desastre histórico en el que el imperialismo occidental de todos los siglos ha sumido al Tercer Mundo, consigue generar ambigüedad y debilitar a los convictos *light* del racismo. Sin embargo, y esto también hay que decirlo, los resultados son pobres a nivel político y extremadamente pobres a nivel social y económico.

Sintéticamente, hay un antirracismo, que se enfrenta al racismo heterófobo, y que se define por combatir el universalismo imperialista y etnocida, exterminador de culturas. Hay un racismo heterófilo en un sentido, que se define por elogiar la diferencia cultural, por potenciar «las raíces», «la cepa» identitaria de cada pueblo y que empieza esa defensa y ese elogio por sí mismo. Ante este segundo racismo el único antirracismo posible, en los términos en el que hoy está planteado, es el que antepone la universalidad, la universalidad del principio de igualdad, del respeto cultural, pero siempre su universalidad[16]. Hay pues un racismo biologista jerárquico y un racismo diferencialista separador de carácter culturalista. Ambos aparecen mezclados en el discurso[17], acomodándose al contexto, y ante ellos el antirracismo no está resultando ni convincente ni operativo en la medida en que hay esperanza para pensar que podría serlo.

16. P. A. Taguieff (1987: 38), *op. cit.*
17. *Íd.:* 321.

## 1.2. Del dogmatismo a la dominación, de la incoherencia a la debilidad

La vinculación del antirracismo ideológico con la práctica social tendría que ser muy problemática y, efectivamente, lo es, porque está fundamentada en ideas que son a veces antinómicas e incoherentes y porque es objeto de manipulación política. El problema central surge de la defensa simultánea de un derecho a la diferencia y de una afirmación universalista doctrinal de igualdad; en esto estoy plenamente de acuerdo, de momento, con Taguieff y pienso que resulta difícil y conflictivo para muchos antirracistas que son conscientes de ello. Entre antropólogos resulta hoy uno de los temas centrales de preocupación, aunque lamento cierto secretismo, demasiados silencios que sustituyen un debate franco y abierto. Exaltación de la diferencia e igualdad entre todos los seres humanos; resulta paradójico, y lo sabemos. Y esto tiene repercusiones inmediatas en la práctica social, que se hace inoperante e *indecisa*. Daré algunos ejemplos solamente.

— En un contexto de valoración de la educación como potencia de desarrollo personal y como instrumento imprescindible de integración social favorable, el cuestionamiento de la educación, la crítica a su transmisión de la cultura hegemónica, junto a la afirmación de una educación igualitaria y en la igualdad, el deseo de introducir en la escuela y en los instrumentos educativos una pluriculturalidad respetuosa con las diferencias, exige a los educadores la cuadratura del círculo. Los más conscientes, los menos dogmáticos, son precisamente los que están, y no me extraña, más desorientados. Los dogmáticos en esta y otras cosas, nunca tienen problemas de honestidad más que el de la fidelidad a su propia ceguera. Sea la ceguera que sea.

— En el contexto de las reivindicaciones sindicales, crea fuertes contradicciones, no siempre reconocidas y jamás reconocidas en voz alta. Por una parte, en la tradición ortodoxa heredada, un grupo minoritario, nacional o extranjero, pobre, «ilegal», sumergido, pertenece a la «escoria», es un peligro potencial para la propia clase en la que se suponía que tenía que estar integrado. Este tipo de «pobre sumergido» atenta contra los logros sindicales y es fácilmente manipulado por el capital en el contexto laboral. Hay pues muchos sindicalistas en posiciones ambiguas en las que defendiendo un antirracismo declarado, se ven obligados por los otros principios, a los que sin duda otorgan más valor, a un comportamiento de exclusión o asimilación ecualizadora, dirigido a la protección de una clase de manera que al pobre solo se le protege *si* está en ella o *para* integrarlo en ella, por encima de diferencias, cultura y otras cuestiones que, desde este ángulo, se consideran cercanas al diletantismo, produciendo así un antirracismo curioso.

— En el contexto de los beneficios sociales del estado de bienestar, los diferentes pobres son, evidentemente, competidores directos de las capas sociales «nacionales» más deprimidas y son utilizados por algunos sectores del poder como causa de gastos sociales que impiden cumplir con otros objetivos de interés más general. Así, al tiempo que se incide negativamente en los intereses de los trabajadores se argumenta sobre la base de la ideología igualitaria mantenida por sindicatos y partidos de izquierda en sus idearios e incluso en los del centro derecha.

— Su falta de integración social implica falta de participación política, que a un tiempo no se desea (muchos no verían ni ven con gusto que sus representantes políticos o sindicales fueran gitanos o negros o árabes, o que las mayores necesidades de estos grupos minoritarios acabaran por priorizarse en los Presupuestos Generales del Estado sobre los propios intereses) y se lamenta (porque implica una desunión inconveniente frente a la desigualdad, que merma así las posibilidades de éxito). El excluir a magrebíes o gitanos de la lucha política es una contradicción interna flagrante y el incluirlos sin su previa integración, homologación, uniformización, un riesgo.

En resumen y de forma brutal: por una parte, para el buen funcionamiento de la lucha en pro de los intereses de los trabajadores sería más fácil no tener que contar con gitanos (no se cuenta, de hecho) ni con inmigrantes marginales (se cuenta escasísimamente), y esto es contradictorio con la propia afirmación de igualdad y solidaridad. Esa es, creo yo, una de las razones por las que la defensa antirracista de los derechos laborales y de bienestar de los inmigrantes (a los gitanos no se les defiende desde ningún sector) es una defensa, en términos de Taguieff, «conmemorativa», de declaraciones, manifiestos, firmas, gestos y palabras. Por otra parte, para el racista también sería mucho mejor que no estuvieran, para defender sus tesis respecto a intereses económicos y políticos, que exigen que cada grupo se mantenga trabajando transgeneracionalmente en lo que le corresponde (legitimidad de las clases) y donde les corresponde (legitimidad de la explotación neocolonialista), tanto como para defender la permanencia de la tradición propia, la cultura autóctona, la nación y el patriotismo identitario. *Conclusión*: «que se vayan», con el apoyo por acción o por omisión de un amplísimo contingente de la población receptora.

Por lo que acabo de decir ya se sabe que no aceptaría las tesis de Taguieff en un sentido exclusivo: no creo que el antirracismo ni el racismo se configuren por pura «retorsión». Este concepto, extremadamente valioso por lo demás, pienso que no solo es una característica de la alterofobia, sino que es extensible a muchos otros tipos de discursos. Creo que lo que lleva inevitablemente a pretender explicarlo todo desde la pura dinámica del discurso y el antidiscurso es una de estas dos cosas o ambas: o bien la separación tan radical que hace entre el discurso de políticos e intelectuales, por una parte, y el discurso alterófobo popular y la propia vida social, por otra, o bien su inteligente forma de tratar aquel discurso notable, por una parte, y su sistemático olvido del discurso popular y de la vida social, por otra. Hay un racismo popular que no siempre encaja con las características señaladas para el notable. Hay, y a mí me parece algo fundamental y no prescindible, hechos sociales y hechos del comportamiento que inciden sobre las minorías nacionales y extranjeras (cuestiones como el nivel de desempleo, los límites de cobertura de la Seguridad Social o cuestiones como la propia configuración de cada comunidad minoritaria, etc.), hechos que también inciden sobre la gente quizá más que el discurso creado y contestado. Hechos que varían y adquieren caracteres propios a distintos niveles de integración social y que si se consideraran nos permitirían entender racismos y antirracismos como respuestas a ellos y a sus variaciones y cambios temporales. Pondré un ejemplo. Uno de los argumentos de peso en favor del concepto de «retorsión» es el anquilosamiento del antirracismo en la denuncia de una teoría de las razas y de un racismo biologista y genetista que políticamente casi puede decirse que ya no existe, y cada vez se sustituye más por una alterofobia culturalista, diferencialista que nada tiene que ver con la biología.

Sin embargo, la alterofobia popular sigue siendo, al menos en este país, ¿todavía?, muy biologista, es un verdadero racismo en el sentido estricto de la palabra. Ciertamente, puede apreciarse una penetración de la alterofobia culturalista, del *fundamentalismo cultural*, tal como lo llama con precisión V. Stolcke[18], pero no en su forma de nacionalismo furibundo sino en una forma más imprecisa discursivamente, mucho más precisa contextualmente: «Esta gente... estos solo aprenden a robar y a matar»[19]. Y aunque se habla de un «aprenden» que apuntaría hacia la posibilidad de aprender otra cosa, las respuestas a preguntas más incisivas resultan transparentes: «Lo llevan en la sangre», «lo maman». Ese racismo *está* ahí bien vivo. Y a ese racismo responde un antirracismo que, desde esta óptica, deja de estar trasnochado: simplemente se dirige (o se debería dirigir) a otro público distinto al del Parlamento o al de la Universidad.

De igual manera el «fundamentalismo cultural», en términos de V. Stolcke o «racismo diferencialista», en términos de Taguieff, al defender la exclusividad, la separación, la expulsión de los inmigrantes o de los gitanos, no solo está *devolviendo* el argumento antirracista de la diferencia transformado en el proceso de «retorsión». Está también apoyando un deseo de mucha gente, por desgracia, que ve en estos colectivos una amenaza para los salarios (de los trabajadores integrados en el sistema laboral), una competencia por recursos escasos (entre marginados inmigrantes y nacionales), una competencia desleal por puestos de trabajo subalternos y precarios (entre los marginales y las clases más desfavorecidas), por recursos sociales de todo tipo (entre todos): «Llegan estos [inmigrantes] y les ponen un piso, y los nuestros llevan veinte años sin alcantarillas y llenos de barro y de ratas»[20].

Y no solo. Los racistas diferencialistas están diciéndole a la gente que es más buena (católica), que su historia y su cultura son el bien más preciado y que los que las defendemos deberíamos unirnos (seguridad), que son más guapos (blancos). El racista está explotando la necesidad imperiosa de autoestima, de un nivel, algún nivel, de solidaridad y seguridad, de una confianza en las creencias cuestionadas. Ante eso, el antirracista ataca por el flanco de una mala conciencia colectiva, política y social de la barbarie occidental

---

18. V. STOLCKE (1992), *op. cit.*, propone este término que considero muy acertado.
19. Un taxista madrileño, en el recorrido de la estación de Chamartín a Peña Grande, al pasar por las chabolas de gitanos de Lacoma, Madrid, 1992.
20. Un «marginal nacional» chabolista en una reunión sobre marginación social en Zaragoza, 1993.

cometida en el Tercer Mundo externo e interno, incluso una incoherencia experiencial y vital con los propios principios del Nuevo Testamento que muchísima gente y muchos antirracistas admiten y defienden. Atacan por tanto incidiendo sobre la culpabilidad y sobre la incoherencia de pensamiento y obra. Por otra parte, y en el contexto más claro de la lucha política, el antirracismo se enfrenta con las disposiciones legales y los estatutos institucionales, con los comportamientos y palabras de los poderes públicos, de los partidos políticos adversarios.

Pero, ante el racismo popular, el antirracista está atrapado. Organiza protestas públicas ante los atentados practicados desde las instituciones políticas y administrativas contra los inmigrantes (no contra los gitanos, que son más y están aquí desde hace cinco siglos). Pero ni una palabra directa que enfrente al racista popular con su propio racismo y con el resultado de sus obras. Estas no se le imputan a nadie en concreto, no porque no se pueda hacer, sino por otras razones. En primer lugar, el antirracista afirma la bondad natural, esencialista, de la clase a la que defiende, de manera que su racismo sería la consecuencia de una manipulación de otra clase, de un «otro» poderoso. Es una manipulación de la Inocencia por parte del Mal. En segundo lugar, el antirracista no puede arremeter contra gente de la propia clase a la que defiende e incluso se adscribe, es decir, evita llevar la lucha antirracista al seno mismo de las clases populares porque si lo hiciera, cuestionaría sus convicciones (no serían considerados inocentes, con lo que el Mal «se repartiría» en cierta medida) y debilitaría la lucha de clases. Por eso, y no solo por las antinomias discursivas (también por ellas), el «antirracismo conmemorativo» de la voz y el gesto. Por eso también la dificultad de polemizar con su contrincante en público.

Las respuestas de racismo y de antirracismo no son solo respuestas mutuas. Hay un discurso y unos comportamientos que se definen ante la calle. Este se construye en respuesta a cuestiones económicas y sociales, políticas, de las representaciones y la memoria histórica de la gente, en respuesta a problemas afectivos que se consideran utilizables, respuestas que se dan a alguien y se dirigen contra algo o alguien. De forma muy breve, seguro que todavía muy superficial, podría representarse así:

| Respuesta a problemas del tipo | que da el racismo como movimiento | que da el antirracismo como movimiento |
|---|---|---|
| *Económico-social* | A través de una política institucional, de poder capilar y de golpes de mano: a las dificultades de los «nacionales» por la escasez y por el tema de la inseguridad ciudadana. | A través de una política institucional y del conmemorativismo: a la exclusión, la sobreexplotación. |
| *Político* | A la disgregación producida por los partidos y a la insolidaridad y juego sucio partidista. | En la lucha por la igualdad, lucha de clases, exigiendo responsabilidad política de las instituciones. |
| *Memoria histórica* | El Imperio, «tiempos mejores», la autonomía y hegemonía nacional. | Horror a la colonización, el imperialismo genocida y etnocida, el nacionalsocialismo, el Holocausto. |
| *Afectivo* | Inseguridad, desunión, soledad. | Mala conciencia occidental: estatal, personal y doméstica. |
| *A quién se dirige* | A todos los que deseen oírles. | A los políticos, los administradores, las elites y los intelectuales. |
| *Contra quién se dirige* | Contra los que no son nacionales o los que se supone que no aportan nada a la nación, contra comunistas que desprecian las diferencias. | Contra los políticos, administradores, elites e intelectuales racistas. |

Si se piensa, creo que el apoyo alterófobo que el racista recibe del tejido social, su respuesta autocomplaciente y autogratificante y la coherencia en la distinción entre a quién se dirige el discurso y contra quién, son todas cosas que le dan una mayor capacidad de convicción, de argumentación de tipo populista. Por otra parte, la generalización indiscriminada de la mala conciencia histórica y el dirigir el discurso contra los mismos a quienes se quiere convencer, debilita y hace dubitativa y activista la acción antirracista. Ese problema atraviesa todos los niveles y así, intentando poner un ejemplo, para un caballero conservador, apegado a la tradición selectiva de la derecha, que defiende la familia como institución transmisora de la cultura y la educación adecuadas al propio grupo, el pensar que es un deber ineludible el mantener «pura» e intocable esa tradición y esa familia es perfectamente *coherente*, con independencia de que estemos o no de acuerdo con sus premisas. Por el contrario, para un antirracista que defiende y elogia lo diferente es incoherente pasar de la familia, que transmite la diferencia, y del conservadurismo tradicionalista, que apoya su continuidad.

Por eso en el más frenético de los racismos puede leerse: «Cada uno es responsable de su descendencia y de su ascendencia»[21]. Pero el concretar la coherencia y sintonía entre elogio de las diferencias y desinterés por su transmisión resulta paradójico.

Y así, de forma muy preocupante, la gran ventaja del racismo es su capacidad para convencer, para conectar con los intereses egoístas y con los ideales patrióticos, con el amor a lo propio y con el deseo de mantener un orden político y económico, a no ser que el cambio sea para mejor, para mejor desde la perspectiva de un «nosotros» supuesto. El racismo se sitúa así en el terreno de intereses muy mayoritarios en este país y conecta con ellos. Y en ese sentido no es una ideología de incomunicación sino comunicación exclusivista nacional. Su crimen es que, precisamente por todo esto, favorece al ya favorecido, abandona y/o perjudica al ya desfavorecido, fomenta el etnocentrismo y el egoísmo. Pero apoya otros intereses de la gente, como son una necesidad de seguridad que nunca parece satisfacerse, una autoestima minada, entre otras cosas, por la imputación de culpabilidad, y una base de solidaridad interior en un contexto de insolidaridad y soledad.

Desde el análisis de las ideas, lo que Taguieff, y también Delannoi[22] han puesto de manifiesto ha sido un cierto solapamiento de la ideología heterófoba del fundamentalismo cultural y la antirracista, una zona en la que el heterófobo puede reclamarse diferencialista antirracista y en la que el antirracista debería revisar su defensa no-intencionada del fundamentalismo diferencialista cultural[23]. De hecho, hay detrás una penetración multilateral del etnocentrismo, tanto a través del universalismo antirracista como de «la preferencia nacional» fundamentalista heterófoba, que se recubre en ambos casos de la proclamación de un valor, el del relativismo cultural de la diferencia y el sentido integral de la cultura. Y ese solapamiento, tan si-

---

21. LA POUGE, citado por P. A. TAGUIEFF (1987: 322), *op. cit.*

22. *Cf.* G. DELANNOI (1993), en G. DELANNOI y P. A. TAGUIEFF, eds. (1993), *Teorías del nacionalismo*, Barcelona: Paidós.

23. En T. SAN ROMÁN y C. GARRIGA (1975), «La imagen paya de los gitanos», Barcelona, *RTS*, 60: 38-41, se apuntaba a algo similar al hablar de un «estereotipo nuevo» de los gitanos que estaba desarrollándose en el propio seno de los grupos progresistas y que tenía vinculaciones con los otros estereotipos defendidos por racistas.

niestro visto desde cualquiera de las dos posiciones enfrentadas, está, además, alimentado por la imprecisión de la extracción social de los participantes. De forma simplista, pero espero que expresiva, muchos pobres son a veces racistas, los neonazis callejeros aparecen entre los ricos y entre los que no lo son, y los antirracistas y los anti-antirracistas a menudo no son nada pobres.

La heterofobia en sus dos formas hegemónicas, racismo y fundamentalismo cultural, aparece así no solo más coherente (por muy tenebrosa que esa coherencia llegue a resultar) sino más pendiente de la realidad social de aquellos a quienes intenta convencer. Y esto se proyecta en una continuidad o discontinuidad entre el discurso y la práctica, de manera que esa continuidad de la coherencia es mayor en la heterofobia que en el antirracismo, lo que permite a aquel conjugar y tramar el principio, la ética, la implementación política y la defensa de sus intereses en la acción política y social, dando cabida a sus postulados iniciales de la separación de la especie humana, sus postulados de «no», en posiciones que se instalan sin problema desde la indiferencia hasta el genocidio.

Frente a esto, el antirracismo se encuentra en una dificilísima situación en la que le florecen contradicciones y paradojas en cada uno de los terrenos, lo que supone una imposibilidad de coherencia entre las ideas, su presentación política y la acción, en la que tiene que defender lo que no le interesa de hecho y tiene que hacer lo que no desea por principio. Además, las actitudes que se defienden desde las ideas son actitudes que invitan al respeto, el interés, el conocimiento del otro, la solidaridad, mientras que las que emanan del interés particular coyuntural son muchas veces actitudes a las que, sin embargo, no les está permitido cristalizar ni de palabra ni en acción. La solución solo «conmemorativa» de manifiestos, manifestaciones y festivales, de la que habla Taguieff es una solución que permite evitar una paralización del movimiento antirracista pero que no es eficaz ni realmente incisiva.

Por esta razón no se trata *solo* de intentar dar solución a las antinomias, de recuperar la coherencia de las ideas y del discurso. Se trata también de establecer esa otra coherencia que vincule las ideas con las relaciones efectivas, que concilie los principios con la necesidad, que permita una acción responsable, orientada sin ambigüedad por un conocimiento y una ética que inciten a soluciones que puede que (o puede que no) nos guste aplicar[24].

Lo que es absurdo es intentar resolver el problema negando los hechos. Miedo a saber. Hay miedo a reconocer que la vida social se problematiza en relación con la presencia de los inmigrantes (como el ejemplo de los maestros pluriculturalistas al que antes aludía), aunque nunca ponen en ella tantos problemas como esa misma vida social les plantea a ellos. Tenemos que saber qué problemas se suscitan, no negar la posibilidad de que se susciten.

En todo caso, el conocimiento no puede atentar de ninguna manera, no tiene capacidad de atentar de ninguna manera contra la filantropía. Pensemos que el terreno del antirracismo no es de ninguna forma el único en el que las ideas están orientadas a fines utópicos que están evidentemente *en contra* de los intereses y deseos de buena parte de la población. Al revés, diría que es una característica ética de la utopía filantrópica de todos los tiempos. Veámoslo desde una perspectiva individual. Puede pensarse, por ejemplo, que es comprensible que una madre desee profundamente romper la cabeza al asesino y violador de su hija, e incluso que se encuentre en cierto modo legitimada a ello. Pero esta comprensión contradice la idea misma de los requisitos de justicia (pruebas, posibilidad de defensa) y la idea de salvaguarda de la vida de las personas. Colectivamente se puede pensar que la mejor lucha contra el terrorismo sería eliminarlos en cuanto salgan a la calle o que, como en el caso anterior, al que mata hay que matarlo. Pero el propio principio de respeto a la vida se impone también aquí. Las razones éticas muchas veces no serían necesarias si discurrieran al hilo de las actitudes y los comportamientos. Están, precisamente, para contradecirlos, para dirigirlos hacia lugares ajenos a nuestros intereses particulares e inmediatos.

Un antirracismo coherente no es el que intenta conciliar con ambigüedades o con ocultaciones o con los ojos cerrados y los oídos tapados o con la mentira, incluso, actitudes e intereses que puedan perjudicar la implantación de sus ideas, a base de tolerarse a sí mismo ambigüedades, distorsiones,

---

24. Para esta relación entre conocimientos e «ideología», por un lado, y práctica social, por otro, ver T. San Román (1984b), «Antropología aplicada y relaciones étnicas», Madrid, *REIS*, 27, y (1993), «La Universidad y el estado de bienestar», Madrid, *Antropología*, 6, o bien en (1993), Barcelona, *RTS*, 132.

desconocimientos, actitudes de ceguera y de sordera, mentiras y errores, acolchados por el miedo a la autocrítica, el miedo a saber y saberse. Necesitamos saber.

La evaluación sin embargo la tendríamos que hacer en otros términos muy diferentes, en términos de convicciones que se asumen de forma consciente, consciencia que tiene que incluir los propios riesgos de esas convicciones, pero después de enfrentarse con las gafas puestas a la propia ideología. Y ese examen no puede hacerse únicamente partiendo de los grandes principios hacia los grandes problemas. Una vez hecho, *también* hay que llevar esos grandes principios a las normas éticas (que incluye estar dispuesto a conocer) y a las realidades mucho más cercanas del país en el que vivimos y el entorno que pisamos. Y esto incluye desear conocer todo ello sin temor a la desagradable sorpresa de que quienes más amamos tienen pocas ganas de coincidir con nosotros en lo que más amamos. Incluye no solo querer saber sino pisar el suelo concreto en el que pasa eso que queremos saber.

Hay por tanto varias tareas que nos toca hacer. La de la clarificación ideológica y discursiva que reclamaban Taguieff o Delannoi, la de llevar esa clarificación al seno mismo de nuestra disciplina, dormida en este punto en los vapores académicos, como exige Gosselin[25]. Y hay que intentar construir un conocimiento que nos permita entender qué ocurre entre la alterofobia y la alterofilia a todos los niveles, no solo (también) al nivel mundial que reclamaba Wallerstein o al europeo que propone Gilroy[26], también al de los campos del Maresme y Girona o al del vecindario de Vicálvaro o al de las escuelas en las que trabaja la Asociación de Enseñantes con Gitanos, o al de las plácidas relaciones de muchos guineanos con sus vecinos de las clases medias, o al de las relaciones poderosas de los árabes de Marbella, o al de las relaciones competitivas de los programas concertados de investigación entre estudiosos transeuropeos. Es necesario intentar construir un conocimiento capaz de dar cuenta de lo que ocurre, en el que los hechos, los datos,

---

25. *Cf.* G. Gosselin (1992), «L'Anthropologie et les antinomies de l'égalité des cultures», *Ethnologie Française*, 4.

26. I. Wallerstein (1983), *op. cit.*; P. Gilroy (1991), «La fin de l'antiracisme», *Les Temps Modernes*, 46.

estén mínimamente cómodos. Y es entonces cuando habría que ver qué implicaciones tiene aquella clarificación ideológica en este conocimiento, para decidir qué hacer. Sinceramente, estamos a años luz de ese final.

El problema del antirracismo no es su debilidad sino la incoherencia en la que se asienta (Taguieff). El mayor problema de la incoherencia es el miedo a que la coherencia desmonte nuestras convicciones. Y eso, eso sí, es la muestra más patética de la falta de convicción en nuestras convicciones.

# 2.  La antropología ante el racismo

> Por la misma razón tratarán de persuadir a los peces de que vivan al aire libre, con el pretexto de que la respiración aérea se practica por todos los animales superiores.
>
> Gustave Le Bou, *Lois psychologiques de l'évolution des peuples*, Paris: F. Alcam, 1894: 104. Citado por T. Todorov (1989: 75).

## 2.1.  El lobo y el cordero. Una historia, como siempre, no lineal

Las apoyaturas científicas del desarrollo, tanto del racismo como del antirracismo y del fundamentalismo cultural, han sido centralmente la biología y la antropología física, por una parte, y la antropología sociocultural, por otra. Durante mucho tiempo la biología dotó de base a las ideas de fragmentación y jerarquización de los seres humanos, de manera que entre las dos grandes guerras el tema de las razas, tanto en Estados Unidos como en Gran Bretaña «se percibía, sobre todo, como un concepto científico» propio de la biología y la antropología física, y, *en líneas generales*, se tomaba con la normalidad de las cosas habituales. El cambio de opinión y el rechazo por la teoría de las razas y la ideología y comportamientos racistas pivotó especialmente sobre antropólogos culturales norteamericanos y antropólogos sociales británicos que, a juicio de E. Barkan[1], no evitaron el racismo, pero consiguieron evitar su normalidad, lo hicieron menos presentable en público. La Segunda Guerra Mundial pasó a primer plano el racismo, de manera que la monstruosidad del Holocausto[2] junto a su aparición en la argumentación

---

1.  Para el desarrollo de este aspecto de cambio de actitudes ante fragmentación y jerarquización ver E. Barkan (1992), *The retreat of scientific racism*, Cambridge U.P.: 2, a quien corresponden estas citas. Ver también M. Barker (1981) y (1984), *ops. cits*.

2.  Debería decirse «de los Holocaustos», judío y gitano, pero solo el primero conmovió la sensibilidad de Occidente, por lo que solo este tuvo implicaciones en las posiciones antirracistas que culminaron en la Segunda Guerra Mundial.

política antigermana terminó de perfilar la imagen del racismo como aquello que realmente era cuando se llevaba a sus últimas consecuencias.

Sin embargo, ese rechazo, su apoyatura científica para enfrentarse a la teoría de las razas, que partió fundamentalmente de la antropología sociocultural, estaba ya instalado entre gran parte de los intelectuales antes de que empezara a ser un tema central en la lucha política, primero, y en la guerra, después. «El repudio científico inicial respecto al racismo *precedió* al auge del nazismo» (el énfasis es suyo). La caída del Estado nacionalsocialista ayudó inmensamente pero no generó refutación del racismo ni inició el rechazo que habría ido creciendo en el mundo académico.

El determinismo biológico había ido cediendo ante un enorme contingente de estudios etnográficos y la construcción y uso de archivos etnográficos, posteriormente, que mostraban la presencia masiva de factores «del orden de la cultura», económicos, sociales, culturales, políticos, que entraban en juego en la configuración no solo de la ordenación y cultura de un pueblo, sino del modelado de la personalidad social de los individuos y su incidencia decisiva en el de su personalidad en el sentido psicológico del término. Así como el primer aspecto se evidenciaba en los trabajos de los antropólogos de todas las latitudes, el segundo alcanzó un mayor auge en Estados Unidos. Los antropólogos americanos y británicos se volvieron en contra de la teoría de las razas precisamente desde la reflexión, y en algunos casos incluso desde una toma de posición respecto a las políticas «raciales» de sus respectivos países.

Según Barkan, ya en los años veinte se empieza a contar la vuelta atrás, el declive del biorracismo doctrinal-científico, que cedía en favor de los factores culturales, en el sentido amplio del término. Ese racismo doctrinal-científico siguió potente en la sociedad y en la utilización política, pero rara vez aparece ya en los medios académicos y, cuando lo hace, es con escándalo. Muchos antropólogos habían trabajado de forma consciente en la descalificación pública de la doctrina de las razas, algunos fueron incapaces de liberarse de sus prejuicios racistas, otros apoyaron el imperialismo, pero rechazaron su soporte racista[3] y otros más compartieron racismo e imperia-

---

3. Las actitudes fueron a veces claras, a favor o en contra, y muchas otras veces fueron ambiguas y contradictorias. Recordemos a Lucy Mair, aunque es un caso más tardío. Junto a su

lismo. A todos se les ha metido indiscriminadamente en el mismo saco en buena parte de la crítica histórica y antropológica de la disciplina.

Hacia los años treinta el antirracismo estaba ya penetrando en la izquierda y en el centro e incluso en sectores de la derecha. La observación de Taguieff sobre la corrupción de la ideología antirracista al convivir con y servir a ideologías contrapuestas de todo tipo, no parece por tanto que sea el solo resultado de la victoria aliada y el desprestigio subsiguiente del racismo. Sin embargo, yo no creo que el panorama sea tan nítido como lo describe Barkan. En parte sigue una corriente, en la que en cierto modo está también A. Kuper[4] y que reacciona ante la inculpación global e incluso a veces esencialista, de los antropólogos en el genocidio. Sinceramente, me parece que una cosa es que los Estados y las Fundaciones dirijan sus becas hacia sus puntos de interés, y otra muy distinta es que luego los legisladores y los administradores se lean los resultados de los trabajos realizados con esas becas. Es una visión incluso estimulante, en todo caso optimista, respecto a la diligencia y prudencia de los poderes públicos y una visión prepotente de la capacidad alquímica de la antropología, de su poder como ciencia aplicada. A la destrucción, en este caso[5].

Lo que sí parece cierto es que muchos antropólogos reaccionaron activamente contra el racismo biologista desde el ángulo del relativismo cultural, con lo que se produjeron dos resultados contradictorios. Por una parte, las posiciones del determinismo biológico simplemente se pulverizaron. Por otra parte, se ofreció, a veces contra todo propósito, una nueva apoyatura

---

empeño en colaborar con el gobierno colonial británico para, en sus propios términos, «suavizar» el brutal «impacto» de la colonización, fue una decidida luchadora en contra del racismo, haciendo gala de una visión poco crítica, colaboracionista pero también ambivalente, respecto al imperialismo y el proyecto colonial. Ver L. MAIR (1963), *New nations*, Weidenfeld, y (1957), *Applied Anthropology*, Atholone.

4. A. KUPER (1972), *Antropología y antropólogos*, Barcelona: Anagrama, 1973, sobre la eficacia de hecho de la tarea antropológica en el proceso colonial, mantiene que su incidencia en la práctica administrativa y en la propia legislación fue escasa, tanto para bien como para mal.

5. Es sorprendente que muchos antropólogos que niegan la posibilidad de una antropología aplicada al servicio de los intereses de los pueblos con los que trabajan, argumentando la falta de madurez de la disciplina y de aplicabilidad de sus teorías e hipótesis etnográficas, sean los mismos que atribuyen la intervención devastadora de la antropología al servicio del colonialismo y del imperialismo durante la primera mitad de siglo y en momentos anteriores. Se podría pensar que debía estar todavía menos madura y que era, por tanto, menos aplicable.

científica a una nueva alterofobia no-racista, sino diferencialista. En cualquier caso, todo ha ido circulando, penetrando, muy lentamente, y pienso que en la alterofobia que existe en España sigue habiendo una dosis considerable del antiguo racismo. De esa lentitud da buena prueba una frase recogida, no sin cierta perversidad por mi parte, de un libro de Glazer y Moynihan bien conocido, hablando de un «giro reciente» que se ha producido respecto a los grupos étnicos (que ellos parecen identificar con los otros y no con el suyo), de manera que estos se veían hace poco como «supervivencias de una época remota», mientras que «ahora» (¡1975!) «we [sociologists] have a growing sense that they may be forms of social life that are capable of renewing and transforming themselves». Lo cual es una supervivencia, a su vez, de la antropología del siglo XIX.

Pero estos mismos autores apuntan también al núcleo del problema con acierto en otro lugar: «El relativismo cultural ha sido el precio que se ha pagado para evitar la biologización monocausal de las diferencias colectivas, sin que eso supusiera negar la existencia masiva de diferenciación cultural»[6]. F. Boas se afanó en ello, en el rechazo de una determinación biológica cerrada y pesimista del ser humano, en la afirmación y en la contrastación empírica de su maleabilidad, en mostrar las explicaciones socioculturales que daban cuenta de las diferencias. Le Bou, el maestro de Saussure, más rígido que su discípulo, llevaría, como otros, esta perspectiva de la antropología hasta sus últimas consecuencias, de manera que la relatividad de los valores vaciaban de contenido intercultural las ideas políticas, incluida la idea universalista de igualdad, y se instalaría en una posición profundamente diferencialista, del mismo tipo ya de la que hoy esgrime el fundamentalismo cultural[7]; la mejor Constitución europea es una inutilidad y carece de valor si se pretende cualquier aplicación a otro lugar: «por la misma razón tratarán de persuadir a los peces de que vivan al aire libre».

La antropología sostuvo, por tanto, la batalla central ante el racismo: con su «culturalismo totalmente orientado hacia el reconocimiento de la diversidad, de la igualdad de las culturas y también de su *permanencia* transhistórica, suministró lo mejor de sus argumentos al antirracismo humanista

---

6. N. GLAZER y D. P. MOYNIHAN, eds. (1976: 228), *Ethnicity: Theory and experience*, Harvard U.P.
7. En T. TODOROV (1989: 75), *op. cit.*

y cosmopolita de la posguerra». Pero, al hacerlo, el «neorracismo», el fundamentalismo cultural, más acertadamente a mi juicio, «*toma al pie de la letra esta argumentación...*»[8], la lleva al extremo y hace la cultura rígida, perpetua, inalterable y, con un sutil paso más, incompatible con cualquier otra. El movimiento de «retorsión» de Taguieff. Y, sin embargo, esto sí está lejos de la antropología. En la «retorsión» se opera un cambio que desvirtúa, manipula y corrompe el propio pensamiento antropológico, del que solo se ha tomado una parte. Si volvemos incluso tan lejos como otra vez a F. Boas, nunca veremos la puerta de la maleabilidad y de la comunicación entre culturas cerrada. No es solo que la difusión, la aculturación, la asimilación sean teorías y conceptos antropológicos que precisamente suponen y desarrollan explícitamente el contacto, la penetración y la amalgama intercultural. El propio trabajo de campo clásico de los etnógrafos se basa en el principio de la disciplina de la *comprensibilidad* intercultural, de la *traducibilidad* entre culturas, de la posibilidad de entablar relaciones personales profundas, sinceras, empáticas, entre gentes de culturas diferentes. En breve, el fundamentalismo cultural es una impostura. O al menos lo es si su referente es la antropología de la primera mitad de siglo. Hace algunos, pocos, años era más fácil encontrar antropólogos con un sentido de *uniqueness*, de excepcionalidad de cada cultura, de incomparabilidad, que entonces. Y a pesar de todo no conozco a ninguno de ninguna época que haya negado con seriedad la posibilidad de comprensión, de una u otra forma, con unos u otros medios, de «el otro» culturalmente diferente. Inconmensurabilidad, incomunicabilidad e incompatibilidad son cuestiones que se relacionan, pero de ninguna forma son idénticas. Detengámonos un momento más en este punto.

## 2.2.  De la autoestima a la agresión

> El etnocentrismo banal es aquel en el que lo verdadero se define por lo nuestro.
>
> T. Todorov (1989: 23), *op. cit.*

---

8.  E. BALIBAR (1988: 38), *op. cit.* A él pertenecen ambas citas, y la cursiva también es suya.

Hemos pasado en pocos años de hablar sin parar de etnocentrismo a referirnos constantemente a los problemas y peligros del relativismo cultural. El etnocentrismo, como juicio autocomplaciente, dogmático y universalizado, ha dado paso al relativismo cultural como particularismo en el que cualquier trazo de una humanidad compartida, de similitud, de comunicación, de identificación, se desvanece. Las razones de este paso habría que buscarlas en los vaivenes del enfrentamiento racismo/antirracismo y en el papel que en ellos ha tenido la tradición disciplinaria de la antropología.

Durante los últimos años el concepto antropológico de etnocentrismo se está sometiendo a revisión. Y esta revisión está siendo afrontada desde dos perspectivas muy diferentes: metodológicamente y en sus implicaciones político-ideológicas. De alguna forma lo anunciaban ya Kaplan y Manners[9] al proponer dos acepciones.

El énfasis metodológico del concepto iría de la mano de otra polémica bien distinta, la de comparativistas y particularistas, porque un relativismo radical en este sentido supondría la imposibilidad de comparación cultural y, por tanto, la imposibilidad de aplicación del método científico para la construcción de teoría antropológica. Cada elemento cultural tendría significado exclusivamente en términos de sus relaciones variables pero precisas en el seno de la cultura en la que está, y el aislar un elemento cultural para compararlo con otro similar de otra cultura implicaría necesariamente vaciar ambos de contenido, con lo que la propia base de la comparación se desvanece. Ante esto, la postura comparativista defendería que ningún tipo de conocimiento es posible sin la comparación, que o bien es explícita y efectuada críticamente y con rigor, o bien es implícita y grosera.

Por otra parte, la comparación no tiene por qué hacerse entre «culturas» o «sociedades» como un todo, lo que sería imposible, ni debe hacerse sobre elementos aislados, rasgos sueltos (cosa que, a excepción de Frazer[10], rara vez se ha hecho), sino a partir de relaciones culturales complejas que exhiben características comunes con las de otras culturas, siendo esta similitud definida teniendo en cuenta su inscripción en un contexto. Así, el que

9. E. KAPLAN y A. MANNERS (1979), *Introducción crítica a la teoría antropológica*, México: Nueva Imagen.

10. Sir J. FRAZER (1922), *The Golden Bough*, London: Macmillan, 1963.

la decrepitud física o mental de algunos ancianos haga descender su posición de estatus y, consecuentemente, su calidad de vida, supone definir «ancianidad», «*estatus*», «calidad de vida», etc., transculturalmente, mientras que de nuevo «ancianidad», «*status*», «calidad de vida» y «decrepitud» pueden ser operacionalizados y categorizados en lo que significan en el interior de la cultura, y «descenso» tiene que implicar criterios comunes de medición y categorizaciones específicas en cada caso. Un anciano peul del Futa Djalon puede así descender de *status* y calidad de vida por tener que donar su propiedad en vida y renunciar a sus prerrogativas políticas, pasando a ser dependiente de sus hijos y de la benevolencia de la actitud pública, y un trabajador español puede descender de *status* y calidad de vida por tener que jubilarse forzadamente, someterse a una reducción de ingresos, adaptarse a la pasividad laboral y pasar a depender de las estipulaciones del bienestar, de su familia y de la benevolencia de la actitud pública de consideración y respeto. Ni anciano, ni respeto, ni consideración, ni *status*, ni calidad de vida, ni medios de subsistencia, ni prerrogativas, ni familia son iguales aquí y en el Futa Djalon. Sin embargo, el descenso de *status* y calidad de vida se produce por efecto de llegar al envejecimiento en ambos lugares, se esté sano y lúcido o no. Y la comparación de la exclusión social es, en tales términos, posible.

Quizá en mi propio planteamiento de la alterofobia haya más de comparativismo intercultural que en la postura más particularista que defiende la especificidad europea del fenómeno xenofóbico. Por eso es también pertinente traer aquí esta otra polémica respecto al etnocentrismo y al método, porque impregna, consciente o subrepticia o ingenuamente, todo el discurso antropológico actual y orienta en una u otra de sus alternativas el trabajo intelectual que se realiza. Y pienso que es clarificador el situar la europeización del racismo y la xenofobia en el seno de la tradición metodológica particularista de las disciplinas de las ciencias sociales.

La otra forma de entender etnocentrismo implica la valoración de una cultura o parte de ella en términos de otra, precisamente de aquella que realiza el juicio, incorporada a los individuos concretos a través del proceso de socialización o enculturación. Los antropólogos, durante toda su historia disciplinar, se han empeñado en la tarea de anunciar la imposibilidad de atribuir verdad ni valor alguno a los juicios etnocéntricos, ya que al hacerse desde un conjunto de orientaciones culturales que se toman por justas, verdaderas, naturales o humanas, la cultura enjuiciada tiene necesariamente las de perder en todo aquello en lo que no coincida con la enjuiciante. El atribuir a la población autóctona africana una posición a medio camino entre el ser humano y los simios suponía, precisamente, una valoración de sus ordenaciones sociales, instituciones, costumbres, ideas y formas de interpretar el mundo y de resolver sus problemas intelectuales y prácticos, una valoración negativa de su cultura, en una palabra, desde la perspectiva que otorgaba prioridad y humanidad universal a la cultura de Occidente. En esta tarea ideológica la antropología estuvo sola.

Le costó abrirse camino contra los presupuestos etnocéntricos de su medio cultural y social y de otras disciplinas de las ciencias sociales, y le sigue costando trabajo, a pesar de la mayor, en absoluto completa, sensibilización de otras disciplinas y de una parte considerable de la opinión pública. Este es un campo de lucha antropológica en favor de un igualitarismo fundamental entre culturas y entre categorías de personas y segmentos sociales que a menudo se olvida cuando se le achaca su alineamiento con el colonialismo o con el capital.

Pero esta misma posición de la antropología, es hoy la base para el neorracismo particularista, diferencialista, para el fundamentalismo cultural. La soga con la que antropólogos como Boas habían unido a los pueblos del Tercer Mundo con los occidentales se usa hoy para ponerla alrededor del cuello de los inmigrantes en Europa.

Los antropólogos, enculturados y adiestrados en la crítica al etnocentrismo como ningún otro, fueron en su día los que ofrecieron los mejores datos y los mejores argumentos a un antirracismo que se debatía en contra de la teoría de las razas, contra un racismo biologista y genetista. Pero al hacerlo, dio demasiadas vueltas a la tuerca del relativismo cultural, del particularismo, del diferencialismo, de manera que, al mismo tiempo, implementó intelectualmente la alterofobia de corte fundamentalista cultural. En efecto, esta argumentación relativista no solo inspira el antirracismo, sino la actual versión fundamentalista de los objetivos de supeditación del antiguo racismo; y esto, en términos de Taguieff, resta identidad a unos y otros, dibuja unos límites oscuros que dificultan enormemente la propia clarificación del antirracismo y, consecuentemente, paralizan su actuación y la limitan a las acciones testimoniales o a las denuncias, al «antirracismo conmemorativo»[11].

Como antropólogos, se nos podía pedir un momento de reflexión sobre este conjunto de situaciones, si vemos que estamos sirviendo indistintamente al rearme antirracista actual y al neorracismo. Es aquella clarificación disciplinaria que exigía Gosselin con toda justeza y a la que enseguida me referiré. Y en esta reflexión tiene forzosamente que entrar en consideración el papel que en todo ello está desempeñando también nuestra propia autocrítica. Hemos llegado, a partir de la confesión pública de nuestras faltas, a difundir lo que yo creo que es una falsa impresión de que la antropología ha sido la causante tanto del prejuicio racista como fundamentalista cultural, que fue partícipe activa en la plasmación de ese prejuicio y que ahora volvemos a las andadas en el asunto de la xenofobia antiinmigrante.

No voy a entrar de lleno en este aspecto de la cuestión por no desviarme en exceso del tema central. Pero sí quiero decir que la participación de los antropólogos en implementar los desmanes colonialistas y clasistas e imperialistas europeos ha sido infinitamente menor que el de otros sectores sociales y que el de otras muchas disciplinas, a pesar de que el elemento humano que configura el plantel de los antropólogos y el de las otras disciplinas tienen una extracción social común. Esto *no* es en absoluto *negar* la participación, sino valorarla en su contexto. La antropología, si se mira desde él, ha realizado una tarea crítica que, como antes apuntaba, ninguna otra disciplina ha acometido, ni tanto ni antes, en el terreno de los prejuicios y acciones ante las culturas de los otros pueblos y en el de las justificaciones etnocéntricas del colonialismo. Y, por último, hay que atribuir a su propia tarea autocrítica no solo la defensa de otros pueblos diferentes sino su propia fama colonialista, que su propio afán autocrítico (saludable) le ha llevado insanamente a afirmar de manera unívoca exclusiva y sin fisuras, lo que está absolutamente lejos de la realidad. Es en todo este contexto, creo yo, en el que convendría por una vez situar el asunto de la apoyatura del concepto antropológico de relativismo a la actual furia xenófoba. La crítica es imprescindible, pero no debe ser parcial ni siquiera con nosotros mismos. Sería un desplazamiento desde una crítica dura y rigurosa al masoquismo.

11. P. A. Taguieff (1987), *pássim*.

En estos días los propios antropólogos antirracistas y críticos señalan constantemente el peligro que supone la afirmación de un etnocentrismo universal, porque ha producido la convicción de la universalidad de una especie no definida de instinto de conservación de la propia cultura que, a su vez, iría de la mano de prácticas sociales efectivas para separar (si no pegar) a los diferentes, a los otros. De ahí el subterfugio del modelo xenófobo inspirado por un fundamentalismo cultural: sería lógico pensar en separar a los inmigrantes porque no solo ponen en peligro nuestra cultura e identidad nacional (¿solo?), sino su propia cultura (¿nacional?). Su fundamento está en el peligro de contaminación mutua en el contacto, en la mixófoba visión de una *anomización de la sociedad*. Su justificación sería, recordando lo ya expuesto, la defensa (etnocéntrica) de la propia cultura que inevitablemente nos llevaría a todos los seres humanos a separar a los otros, a empujones, si fuera preciso. Incluso un pensador tan excepcional como C. Lévi-Strauss, tantas veces instalado en el antirracismo, parece haber sido víctima de esa misma confusión, ambigüedad, solapamiento, y ha terminado por afirmar cosas tales como que el precio de la diversidad es la incomunicación entre los hombres de la misma forma que el mantenimiento de la diversidad es el precio de la continuidad del hombre sobre la faz de la Tierra[12]. Una apuesta, al final, poco equívoca por la mixofobia.

No hay etnocentrismo universal. No es cierto que todos los pueblos y que todos los segmentos y sectores de cada uno de los pueblos enjuicie negativamente la cultura de los extranjeros. Muchísimo menos puede decirse que haya una aversión espontánea al otro y, aún menos, un ímpetu agresivo inscrito en el instinto de conservación. Esto es simplemente falso[13]. Pero sí

---

12. C. LÉVI-STRAUSS (1961), «Raza e historia», en *El racismo ante la ciencia moderna*, UNESCO/Liber, Ondarroa, 1971: 232-275. Ver también (1984), *La mirada distante*, Madrid: Argos-Vergara, y (1971), «Race et Culture», *Revue Internationale des Sciences Sociales*, 23(4).

13. Como simples ejemplos que ayuden a refrescar la memoria etnográfica, podemos citar un par. En la Rodesia que va de los años cuarenta a setenta, al menos, el pueblo lozi parecía dar muestras de una actitud tolerante, respetuosa y comprensiva para con los extranjeros, llegando a extender esa tolerancia incluso a la falta de adhesión y a la ignorancia que los forasteros mostraban ante las normas aceptadas en su país, normas que no consideraban ni «naturales» ni «universales». Así, llegaron a territorio lozi a través del río Zambeze unos lunda forasteros y cogieron varias nidadas de pajarillos. Esta actividad está totalmente prohibida. Los lozi piensan que todas son propiedad del rey y que solo el día en el que el rey llama a toda la nación a recogerlos ceremonialmente puede hacerse. Por lo tanto, al ser descubiertos, fueron apresados y un funcionario les impuso la multa, cuantiosa, correspon-

creo que puede plantearse su universalidad en otros términos. Posiblemente descargaría de sentimientos encontrados la argumentación que sigue si, de entrada, llamo etnocentrismo a lo de siempre, esto es, al juicio peyorativo de la diferencia cultural en términos de la valoración de la propia como verdadera, universal, natural o simplemente mejor por principio.

Podría llamar *referente cultural* en primer lugar al efecto diferencial que produce en todos los individuos de la humanidad el proceso de enculturación-socialización en la conformación y estructuración de los procesos mentales (y de esto dependerían, entre otras cosas, la orientación reflexiva y crítica o la contraria). En segundo lugar, al efecto diferencial que el proceso de enculturación produce en los individuos al referir las características básicas de las relaciones sociales a modelos de relación primarios ofrecidos desde el comienzo del proceso enculturativo (y eso incluiría la disposición a ciertos tipos de modelos aunque no pienso que los determine). En tercer lugar, al efecto diferencial que el proceso de enculturación produce en la orientación valorativa de las propuestas culturales propias y ajenas, y esto es importante porque podría confundirse con el etnocentrismo.

Quiero decir que, en el seno de una cultura, por ejemplo de la nuestra, existen proyectos culturales distintos, más o menos articulados, contradictorios, complementarios o compatibles, lo que nos permite alinearnos en

---

diente. Sin embargo, poco después tuvo que devolvérsela. Ni la gente ni el rey veían con buenos ojos su acción: «Se le ordenó que les devolviera sus bienes y pagarles una compensación por daños y se le impuso [al funcionario] una multa: eran extranjeros que desconocían la ley (*mulao*), viajeros hambrientos que pensaban que les estaba permitido tomar comida silvestre» (M. GLUCKMAN, 1967: 199, *The Judicial Process Among the Barotse of Northern Nigeria*, Manchester U.P., 2.ª edición).

Otro ejemplo puede ser el de los grupos beduinos de Libia de la primera mitad de siglo (ignoro si en las condiciones actuales sigue siendo como aquí señalo). Ningún extranjero que entre en un campamento beduino tiene obligación de identificarse. Se le exige solamente si permanece durante largo tiempo o si va a quedarse. De otra forma, solo sabiendo que se trata de un extranjero, se le brinda hospitalidad y comida. Lo más frecuente en la región de Cirenaica es que el recién llegado suela identificarse una vez que ha compartido comida, que le han ofrecido, como huésped. Sin embargo, dicen los beduinos que aunque en el pasado no tenía la menor obligación de hacerlo hasta pasados cuarenta días, lo usual en aquel momento es que si no lo ha hecho después de compartir alimento, lo haga al cabo de un par de días de vivir con ellos. Dice E. L. Peters: «He conocido a extranjeros que han estado en el campamento, han recibido hospitalidad y se han marchado después sin ofrecer ningún dato concreto respecto a su identidad» (E. L. PETERS, 1965, «Aspects of the family among the Bedouin of Cyrenaica», en M. F. NIMKOFF, ed., 1965, *Comparative Family Systems*, Boston: Houghton).

una orientación valorativa de la igualdad, la libertad y la fraternidad, o en una orientación valorativa de la pureza de la raza, la superioridad de unos pueblos respecto a otros, y el proyecto de un mundo construido solo con los mejores[14]. Y hay conviviendo EN nuestra cultura, SON parte de nuestra cultura, orientaciones valorativas diferentes que en el proceso de enculturación-socialización se transmiten e incorporan diferencialmente. Yo creo que ese *referente cultural* es, efectivamente, universal, y para no dar pie a confusiones quizá fuera mejor desgajar *etnocentrismo* y *referencia cultural*, que hasta ahora se han mezclado y confundido en «etnocentrismo». Pero estaba, también, ahí. Y sin esa referencia cultural no sería posible, efectivamente, la convivencia, ni la orientación personal de la acción y del pensamiento. No sería posible vivir, convivir, mantenerse cuerdo y tener el mínimo optimismo vital para sobrevivir, al menos.

En conclusión, creo que no solo en Lévi-Strauss sino en todas las partes en el diálogo existía confusión y que era una confusión peligrosa social e intelectualmente. Desde esta perspectiva podría hablarse de universalidad del proceso enculturativo, de socialización, de adquisición de referentes étnicos que en absoluto supone ausencia de capacidad autocrítica, de comunicación, de empatía, de construcción de convivencia interétnica; podría hablarse de un postulado de universalidad que se acompaña y se supedita a la condición de varias premisas.

— que la enculturación-socialización-adquisición de referentes culturales es variablemente universal y modela a la persona con independencia de la herencia genética,

---

14. En nuestra cultura, junto al racismo del tipo que condujo al extremo nazi o al de la antigua Yugoslavia en estos días, conviven no solo filantropías laicas y legiones de buena gente, sino orientaciones religiosas contradictorias en el seno de una misma fe. Los seguidores de Le Pen se dicen católicos. Otros católicos se horrorizan ante Le Pen y recuerdan un pasaje del Nuevo Testamento que hace de Jesús el exponente de un modelo filántropo frente a sectores alterófobos de su sociedad. Curó a diez leprosos en el camino de Samaria a Galilea, dicen los textos, y de ellos uno solo volvió para agradecérselo: «¿No han quedado limpios los diez? Y los otros nueve ¿dónde están? ¿No ha habido quien vuelva a agradecérselo a Dios excepto este extranjero?» (Lucas 17: 15-18). Jesús se presenta así como quien acepta a los extranjeros en un doble sentido: sana al extranjero como a los demás, igual que a los demás y pone de relieve su altura moral frente a las ideas plasmadas en el estereotipo peyorativo xenófobo.

— que las culturas suponen un complejo proyecto de significado y ordenación del universo social y cósmico.

Pero, por otra parte:

— que la enculturación-socialización es un proceso abierto y permanente y puede ser crítico y reflexivo,
— que las culturas no son ni homogéneas ni carentes de propuestas
contradictorias,
— que enculturación y cultura son fenómenos cambiantes en el tiempo,
y moldeables.

Si esto fuera así, podríamos encontrar (como creo que encontramos) dogmáticos y críticos, o bien igualitaristas y antiigualitaristas en el seno de culturas
diversas. La antropología, por ejemplo, tal como muchos la entendemos e
intentamos practicarla, sería una corriente xenófila frente a la xenófoba en el
seno de nuestra cultura. Y unos y otros, xenófilos y xenófobos, podemos
encontrarnos con mucha gente de muchas otras culturas. Y de la nuestra.

## 2.3. Ni purgatorio ni exorcismo. Entre lo crítico y lo ético

Me impresionó un texto de Gabriel Gosselin[15] en el que realizaba una reflexión sobre esta posición de la antropología ante la igualdad de los seres
humanos y ante la diferencia de las culturas. Decía que la antropología había centrado su interés en exceso en las *diferencias*, había prestado desme-
suradamente poca atención a las similitudes y el resultado, en algunas de sus
líneas de pensamiento (no en la de Gosselin, por ejemplo, evidentemente)
fue la pérdida del sentido de lo humano. Afirmando con rotundidad la trayectoria ejemplar de la disciplina en la línea de un cuestionamiento permanente de la propia cultura a la que pertenece, sin embargo «se descubre hoy
a sí misma» como partícipe del propio universalismo etnocéntrico de esa
cultura. Su propio valor la lleva a su límite, y se contesta desde fuera y desde

---

15. G. GOSSELIN (1992), *op. cit.* Las citas siguientes corresponden a las pp. 401, 406 y 407.

dentro a sus propios fundamentos «en nombre de la tierra y de la sangre» y se encuentra impotente «ante los tradicionalismos conscientes y organizados». Y Gosselin, comprometido con su propio pensamiento y con sus propias convicciones comprende, desde la antropología, que entonces «ya no es pertinente ser investigador y [que la] investigación ya no es operativa».

Pero un desánimo tan árido, tan solitario, se remonta de inmediato para reclamar una ética de la disciplina, «¿cómo tolerar lo intolerable sin contradecirse?». Recordando a Kolakowski resitúa la antropología, «esta ciencia tan típicamente europea», y reconoce su valor: «La crítica de la superioridad engendra una superioridad de la crítica, y esta superioridad tan particular, junto a la relatividad del relativismo cultural» debe reubicarse en el centro de la disciplina, una ciencia que se plantea, aunque sepa que nunca lo conseguirá del todo, despojarse en toda la medida de lo posible de la propia cultura para hablar con «el otro», y volver a ella para enjuiciarla. Reclamar la distancia para acercarse al otro es, sin embargo, pedir un imposible, y, de nuevo en términos de Kolakowski, supone «la suspensión de su juicio, una renuncia que carece de sentido excepto en una cultura (la del antropólogo) que lo hace posible, y que no es capaz de comprender al otro sin cuestionarse a sí misma».

Critica sin embargo el exceso, porque tampoco parece justificarse, y Gosselin recuerda a Kolakowski algo que señalaba Weber: «No hay necesidad de ser el César para comprender al César». Lo que asume entonces no es otra cosa que la superioridad del análisis sobre el fanatismo, del método sobre la plena autonomía. Como a Weber, no le mueve convertirse en el otro. Al antropólogo, tal como lo entiende Gosselin, le mueve «la pasión de una similitud fundamental que justifica en definitiva su trabajo» de manera que, frente a la idea que se mantiene comúnmente, el trabajo de «investigación antropológica», lejos de tener implícito el relativismo cultural, implica su contrario o, más exactamente, su límite.

La ética es necesaria en la propia tarea antropológica. Si no puede tolerar lo intolerable, «si no puede contemplar inocentemente la contestación de la tolerancia que representan los fundamentalismos y los fanatismos» no es porque necesariamente estemos hablando de un antropólogo *engagé*, sino del que es consciente de que «lo que debe saber es dónde comienza en él el ciudadano». Volveré más tarde sobre el tema del valor de la crítica, de la duda, de la razón en un planteamiento filantrópico de la similitud, la comunicación y la convicción. Lo que ahora me interesaba más destacar es el límite del relativismo, el relativismo del relativismo que dicen Gosselin y Kolakowski, y su enfrentamiento al fanatismo. Esa antropología la hay y la ha habido siempre, también, junto a la otra, con la otra, inseparablemente vinculada a la otra. Por eso he llamado impostores a quienes se sirven del relativismo cultural de la antropología para justificar su propio integrismo.

Visto desde este momento, el papel de la antropología tanto como soporte científico al antirracismo y al fundamentalismo como en tanto que producción etnográfica manipulable para fines racistas y antirracistas, sin duda ha sido polémico y no carente de ambigüedad. Pero me molestan especialmente los juicios sobre el pasado a partir de las condiciones del presente, desprovistas de historicidad. Creo que hemos pasado de un momento en el que Estados Unidos potenciaba la investigación de campo en las regiones del mundo en las que tenía intereses, a otro en el que el dejar de tenerlos se unió a la torpeza de los científicos sociales, antropólogos también y no solo, incapaces o desinteresados en ofrecer razones, funciones y causas contrastadas que pudieran ser de alguna utilidad, ya fuera para la explotación y la dominación como para la cooperación y el apoyo. Una y otra cosa llevaron al desinterés público por la investigación social y cultural, más allá de los nuevos y pobres sondeos de valor político o de la colaboración en los estudios de mercado, lo que produjo un verdadero estancamiento en la investigación en antropología.

De las fuentes de reflexión que formaban parte de la tradición del período de la primera mitad de siglo anterior (la autorreflexión impulsada por el constante horror al etnocentrismo y la reflexión sobre los materiales etnográficos), la única alternativa que quedaba abierta fue volver los ojos a la autorreflexión. Sin embargo, tuvo nuevas connotaciones. Por una parte, se hizo más amplia la conciencia de compromiso, de manera que cobró un enorme valor la reflexión más estrictamente ideológica, mientras que solo alcanzó muy secundariamente, cuando lo hizo, a la metodológica. Se hizo aflorar así la perversidad y la complicidad de aquella antropología que había ido de la mano de los proyectos coloniales. En consecuencia, los propios antropólogos restringieron los campos en los que como investigadores estaban autorizados a realizar su trabajo, no ya «prohibiéndose» las áreas «excoloniales» y «exexóticas» sino incluso defendiéndose de que solo se podía estudiar en el suelo propio la propia gente, con una curiosa delimitación particularista geográfica de lo propio.

Por otra parte, esa misma falta de reflexión sobre los materiales etnográficos no-propios, hizo emerger aquella otra faceta del relativismo, la más radical: la incomparabilidad, la exclusividad de cada cultura y de cada situación. Y, con ella, la renuncia a la contrastación y el otorgamiento de autoridad, en último término, a la intuición, de nuevo. Por fin, a falta de materiales etnográficos múltiples y diversos sobre los que pensar, resultó más factible hacerlo sobre los propios antropólogos y sus producciones intelectuales. Y así, haciendo de la necesidad virtud, los textos de los antropólogos pasaron a ser el centro principal de atención, en una especie de juego narcisista en el que la disciplina parecía estar más interesada en sus artífices que en su propio objeto.

Por lo tanto, las dos tendencias confluían en un mismo punto, el autoanálisis, con una doble proyección: la de la crítica ideológica del papel político jugado por la antropología y la del interés por la construcción cultural de los textos de los antropólogos.

Poco tiempo después, la edificación europea ha llegado también a la etnografía. La Europa sin fronteras nos alcanza de la forma previsible y el interés de los investigadores empieza a orientarse hacia los intereses europeos, estimulado por becas, financiación de proyectos, encuentros y creación de asociaciones profesionales que abarcan al viejo continente. La Unión Europea empieza a actuar exactamente igual que actuaron los Estados Unidos, orientando la investigación hacia sus centros de interés, hoy por hoy su propia construcción, pero también sus inmigrantes, en menor medida Latinoamérica. Pronto, estoy segura, los países de su zona Este y Argelia o Marruecos.

Y así, del Sudeste asiático se pasó primero a Málaga o el Ampurdán y de aquí, hoy, a la identidad de la Europa de las Naciones o al problema de la pluriculturalidad o del racismo en las escuelas de los Estados miembros. No quiero decir con esto que estemos teniendo algo así como un comportamiento profesional desviado si participamos, como es el caso, en un programa europeo. Lo que ocurre es que tampoco creo que sucediera así cuando se recibía una beca de la Wenner Green para ir a Filipinas. Depende de lo que ya dependía: de qué se hacía con ella, de cómo se trabajaba, para quién y para qué, de la consciencia del sesgo y la actitud hacia él. Francamente, no veo la diferencia.

Tampoco quiero decir que únicamente los factores externos que mueven el desarrollo de la antropología hayan hecho girar las manillas del reloj. Solo lo ponen en hora. El enorme interés de la disciplina a lo largo de toda su historia por evitar un etnocentrismo del que era consciente, aunque solo parcialmente consciente[16], la clarividencia respecto al enorme peso de la propia cultura en la tarea de todo investigador, junto al debate abierto a mitad de siglo en la filosofía de la ciencia que sitúa esta entre los productos históricos y culturales, y no ya solo entre los productos de la razón, todo ello fue, precisamente, la otra base, la base lógica del desarrollo de la disciplina. Sobre ella actuarían las nuevas ideologías políticas, las enormes dificultades en acceder a información etnográfica rica, variada y actual y en acceder a terrenos de investigación etnográfica distintos a la propia región o incluso a la propia ciudad, sobre ella incidirían las «prohibiciones» a los antropólogos de trabajar fuera de su casa que supuso, finalmente, la angosta apuesta, tan corta de miras, por hacerlo solo dentro de ella.

De los años precedentes, sin embargo, y una vez hayan pasado los excesos propios de la moda, tenemos llamadas de atención muy firmes respecto al viejo etnocentrismo y al viejo relativismo, respecto al papel histórico de la antropología y respecto a la construcción literaria de los textos de los antropólogos. Y estas son cuestiones que no debemos ya olvidar cuando, como parece, se inicia un nuevo giro. Pero nos ha quedado el mal sabor de boca de haber vivido un tiempo, espero que ya pasado, de pobreza teórica, como siempre que se produce un momento de pobreza en la producción etnográfica. Un tiempo de pérdida de reflexión sobre la variabilidad cultural (que, no se olvide, como toda «variación» incluye similitud) que ofrecía la etnografía a quien se interesaba por ella.

Paradójicamente, quizá como compensación, cada vez es mayor la presencia de antropólogos, tan interesados en sí mismos, en los congresos y reuniones profesionales. Esto está bien, siempre que se mantenga vivo el

---

16. Quizá también ahora lo seamos parcialmente, cuando el resultado de nuestro trabajo hace girar el interés no ya hacia nuestra propia y concreta cultura sino hacia nosotros mismos, los antropólogos.

interés por lo otro porque el riesgo de olvidar la etnografía de lo ajeno al hablar de ello es el que señalaba ya E. Hugues en 1963: advertía que el mundo ofrece un muestrario de variaciones y de relaciones inmensamente rico y variado «para cualquiera de nosotros (sociólogos) que considere el salir fuera de nuestras fronteras algo más que asistir a un congreso»[17].

Una parte del discurso antropológico actual, hasta un momento aún reciente, ha estado dirigida a negar, precisamente, la existencia de diversidad cultural en el presente. Y esto es lo mismo que negar la posibilidad de construcción de teoría en antropología, privarla de su objeto. Esta corriente, desde comienzos de los sesenta, inició su camino con la afirmación de la desaparición de los pueblos primitivos. En buena parte suponía la continuidad en la crítica antropológica al etnocentrismo, pero ya en este momento, vuelta hacia la propia disciplina: había que acabar con la idea del «primitivismo», de un «primitivo» que para demasiada gente significaba «inferior». Pero de ahí, poco a poco, se produjo un deslizamiento, indeseable, a la negación de la diversidad cultural. No es ya que otros pueblos y otras culturas no son de ninguna forma inferiores, primitivas. Es que ya no hay. ¡Todo es Occidente ya! Y esto resultaba chocante no ya a quienes siguieron haciendo etnografía en culturas diversas, sino a los viajeros.

El siguiente paso fue el de una separación, un cierto cisma, en el seno de la disciplina. Algunos optamos por interesarnos por la diversidad interior, tan reclamada por la lucha contra la homogeneización artificial que se había practicado en estudios de comunidad de la primera mitad de siglo, y por el derecho a la diferencia de los pueblos en minoría, en el antirracismo. Pero fracasamos. Cuando menos podía esperarse se nos acusó de no preocuparnos por los problemas *centrales*, de buscar lo *exótico*, de, por tanto, no abandonar la idea de «los primitivos» y en consecuencia, de un oculto derechismo, de «fachas». Justo entonces conseguí calmarme: se estaba empezando a desvariar.

Pienso que una cosa es negar la existencia de «primitivos», inferiores, aislados, incontaminados, encapsulados, atemporales, estáticos y homogéneos y otra cosa es negar la diversidad, la similitud, la variabilidad *entre* las

---

17. E. HUGUES (1963), «Race relations and the sociological imagination», *American Sociological Review*, 28(6).

culturas y *en* las culturas. Han tenido que llegar los inmigrantes africanos y que se celebrarse con más o menos vergüenza el Quinto Centenario para que aflore de nuevo una preocupación por el «otro». Para algunos antropólogos «el objeto reencontrado», a mi pesar.

Yo, por mi parte, y mientras tanto, había hecho lo posible por entender la vida de los gitanos, primero, los ancianos, después, por conocerlos y por colaborar con ellos también. Iba haciendo lo posible por llevar el conocimiento antropológico al análisis de los datos de los gitanos para devolver nuevas sugerencias y propuestas de modificación. Y como yo, y mucho mejor que yo, muchos otros apátridas. Y en múltiples ocasiones públicas y privadas, protesté por la temeridad e impertinencia que supone llamar «un tema exótico» a los parece que 500.000 gitanos del Estado español. Lo he repetido muchas veces y seguiré haciéndolo: culturalmente, los gitanos no están mucho más lejos de mí y de mi entorno, que la comunidad de la «gente guapa» del Mediterráneo. Políticamente estoy, evidentemente, mucho más cerca, y desde mi experiencia vital no puedo de ninguna forma decir que sea más «exótica» la venta ambulante de un «tío» gitano que la cuenta corriente de Mario Conde.

Pero con un poco de suerte los apátridas nos volveremos a poner de moda. Porque la comparación es la condición del edificio teórico de la antropología, la variabilidad (similitud y diferencia) su objeto y la etnografía su base. Y sin estas tres cosas no habría más antropología y a la vista está que tendrían que reinventarla de nuevo. Estoy dispuesta, incluso, a esperar.

# 3. El otro diluido. La ideologización dogmática del discurso académico

La manera más eficaz de sustraerse a la crítica es monopolizar la función crítica.

P. A. Taguieff (1987: 24).

## 3.1. La abolición de la crítica empírica

El intelectual, ante la heterofobia, tiene dos caminos que puede coger simultáneamente. Uno es, como decía Gosselin, comportarse como ciudadano. El otro, que en él está inseparablemente unido, es realizar su trabajo, el que solo en tanto que ciudadano no puede hacer. Y ese trabajo impone una crítica que se desarrolla en tres vertientes: una metodológica, que incluye otra, la construcción empírica, y otra ideológica que necesariamente está limitada o potenciada por la anterior pero *solo* en sus enunciados sintéticos y en la coherencia discursiva, no así en las propias convicciones cuando son compatibles con una y otra. Para que este trabajo del intelectual sea posible, se necesita, pues, no solo el examen lógico y el ideológico, sino la contrastación empírica y, por lo tanto, el antropólogo requiere una sólida base etnográfica, bien construida y muy variada, sobre la que puedan corroborarse o no aquellos enunciados sintéticos. Por lo menos es así como yo lo entiendo y entiendo, asimismo, que no todo el mundo lo está entendiendo igual ni tiene por qué hacerlo. Bajo esta perspectiva puede uno preguntarse si el intelectual, el antropólogo en concreto que inevitablemente me importa más, está o no está haciendo su trabajo. Las próximas páginas constituyen un examen breve de esta cuestión en aquellos aspectos que más me interesan para el propósito de este libro.

Ante el racismo, el mundo académico reaccionó desde un principio, como vimos, atacando primero la teoría de las razas tanto en sus fundamentos empíricos como en sus consecuencias ideológicas; después, una vez que parecía suficientemente claro que la teoría no se sostenía, no aguantaba la contrastación y la crítica científica, se puso al descubierto con claridad su función como soporte de la ideología racista. El hecho de que la ideología racista mantuviera la teoría a pesar del dictamen adverso del examen científico, hizo que se llamara esa parte del discurso racista «pseudociencia», con razón, y se evidenció su única causa de supervivencia, esto es, que servía al racismo. Pero a esas alturas la teoría de las razas no tenía la limitada inocencia teórica de cualquier teoría que no es consciente e intencionadamente vinculada a ninguna acción ante los hombres y ante el mundo o que no lo está todavía. Por el contrario, esta vinculación era muy fuerte y junto a la teoría se había desarrollado lo que Taguieff llama, justamente, «la pasión»[1], que servía, como suele ocurrir, de cemento cohesivo entre los postulados, conceptos y creencias de la ideología, en este caso, racista. En esta medida, el antirracismo académico actuará, por tanto, contra tal pasión desenmascarando la racionalización, refutando los supuestos y aserciones de la racionalización, y dejando la pasión al desnudo. En definitiva, lo que el antirracista hace es atacar la racionalización en un sujeto, los racistas, a los que toma como pasionalmente patológicos, mientras que se autoatribuye la visión cuerda del mundo[2].

Esto es importante. Porque esa patologización del racismo incita al antirracista a argumentar en contra, hay que decir que también muy pasionalmente, pero al mismo tiempo va dejando la búsqueda, va abandonando la investigación que, en cierto modo, le sobra en el uso preferente que hace de los principios ideológicos y de las «verdades científicas ya demostradas». Si el racista dice que los inmigrantes, por ejemplo, quitan trabajo, son una multitud capaz de hacer sucumbir a la larga a la población autóctona, son delincuentes..., el antirracista les llama mentirosos, psicópatas ciegos por una pasión alterófoba incontrolable que es la única causa, en definitiva, para que el racismo se produzca. Así el racismo no tiene más fundamento que el de la necesidad de Occidente de explotar y el de las pasiones destructoras del «otro» en ciertos psicópatas, que se unen y justifican, una y otra cosa, por una teoría falsa.

1. P. A. Taguieff (1987: 24), *op. cit.*
2. *Ídem.*

Quizá por deformación profesional, yo añoro los hechos. Cuando me dicen que los gitanos roban pienso «¡ya estamos!» y miro al que está dando argumentos contra los gitanos, pero al mismo tiempo no puedo dejar de pensar «¿a ver?». Y pienso que tengo que saber en cada zona en la que hay tantos payos como gitanos si roban más unos u otros, en las zonas más deprimidas y las menos, mirar a ver si roban más los de una u otra, etc. «¿A ver?» El intelectual que se ocupa del racismo está dejando a un lado la curiosidad por lo que ocurre y la otra pasión, la de intentar *explicar por qué ocurre* si es que ocurre o por qué no. Es decir, no está haciendo una parte importante de su trabajo. Una parte que se supone que solo él puede hacer. Y así, mientras los racistas manejan datos y cifras que no sabemos de dónde salen porque no tenemos, muchas veces, otras, el antirracista se limita a recriminarles su maldad y su locura. «El antirracismo se opone [...] al racismo como la norma al hecho», dice Taguieff en otro contexto, hablando de la naturalización del racismo[3].

Esto llega a su punto álgido en cuestiones como la «prohibición académica» de mencionar el término «raza», o incluso en hablar de racismo haciendo la menor alusión al color de la piel de nadie o, todavía más, evitando señalar diferencias culturales poco placenteras (el machismo de los gitanos o la clitoridectomía de ciertos africanos, etc.). «El antirracismo ha elegido situarse en lo abstracto frente a lo concreto, en lo racional frente a lo perceptual, en lo general frente a lo particular» y ha supuesto, como punto de partida, que el racismo «carece de toda racionalidad»[4]. Llevando esta reflexión al terreno que a mí me preocupa ahora, habría que decir que *las diferencias están* y no se trata de discutir sobre su valor negándolas, y que los hechos que se describen tendríamos que saber *si están* o no y cuántos y cómo. Nos estamos privando a nosotros mismos de argumentos «profesionales», de argumentos «científicos», que podrían ser de un valor inestimable en una polémica en la que los racistas afirman y describen y cuentan y miden y los antirracistas nos limitamos a decir que no. ¿Por qué lo hacemos?

---

3. *Cf.* el contexto de esta otra argumentación, naturalización del racismo, se puede ver con claridad en su trabajo de 1987: 76-79.
4. *Ídem.*

Una cosa es cierta, y es ese colocarnos más allá del bien y del mal, en posesión de la verdad, encarnando una bondad pura o bien una ciencia pura que, por otro lado, no existe como tal. Y así, la posición que parte del relativismo, la tolerancia, la ciencia que duda, que imagina, que contrasta, se ha convertido insensiblemente en el tema racismo-antirracismo, en una posición elitista y dogmática. Quizá porque «el relativista está condenado, inevitablemente, a sostener una visión elitista de la humanidad, porque todo es relativo excepto su propia teoría»[5].

En este punto se han conseguido tres cosas que considero muy perjudiciales. Una es el «tema prohibido» a la investigación, a la docencia e incluso al comentario. Otra es la aparición de lo que C. Delacampagne llama el «intelectual especializado en la caza de racistas»[6]. Finalmente, el empobrecimiento etnográfico, teórico y, en consecuencia, el empobrecimiento de la argumentación. Los «temas prohibidos» suponen cosas tales como no investigar (o al menos ocultarlo si se hace) el peso que en la vida de las personas pueda tener el matrimonio consanguíneo reiterado, o el tipo de alimentación, o las repercusiones de ciertas formas de crianza de los niños, o la amplitud de la existencia de maltrato a los ancianos, o la amplitud de la existencia de formas de alterofobia, por ejemplo. Son «temas racistas», con lo cual el campo queda libre al trabajo intelectual y científico de los racistas y a su interpretación, con escasas posibilidades de argumentación por nuestra parte porque son temas prohibidos de los que, por consiguiente, no sabemos nada.

Un caso concreto muy notable es el de cualquier planteamiento que relacione lo cultural con lo biológico, pero no ya en el marco de «las razas» o de «los grupos», sino en absolutamente ningún aspecto. Yo, que nunca he trabajado en este tema ni por interés ni por competencia para hacerlo, veo sin embargo muy difícil explicar un corte en la evolución de las especies que transforme a los seres humanos no ya en otra especie, sino en algo que no tiene absolutamente nada que ver con el mundo animal en particular y vivo en general. A no ser que recurramos a una idea religiosa de un Dios que, de la materia (animal, en este caso) hace *otra cosa*, es decir, un ser único y distinto soplando sobre él, no veo forma de *explicar* cómo se ha producido

---

5. T. Todorov (1989), *op. cit*, comentando a Helvetius (1963: 69).
6. C. Delacampagne (1983), *El racismo y Occidente*, Barcelona: Argos.

semejante corte, esa diferenciación tan absoluta. Y de ahí no se sigue ni que la cultura sea instintiva, ni que la gente esté biológicamente determinada. No es más que una cuestión que nos permite encontrar a todos los seres humanos más cerca de un chimpancé que de un ciempiés, a este más cerca de una hormiga que de un lenguado y a nosotros más cerca uno del otro que del lenguado, del ciempiés, de la hormiga y del chimpancé. Francamente, el problema no es ni la psicología evolutiva ni, en otro orden de cosas, la medicina psicosomática.

El problema es *el salto* de «un tema prohibido», del que por lo tanto no se sabe casi nada, a una Sociobiología, ni más ni menos, y encima con una tendencia, muchas veces inconfesada, al determinismo biológico. Pero tenemos muchas armas intelectuales, científicas, contra estas posturas y estas teorías-salto-en-el-vacío sin necesidad de «prohibir», estigmatizar al que se salta la prohibición y dejar las manos y las ideas libres a quienes trabajan sin estar sujetos a tal prohibición porque no están sujetos a ninguna de nuestras normas de funcionamiento interno, es decir, porque son, precisamente el adversario que, entonces, puede manipular, si es que lo hace o cuando lo hace, «la ciencia» sin la menor denuncia más allá del oprobio público.

Junto a esto, además de esto, aquella carencia de estudio de las discriminaciones, de sus causas y contextos no solo universales y transhistóricos, también concretos, insidiosos con lo universal y lo transhistórico; el resultado es, pues, un evidente y patético empobrecimiento teórico y un antirracismo académico sin más respuestas que las de cualquier otro ciudadano antirracista. Por otra, la distorsión, desde su comienzo, de la investigación, guiada por una dogmatización polar irreconciliable en la que se supone que es el ámbito más «racional» de la sociedad, el de la investigación científica.

Veamos un solo ejemplo de no-querer-saber. Hay muchos. He tomado un antiguo texto de Mason en el que critica ácidamente a M. G. Smith[7], que propone varios usos diferentes de «raza». Considera, por una parte, un uso «folk» vinculado a una idea de raza directamente perceptible (color de la piel, en especial) y postula la conveniencia de tenerlo presente entendido como marcador en las clasificaciones orientadas por criterios sociales en el

---

7. Ver para este ejemplo el desarrollo tal como lo realiza Mason, en J. Rex y D. Mason, eds. (1986), *op. cit.* M. G. Smith, en la misma obra: 187-225.

contexto de la historia. Por otra parte propone su uso como concepto científico en ciencias sociales, como «razas objetivas» (frente a las anteriores *folk*), que tendrían distribuciones espaciales concretas. Y Mason reacciona, como es lógico, pero no es lógico cómo reacciona. No hace el menor intento de poner a prueba lo que Smith dice, de identificar el error de confundir el *uso* social de diferencias para *clasificar* con la aplicación de estos criterios para trazar un mapa de tipos. Y no lo hace no porque no pueda, sino porque no le interesa. Le interesa «machacar» a Smith. Por eso le critica, por ejemplo, que no cuestione la ambigüedad de un concepto como «raza», aunque sea construido de otra forma, argumentando que contamos con muchos datos respecto al desarrollo de procedimientos complejos encaminados, precisamente a «clasificar a los que fenotípicamente son ambiguos» (p. 10), con lo que está suponiendo, aunque no quiera, que hay una zona de fenotípicamente no-ambiguos para los que sí se podría aplicar. En la misma línea, utiliza argumentos del tipo «en la mayor parte de sociedades rígidamente estratificadas en las que el criterio principal de ubicación social es la "raza"» (p. 8), con lo que contradice su rechazo a considerar «raza» como concepto útil en ciencias sociales, quedándose más cómodo consigo mismo al ponerle comillas. Afirma que la simple consideración de cualquier concepto de raza hace que «nos veamos abocados a concluir» que, más o menos, tienen razón los racistas (cuando nada de lo que dice Smith parece que nos «aboque» a algo semejante). Por último, defiende (como yo también lo defendería), que lo único que desde el punto de vista de las ciencias sociales se puede argumentar es cómo las diferencias de color se están utilizando simultáneamente para, de forma absolutamente improcedente, clasificar a las personas en un orden jerárquico y justificar así su explotación (para lo cual, es necesario que esas diferencias *existan* de manera que puedan ser usadas para ese propósito, existencia que Mason se niega escandalizado a reconocer).

En fin, este es el problema. Si gordo/flaco, alto/bajo fueran diferencias, ambiguas como lo son, para «racializar» a la gente, tendríamos que considerarlas, incluirlas en nuestro análisis. El interés sería su uso social, económico y político, su uso cultural para la discriminación. Serían *marcadores*, y no solo tendrían interés como símbolos de clasificación interesada, sino también como tales marcadores. Es decir, tendría un interés histórico saber por qué esos y no otros (lo que en el negro de la piel es obvio históricamente), tendría interés saber cuándo se generan marcadores invariantes (como color) en la vida de la gente y cuándo se recurre a marcadores coyunturales (como en el escándalo del pelo largo en los hombres jóvenes en los años sesenta), y cómo un marcador «duro» se sustituye por uno «blando» o coyuntural y se «rigidiza» artificialmente cuando las categorías siguen operándose sociopolíticamente pero el marcador «duro» no puede usarse. Esto es lo que ocurrió con el recurso al color de la piel en esta segunda mitad de siglo, contestado como marcador, cuando se sustituyó parcialmente por las diferencias culturales, que son en principio un marcador «blando» porque la gente puede desecharlas o modificarlas; pero como se trata de seguir utilizando de la misma forma a la misma gente, el marcador cultural «blando» se «endurece», postulando su inalterabilidad y su incompatibilidad. Ahora bien, para permitirse siquiera empezar a pensar estas cosas, es necesario no espetarle el *vade retro* a lo que los racistas dicen, sino examinarlo.

R. H. Thompson[8] se escandaliza de que pueda hablarse de una transmisión genética de la melanina. Pero no acompaña su escándalo con argumentos respecto al error que supone esa relación o, incluso, a la mala voluntad de inducir a tal error, para lo que tendría que señalar el proceso de inducción y situar la mala voluntad como su causa. Y a mí me escandaliza que no lo haga. En pocas palabras, a no ser que estemos dispuestos a proponer que las teorías y los datos deben ser seleccionados en función de su apoyo a nuestra concreta ideología o en función de su valor de refutación respecto a la del adversario, carece de sentido lo que está ocurriendo. Si tal cosa se propusiera tendríamos que discutirla. Y, al menos en principio, estaría en total desacuerdo porque creo que es privar a la razón crítica de la crítica. Un planteamiento crítico como el que hago, que evidentemente no me lo acabo de inventar yo ahora, nos tendría que animar a revisar nuestras teorías, incluso las más usuales, del racismo y del antirracismo. Enfrentarnos de una vez con tesis aceptadas y más que dudosas, como la del «chivo expiatorio» que conduce todos los males de la sociedad a las espaldas del inmigrante y mirar a ver si la gente, eso que estamos llamando sociedad, le echa la culpa del paro a los magrebíes o a Felipe González o al Tratado de Maastricht. Tendríamos que tomarnos la molestia de poner a prueba lo que decimos. Si

---

8. R. H. THOMPSON (1989: 43), *op. cit.*

no, le auguro un mal porvenir al antirracismo y a nuestro propio interés por un mundo posible entre otros muchos: el que pisamos.

Es en este clima de abandono de la investigación etnográfica y de la comparación intercultural, en este contexto de ausencia de referencia a los hechos, en el que pienso que los racistas y alterófobos en general se vieron con las manos libres para mantener una postura «cientificista», al menos de palabra, de referencia constante a los hechos o a la interpretación de los hechos y a las explicaciones. El anti-antirracismo que nos ha salido de debajo de la tierra académica resulta entonces promotor de la ciencia, de la razón y de la investigación de los hechos. Supone una reacción al antirracismo en la que «se definen a un tiempo en tanto que víctimas de los prejuicios dominantes [insertos en la ideología de los antirracistas] y en tanto portadores de verdades prohibidas»[9]. Su recusación del humanismo moderno se apoyaría así en la «verdad científica» y, por lo tanto, se presentan ante ellos mismos y ante los demás como promotores del conocimiento. Ha aparecido entonces el primer anti-antirracismo erudito, construido desde la comunidad científica y disciplinado a sus normas. Habría que proponer algo más que la pura descalificación. Esto deja al racista la vía libre para hablar de «los prejuicios del humanitarismo pueril [...] [que se presenta asimismo como] regreso de la denuncia racionalista-positivista del prejuicio».

La ideologización pura del antirracismo de los intelectuales, por una parte, y el análisis de los textos de los antropólogos y el descubrimiento en ellos de etnocentrismo, por otra, hicieron pasar a primer plano un viejo problema: no parece ético estudiar a «los otros» porque no se trata de objetos, sino de personas. Por esto, y por su aserción de disimilitud asimétrica, de jerarquización, de incomunicación, se critica a Lévi-Strauss no ya en sus textos más polémicos en el tema del racismo[10], sino en el propio programa de una antropología estructural que exige el alejamiento del otro, su consideración como objeto, la eliminación del vínculo humano, precisamente[11]. En otro lugar he expresado ya mi desacuerdo con esta perspectiva; el «ser

---

9. P. A. Taguieff (1987: 301), *op. cit.* y cita siguiente.
10. C. Lévi-Strauss (1961), (1971) y (1984), *ops. cits.*
11. Este programa se desarrolló en especial en C. Lévi-Strauss (1958), *Anthropologie Structurale*, Paris: Plon, y (1973), *Anthropologie Structurale Deux*, Paris: Plon.

objeto de conocimiento» y el «tratar como un objeto» son cosas excesivamente diferentes, de manera que, si se plantea la cuestión en términos, por
ejemplo, de la relación médico-paciente está todo más claro. También, hace
ya muchos años, escribía[12] que la identificación plena entre el estudioso y su
«objeto de conocimiento, humano» no se implicaba como necesidad, sino al
contrario, se partía precisamente del supuesto inverso: un psiquiatra infantil
no puede convertirse en niño si tiene que hacer su trabajo, razón por la que
cualquier persona responsable no lleva a su hijo a que le trate otro niño
cuando da signos de demencia, sino a un psiquiatra. Todorov lo expone con
acierto al recordar que «porque el ser humano sea objeto de conocimiento
no se convierte en objeto: no hay ninguna necesidad interna en las ciencias
humanas y sociales que lo exijan»[13].

## 3.2. La pobre ciencia de objetos pobres

La antropología, en la huida producida por tal acoso y limitación de temas,
aspectos, grupos, relaciones, conceptos, explicaciones, que todo lo que he
expuesto en páginas anteriores supuso, dio, eso sí, un impulso enorme a una
de las pocas vías que quedaban abiertas, la crítica del propio discurso, y esto
creo que está teniendo efectos muy favorables y los seguirá teniendo *siempre y cuando* otros tipos de investigación no se abandonen, como está ocurriendo ahora. Ante las imputaciones racistas a los inmigrantes con cifras en
la mano, dudamos de su autenticidad, pero no buscamos, no *contamos* para
saber si son falsas o si se ajustan; contestamos airadamente que «no son
muchos», que «no atentan contra ninguna identidad», que «no suponen un
peligro para el mantenimiento de ninguna cultura», que «no roban», que...
pero no hacemos nada por saber y responder. En realidad, no se responde,
solo se contradice. Este silencio de los hechos lo único que hace es beneficiar
el racismo, a los heterófobos, a los nacionalistas radicales del FN o del NF,
que sí están hablando de ello y que con ello están tocando intereses vivos y
reales de la gente, orientándolos peligrosamente, a mi entender.

12. T. SAN ROMÁN y C. GARRIGA (1985), *op. cit.* y T. SAN ROMÁN (1994), *op. cit.*
13. T. TODOROV (1989: 97), *op. cit.*

Ante un antirracismo francés que se construye en exceso contra Le Pen se puede advertir que no deberíamos cerrar los ojos a que «el fenómeno Le Pen puede, a su manera, "revelar" ciertas formas de malestar social» que un extremismo de tal naturaleza puede hacer aflorar por su propia seducción, el atractivo de todo extremismo como portador de «una fuerza de seducción ante la norma»[14]. En nuestra situación en España en general, pienso que puede añadirse que tal fuerza se redobla, si, además, hay demasiada gente cansada de la situación que vive.

En nuestra calidad de antropólogos o sociólogos o economistas no podemos quedarnos en un análisis del discurso (lo que sí pueden hacer los filósofos) porque hacemos entonces la mitad del trabajo que nos corresponde. La otra mitad podría ayudarnos a aportar a los filósofos algo de lo que indudablemente carecen y que hace muchos de sus mejores textos problemáticos. Así, el análisis (duro, pesimista, poco considerado y espléndido) de P. A. Taguieff se lee con la sensación de que solo el antirracista es un ser real, un ser que se debate y se revuelve contra la imagen incorpórea de un racista que él mismo define constantemente realizando actos que no son actos sino iconos de actos. Y así una protesta antirracista es un acto, que critica como bastante inútil con cierta razón si se limita a ese solo tipo de actos, pero un acto que denuncia por incumplimiento de los derechos humanos a no se sabe quién, o por su manipulación, por parte de tampoco sabemos qué seres. La figura del racista parece así existir como ilusión, en la única medida en la que el antirracista sí existe para crearlo. Esta des-realización del racismo y de los racistas no es sino la sola consecuencia de su examen a partir de únicamente la ideología y el discurso antirracista. Cuando se pretende una aproximación a los racistas, cuando se realiza el examen de los racistas, se atiende a lo que dicen de una manera en la que la atención está centrada en lo que dicen los antirracistas que los racistas dicen; y al no tomar en consideración lo que ocurre en la vida social, aquello en lo que racistas y antirracistas se basan para expresarlo, explicarlo, representarlo y manipularlo, ni la vida social se tiene en cuenta ni el racista parece realmente existir. Solo *la palabra* del racista y su verbalizador antirracista existen. Solo ellos.

14. P. A. TAGUIEFF (1991), «La lute contre le racisme, par delà illusions et désillusions», en (1991), ed., *Face au Racisme*, 2 vols., vol. 1: *Les Moyens d'Agir*, Paris: La Découverte.

Antirracistas e intelectuales que huyen de todo lo que no sea el discurso o la conmemoración, también incluso intelectuales como Taguieff, a quien admiro en muchos aspectos, centrados en la crítica lógica e ideológica (necesaria pero no suficiente), yo diría que atribuyen un peso excesivo a las ideas, en general y como objeto único de reflexión. La razón, como capacidad humana, es cierto que tiene incidencia, o al menos yo así lo creo, que es *un* factor eficiente que interviene en la vida social y que puede ser y es utilizado para lograr fines. La presencia de la razón de una u otra forma, con unas u otras premisas, pactos y exigencias, parece ser universal y en cualquier ser humano variable en función de lo que hace, del hábito de usarla, de la necesidad que de ella tenga en cada momento, de su vocación por ella. Pero está siempre. Ahora bien, esa universalidad no le atribuye determinación alguna. La acción humana y la vida social no están desprovistas de racionalidad, pero esta no las gobierna, no son el producto de la razón. Incluso el acierto en el logro de una finalidad perseguida no tiene por qué deberse al razonamiento con el que se ayudó a poner en marcha su búsqueda y a realizarse su encuentro; de hecho, muchas veces es acertado el razonamiento y no sus resultados prácticos.

Muchas otras cosas intervienen. Y *todas* o *casi todas* esas otras cosas las estamos dejando pasar. Ante la pregunta angustiada a «los científicos» sobre qué implicaciones mejores o peores y para qué cuestiones tendría una sociedad mono o pluricultural, dice Taguieff que el silencio es absoluto. El recurso del intelectual es agarrarse firmemente a su autoridad como científico; no a su producción científica, sino a su estatuto[15]. De la «respuesta —porque», hemos pasado al *oráculo científico*, bien animoso, consolador y batallador o pesimista, descubridor de culpables e inquisidor.

Paralelamente a este proceso, creo que las denuncias mutuas racista/antinacional o antipatria han penetrado en todos los ámbitos del espectro político. Racismo y antirracismo han sido, en este campo, instrumentos de lucha ideológica y, con muchísima frecuencia, partidista. Al contrario de lo que ocurre a los intelectuales que realizan el análisis crítico de la lógica del discurso y sus implicaciones ideológicas, que como señalaba antes, des-realizan a uno u otro de los contrincantes, en esta otra lucha de ideologías de

---

15. P. A. Taguieff (1991: 62), *op. cit.*

partido la «realización» del adversario, su «descubrimiento» como racista empedernido o como antirracista antinacionalista convierte en tal a cualquiera que esté enfrente: hay enemigos por todas partes, seres vivos de los que se dice que están dispuestos a cargarse a la patria o a quemar judíos. Los hay, seguro. Hay de todo.

Pero en manos de los partidos, la polémica racista-antirracista no es más que una piedra en una honda. El beneficio de la duda no se aplica a nadie. Señala Taguieff, y parece claro, que la debilidad actual del antirracismo, que solo se argumenta en términos de respeto a la dignidad de las personas y respeto a la diferencia, permite que cada uno se autocalifique de antirracista, porque son cuestiones que, nominalmente al menos, están asumidas por todas las democracias europeas[16]. Y esto no supone solo que sea ya imposible identificar al antirracismo como una exclusiva de la izquierda, supuesto que él señala. A mí me parece que tampoco el racismo puede dar identidad a la derecha. Y esto no ocurre solo por su atribución restringida al fascismo, ocurre también por una de esas cosas que no se desea investigar en ciencias sociales: hay un racismo en mucha gente que no es en absoluto de derechas, también se puede encontrar en algunos ejemplares tan dogmáticos como incoherentes de la izquierda. El racismo no es una exclusiva de la derecha, aunque su exponente y su abierto defensor sea la extrema derecha y el antirracismo no es una exclusiva de la izquierda, aunque su ideología sea más coherente con esta que con aquella. Pero además de ideas declaradas hay actitudes y comportamientos. E incluso ideas e ideas contrarias a ellas que conviven en los mismos individuos, con total tranquilidad e incoherencia.

En cualquier caso, el dominio de la lucha política en el debate sobre el racismo y la xenofobia, aparte de otras cosas ha desvirtuado otro debate antiguo: unos mantenían una ciencia objetiva, pura, sin mácula de ningún tipo de consideración que no fuera los hechos y la razón crítica aséptica; sus críticos ponían de manifiesto no solo la falacia de un conocimiento objetivo y de una razón crítica en estado puro, sino también la responsabilidad social y política de todo vecino, incluido el científico y la consideración de la pro-

16. *Ibíd.*: 17.

ducción científica como poder, como un tipo de poder[17]. Esta última visión, no solo más crítica y más realista sino más ética, ha sufrido ahora una corrupción al existir con cierta frecuencia un deslizamiento hacia la conveniencia de limitar la tarea científica en aras de los objetivos ideológicos, que no es en absoluto lo mismo. El pensamiento resulta entonces intencionado y voluntariamente a-crítico, a-científico, precisamente. Parece una posición que podría resumirse en que, ya que Popper negó la posibilidad de buscar la verdad, y desde entonces no levantó cabeza la idea de verdad científica, ya que no es posible obtener la verdad, entonces busquemos lo que más convenga a nuestros presupuestos ideológicos, lo que convierte tal tarea en ideología para uso político *tout court*. Una posición de esta catadura solo se puede mantener desde la confluencia de una ausencia de crítica del conocimiento y desde la omnipotencia conferida a la ideología como determinante de los fenómenos sociales.

En definitiva, el intelectual renuncia a contestar si uno u otro valor (como la razón o como la igualdad o como el amor a la patria) son o no universales, si no lo son, con qué se relaciona su presencia y, a su vez, qué hace aflorar esa presencia. El intelectual parece centralmente preocupado en contestar qué hacemos si no podemos demostrar que tal o tal valor no es universal o si sospechamos que no lo es. Y si este es el punto de partida, entonces no solo se ha perdido ya el interés por el conocimiento sino la coherencia y la fortaleza de las convicciones, tambaleándose de esta forma por el temor a los hechos[18].

La ideologización radical de la «teoría» y de la tarea antropológica en el tema del racismo y, en general, la heterofobia, y su concurrencia con la inquietud suscitada por la presencia de inmigrantes del Tercer Mundo, ha desembocado en la ubicación de estos fenómenos, heterofobia e inmigración, en uno de los lugares centrales del debate académico. Pero, así como ha supuesto un empuje para el trabajo que se venía haciendo sobre ellos y para la puesta en marcha de otros nuevos, también, con cierta frivolidad, «se han

---

17. Ver por ejemplo A. WOLPE (1986), «Class concepts, class snuggle and racism», en J. REX y D. MASON, eds. (1986: 110-130), *op. cit.*

18. *Cf.* T. SAN ROMÁN (1993), «Retomando marginación y racismo», *Perspectiva Social*, 33. Reproducido en el anexo al capítulo 7 de este libro.

puesto de moda», es decir, han pasado a ser uno de esos «topics» de los que *hay que* hablar. Esto ha tenido a su vez una ventaja, la del análisis de este tipo de discurso pero, como era de esperar, solo del discurso. La evidencia cotidiana del sufrimiento y del conflicto no reclama solamente de-construcciones del discurso racista y del antirracista, sino *explicaciones*, hipótesis, interés por lo que ocurre allí y no solo por lo que se dice que allí ocurre, cómo se dice y para qué se usa discursivamente. Requiere también una definición ética, una guía normativa que es inútil reclamarla de la ciencia porque la ciencia no la puede dar. Requiere también algo simple: la familiarización, al menos, del intelectual con el dominio problemático que es su base de reflexión crítica. Si es que lo desconoce, es difícil que pueda hilar muy fino. Trataré de explicarme. Cuando Popper niega a la capacidad de idear hipótesis valor alguno en el método, está recurriendo a la diferencia entre un «contexto del descubrimiento» y un «contexto de la validación», de manera que solo el segundo compete al método. Esto permite sin duda tomar una hipótesis de otro y ponerla a prueba o extender el dominio de aplicación de una teoría. Pero dejaba sin consideración el que ciertos fenómenos «llamen» a un tipo de teoría, el que «se nos ocurra» una hipótesis ante ciertos hechos reiterados. Y no cabe duda de que ese contacto con los hechos nos da ideas, nos pide explicaciones que, si se nos ocurren, podemos contrastarlas con otros hechos pertinentes y así intentar ver si da cuenta de ellos o no. Para hablar de química fina o de problemas de acidez estomacal de forma que tenga posibilidades de dar cuenta de los hechos, hace falta estar en contacto con hechos pertinentes. Pues bien, en la polémica sobre el racismo y otras formas de alterofobia, hay, como problema añadido a la escasez de contrastación empírica, un vicio provocado por su popularidad temática: algunos polemistas, como sir James Frazer respecto a «sus primitivos», nunca han hablado con ningún inmigrante. A pesar de todo su trabajo crítico, tanto desde el punto de vista metodológico como ideológico, político, puede tener un enorme interés. Pero, unido a lo otro, proporciona un ambiente excesivamente desprovisto de referentes empíricos. Para colmo, y encima de tantos males, su popularidad lo ha convertido en un tema de los medios de comunicación, por lo tanto, no necesariamente erróneo, pero sí posiblemente superficial.

Abdelmalek Sayad ha expuesto este problema de una manera magnífica. Dice que siendo la inmigración un «objeto social y políticamente [...]

sobredeterminado, y sobredeterminado doblemente, en la medida en que concierne a una población social y políticamente dominada, la ciencia del "pobre", del socialmente "menor", ¿es una ciencia "pobre" ella misma, es una ciencia "menor"? Y, sobre todo, en la medida en que el equipamiento científico que portamos está mezclado a menudo con un bagaje de otra naturaleza [...] es decir, de tomas de posición... que implican una visión del mundo social y político [...] ¿[...] tendríamos que hacer algo así como un manifiesto de nuestras buenas intenciones para que se nos conceda el derecho al realismo sociológico y el derecho a describir con toda objetividad? [Y se declara] [...] contra esta sociología de "lo pequeño", situada en la parte baja de la jerarquía social de los objetos de estudio o "pequeña" sociología»[19].

Se diría que cuestiones como el racismo, la mujer, los marginados, los viejos, los delincuentes, los inmigrantes, no pueden ser realmente objetos de teoría porque «no lo merecen». Por lo tanto, cualquier mente especulativa sin el menor conocimiento específico previo, que alterna el pensamiento sobre cualquier objeto según la coyuntura de la moda o de la rentabilidad, se encuentra legitimada para diagnosticar, descubrir, explicar, sin instrumentos conocidos ni expuestos, sin preparación profesional suficiente, sin tiempo ni dedicación, sin garantías de fiabilidad ni de validez, porque «para esto» no es necesario tomar las precauciones habituales. Es el mismo principio de arrogancia, desinterés, irresponsabilidad con el que hace ya años conocí a un muchacho que acababa de recibir su título de psicólogo y al que habían situado en un dispensario peculiar de un barrio marginal «para que vaya cogiendo experiencia», o a aquellos maestros de hace ya treinta años o más a los que «degradaban» por su incompetencia a «suburbios» en el Madrid de los sesenta porque «allí algo harán»[20]. Es la versión académica de la más terrorífica de las beneficencias.

---

19. A. Sayad (1991: 20-21), *L'immigration ou les paradoxes de l'altérité*, Bruxelles: De Boeck-Wesmael.

20. Ver para esta argumentación T. San Román (1980), «La Celsa y la escuela del barrio», en M. Knipmayer, *et. al.*, *Escuelas, Pueblos y Barrios*, Madrid: Akal.

### 3.3. El Otro diluido. Reflexión crítica sobre el Occidente y la alteridad

*L'autre n'est un fait jamais perçu ni connu.*

T. Todorov (1989: 60).

Solo una vuelta de tuerca más, muy breve, a lo que decía en páginas anteriores; lo mismo, pero con otras implicaciones: «El Otro» (con mayúscula) no existe así. El «Otro» son «otros» concretos cuyos derechos se miran cara a cara entre sí y ante los míos. El problema realmente no existiría si el «Otro» fuera un ser abstracto, como el gran hombre bueno de la Humanidad incontaminada de Rousseau.

La crisis del integrismo científico, con la caída del inductivismo y la irrupción de una hermenéutica en la antropología, ha procurado la omnipresencia del «Otro», con mayúscula. Se impuso un relativismo radical en todos y cada uno de los campos, desde la ética hasta el método. Y con el tiempo, como suele ocurrir, se tradujo en una posición dogmática y esclerotizó sus advertencias y sus propuestas. La producción etnográfica en principio se veía favorecida por la liberación del viejo integrismo positivista, pero poco a poco quedó paralizada, centrada sobre sus propios ojos, incapaz de mirar otra cosa que no fuera su tenaz obsesión de verse a sí misma por todas partes. Con esto, el «otro» con minúscula desapareció por completo como conjunto de seres de carne y hueso y se convirtió en la entelequia en la que el narcisismo negativista se miraba como en un espejo. Y en el fondo, tanto podía caer a veces hecho pedazos ante la pavorosa imagen de la madrastra, como podía reflejar en otras ocasiones su belleza, tanto su culpabilidad como las fantásticas piruetas que era capaz de hacer elegantemente con una razón dedicada a la autocontemplación. Ha sido un tiempo de multitud de análisis que defienden al «Otro» pero lo ignoran. Su acercamiento a los inmigrantes significa su conceptualización en términos de la historia de Occidente, y no parece existir el menor interés en cómo conceptualiza a Occidente cada uno de ellos. Las generalizaciones se fundamentan en el mismo presupuesto: el racismo y la xenofobia tienen que ser occidentales por el mero hecho de que no son universales. El Otro es un instrumento estricto de autocrítica, es un espejo refractante.

Decía antes que uno de los problemas fundamentales de la polémica actual sobre alterofobia, xenofilia, multiculturalidad, es su falta de referentes empíricos que propicien ideas necesarias para plantear hipótesis, acometer problemas, que proporcionen bases para diseños de contrastación de esas ideas, que ofrezcan, en fin, un contexto adecuado para ese tipo de conocimiento[21]. La polémica racismo/antirracismo ha consumado finalmente la sustitución por «el Otro» de la existencia de «otros»-exactamente-cuáles de la etnografía. Hablamos de «el Otro», sea cual sea, como mediador en la reflexión sobre nosotros mismos, incluso cuando se defiende al «Otro» con la mejor voluntad, a ese «cualquier otro».

Cierto que existen problemas teóricos que resolver por nuestra parte frente al «Otro» con mayúscula. Pero en cuanto uno se adentra en ellos, inmediatamente es consciente de que uno de los problemas, tanto para la teoría como para la política, es que cada uno de «los otros» crea relaciones específicas en su relación con cada uno de «nosotros» y de los otros «otros». No es lo mismo una comunidad sarahole relacionándose con el consultorio médico para minorías culturales de Mataró, que un grupo de chicos wolof intercambiando productos africanos con un grupo de otros jóvenes «europeos» en las Ramblas, para vender a los turistas, que un grupo de magrebíes de muy diferentes y concretas culturas e historias resistiéndose a la ley de extranjería en Algeciras; esa ley les afecta sin duda a todos ellos, y a nuestra conciencia, pero en la reflexión sobre ella el «otro» se ha diluido.

Se está sustituyendo subrepticiamente el proyecto antropológico por una reflexión filantrópica y etnocéntrica a la vez, que parte de los valores «humanos» universalistas para encontrar en el «Otro» una víctima de nuestra traición a esos valores y propone una clarificación de nuestras contradicciones y un fin a nuestros desmanes. Esto es, sin duda, bueno para el «otro» (también con minúscula, no solo con mayúscula) y es eficaz para ver la cara que se oculta detrás de la sonrisa europea. Pero en el fragor de la lucha se nos ha olvidado por completo el nutrido grupo de «otros» que esperan en el recibidor una respuesta.

---

21. Se trata de un campo de estudios antropológicos, quizá el único, en el que las referencias etnográficas y la comparación intercultural pueden llegar a estar *absolutamente* ausentes de una obra voluminosa.

Como antropólogos no solo nos toca participar en la reflexión necesaria sobre nosotros mismos. No podemos tampoco olvidar que tendríamos que volver al intento de conocer al «otro», a los múltiples «otros». No podemos responder a la pregunta de alguien que, movido por nuestro discurso solidario, dice: «Y esta gente de la que habla el periódico que usted critica, ¿cómo es, qué piensa de todo esto, qué ha dejado en casa, en qué cree...? Estas personas de ese hospital cuyo racismo ha levantado tal protesta, ¿cómo están reaccionando a este ambiente contra ellos?... Sus condiciones actuales y pasadas ¿qué tipos de déficits concretos pueden provocar en los niños?... El hecho de impedir que vengan sus esposas, ¿qué implica? ¿Y para sus hogares africanos o filipinos?... Y cuando vienen, ¿cómo mantienen el contacto con su gente?... En su situación ¿qué pensarán de nosotros?... El que ocupen esos puestos de trabajo ¿qué implicaciones tiene para su inserción social?... Y todo esto, y lo otro, ¿cómo ocurre en cada uno de esos grupos de los que usted tanto habla?». Y a eso, nosotros antropólogos, nosotros científicos sociales, no podemos seguir contestando: «¡Y yo qué sé!».

Los múltiples «otros» se han convertido en nuestra polémica en una masa informe de diferencia ignorada y alejada del interés de todos los participantes, cuyo único papel intelectual es servir a Occidente para, de nuevo, pensar sobre sí mismos. Y en cuanto la responsabilidad histórica europea para con ellos llegara a abrirse un milímetro, para entonces no vamos a saber qué tenemos que hacer. No sabremos ni siquiera tener el gesto de buena voluntad de darles por fin los buenos días de forma inteligible. Y tendremos que dar gracias a Dios de no entender lo que nos respondan.

## 4. Solo a Occidente se le podía ocurrir o la inocencia esencial de cualquier otro

El universalista es, muy a menudo, un etnocentrista que se ignora.

T. Todorov (1989: 27).

En el debate racismo o fundamentalismo cultural/antirracismo (antialterofobia) se oscila constantemente entre considerar la alterofobia como un universal o, al menos, como fenómeno de bases universales necesarias, o considerarlo como un fenómeno concreto de la historia occidental, tanto de Europa como de los Estados Unidos de América. Sin embargo, y coherentemente con lo que antes decía, no tengo conocimiento de ningún estudio transcultural que pudiera poner a prueba ambas cosas. Sí hay, algunas veces, aunque no muchas, una referencia a la propia Europa anterior a la Edad Moderna, en especial a la época clásica. Los argumentos para sostener esto casi nunca son explícitos: se dice por qué en Occidente sí, pero no por qué no en algún otro lugar. Son, por tanto, postulados subyacentes, a los que se accede mediante el análisis de los trabajos, de las teorías del racismo, pero también mediante el análisis de otros tipos de participación en estos temas polémicos. A mí me parece que se podrían distinguir entre dos o tres adjudicaciones exclusivas a Occidente: la del racismo biológico, la de la función legitimadora de la explotación y la exclusión en sus versiones generalista y colonialista y en la versión mixta que hace intervenir el nacionalismo de Estado. Se podrían también distinguir cuatro supuestos subyacentes a todas las adjudicaciones exclusivas a Occidente de los problemas implicados en las formas de alterofobia: el de la capacidad en exclusiva del poder para generar ideas; el de la extensión de las ideas que el poder genera con el propósito de difundirlas sin condición adicional a la de su poder; el de la omnipotencia asumida de Occidente o la capacidad de generar y extender todo bien o todo mal (alternativamente según las posiciones de quien «occidentaliza») al resto del universo; y el supuesto progresista imborrable del «buen salvaje» en versiones clásicas y actualizadas.

## 4.1. Atribuciones excluyentes

> Ni eterno, ni universal ni necesario: el prejuicio racial, para que
> pueda desaparecer [...] *tiene que ser* histórico, particular y contin-
> gente; un producto ideológico del contexto propio de la vida occi-
> dental moderna [...], un artefacto engendrado en el transcurso de la
> historia de una porción de la Humanidad particularmente culpable.
>
> P. A. Taguieff (1987: 295).

La primera y más general atribución exclusiva a Occidente ha sido la del
racismo biogenético, la del racismo *stricto sensu*. De forma muy breve con-
sistiría en proclamar que el racismo se inventó en Europa (versión teórica
europea fundamentalmente) o en Norteamérica (versión teórica norteamericana fundamentalmente), suponiendo una diferenciación esencialista en
razas humanas concebidas como especies o subespecies, que afectaban tanto
a caracteres físicos precisos, principalmente observables a primera vista, que
conllevan o se transmiten simultáneamente con caracteres psíquicos, intelectuales y culturales, de tal manera que unas subespecies estarían mejor
dotadas que otras para conseguir una adaptación más eficiente, menos específica y más dinámica que otras, lo que permitiría situarlas a todas en posiciones relativas de una escala de valor. Desde el punto de vista del trabajo
realizado por los antirracistas, tal teoría sería una «pseudoteoría», «pseudociencia», inventada en Occidente para legitimar la explotación de unos seres
humanos por otros, para legitimar la esclavitud y la dominación, tanto imperialista y colonial como clasista, y de las «colonias interiores» de minorías
nacionales o de inmigrantes de otras razas y/o de otras culturas. Esta capacidad humana de explotación y dominación sería la segunda atribución exclusiva al Occidente. Una aclaración previa. Aquellos rasgos físicos eran en
un principio perceptibles y notorios, como el color de la piel. Pero las posturas mantenidas después por algunos genetistas apuntaban hacia diferenciaciones más sutiles, no perceptibles, del comportamiento genético. M. G.
Smith[1] les reprochaba, con razón, que si se trataba de diferencias no percep-

---

1. M. G. SMITH (1986), *op. cit.*

tibles difícilmente podían ser utilizadas por un grupo para someter a otro. Pero pasemos al fondo de la cuestión.

No creo que esté nada claro que una idea de separación de los seres humanos a partir de marcadores físicos perceptibles, con atribución de su transmisión por herencia biológica junto a caracteres psicoculturales en un contexto de explotación o de exclusión, sea una posibilidad solo de la imaginación occidental. Es más, pienso que la idea de la occidentalización del racismo solo se justifica por su utilidad antirracista.

1. Si se admite que pueden existir muchos lugares en este mundo en los que la gente afirma que existe una relación biológica entre las características físicas de los padres y las de los hijos.

2. Si se admite que pueden entonces (o no) entender que tanto se transmite de esa forma una tendencia a cierta estatura, por ejemplo, como a la inteligencia o a la capacidad de embrujar.

3. Si se admite que hay y ha habido muchos lugares en el mundo (y otros no) en los que gentes pertenecientes a pueblos diferentes pueden llegar a enfrentarse, a competir, a explotar o a excluir a otros.

4. Si eso se acepta como una posibilidad (de la que hay pruebas de existencia y de no existencia para distintos sitios y momentos), no tendría que haber ninguna razón para negar toda posibilidad a otros pueblos que presentan estas características de recurrir a las tres primeras para justificar la cuarta.

5. Esto podría ser así (que lo hagan o que no lo hagan) a no ser que se dieran, a su vez, tres convicciones:

*a)* la de que solo «Occidente» es capaz de realizar tales correlaciones mentales. Esto, a su vez, implicaría una concepción de la humanidad que otorgaría a los occidentales una superioridad intelectual básica, lo que sería un racismo del tipo tradicional en versión académica antirracista.

*b)* Si se entendiera que solo Occidente ha procedido a dominar, explotar o excluir a lo largo de la historia y lo ancho del mundo. Esto puede falsarse con facilidad, aunque la capacidad de «Occidente» para hacerlo no la ha conocido, que sepamos, ningún otro pueblo. Pero sería, entonces, una cuestión de no-universalidad, sí-existencia, no-occidental, por una parte, y de grado, dependiente del poder, por otra.

*c)* A no ser que se entendiera que tal correlación antes indicada solo se produce a partir de cierto grado. Y en ese caso habría que explicarlo.

Todo esto no quita, al revés, lo supone, que el racismo occidental tenga en su conjunto tendencias y resultados específicos respecto a otros pueblos. Y el de los tutsis de Ruanda, también. Es decir, mucho de lo que se ha escrito sobre el racismo occidental y su función legitimadora de la explotación y la exclusión, parece en conjunto correcto, aunque a casi todos nos siga resultando insuficiente. El problema no está ahí. El problema es el error, creo yo, que genera el deslizamiento desde ofrecer una descripción y dar explicación a la historia de una serie de correlaciones entre hechos e ideas legitimadoras en el Occidente, a que *solo* en el Occidente puede hacerse esa correlación básica. Es el deslizamiento desde «racismo europeo» a «racismo como peculiaridad europea», desde la forma particular de producirse históricamente una posibilidad, al particularismo histórico.

Si se ve desde este ángulo, y luego se acude a comprobar la comodidad con la que se mueven en él los datos etnográficos, transculturales, el racismo no es más que una de las formas humanamente posibles de idear una justificación descalificadora para un pueblo, o para la gente con un color diferente perceptible, o de todos los pueblos y todos los colores excepto el propio y el que se considera que se parece al propio, para justificar un comportamiento difícilmente justificable para con ellos, para lo que las causas históricas, y sociales y culturales no tienen por qué ser uniformes. Y sería un modo de justificación, entre otros (como carecer de alma, no estar bautizado, ser infiel, pertenecer a una cultura incompatible con la propia, carecer de ciencia, etc.), pudiéndose combinar, como sabemos, de muchas y variadas formas, pero de manera discernible. Volveremos sobre esto en el anexo etnográfico a este capítulo.

Cuando la extrema derecha empezó a ganar peso en Europa en los años ochenta, se produjeron de nuevo más atentados contra más «otros»; al tiempo, se produjo cierta inquietud social (que *la hay*) por la inmigración, se levantaron los gobiernos para mirar cómo regular en beneficio de sus intereses nacionales, estatales o propios esa inmigración. Pero hasta que la extrema derecha no utilizó todo ello para, con un movimiento de «retorsión», dar forma a un «neorracismo» o «racismo diferencialista» o «fundamentalismo cultural», hasta entonces la mayor parte de los trabajos que intentaban explicar el origen del racismo lo habían situado en el proceso de expansión colonial de Occidente, primero el europeo y después el norteamericano. Autores prominentes como Cox, Mason, Rex, Solomos y otros muchos, se situaron en esta línea desde el principio. J. Rex, quizá el que muestra un mayor sentido del humor, decía que tenía cierto temor a que a él y a su grupo de investigadores se les conociera por el nombre de «La Escuela 1942 de relaciones raciales»[2]. El propio Wallerstein, aunque centrado su interés en la actual economía-mundo que plantea, radica el racismo en el imperialismo colonial, sin paliativos[3]. Recuerda a fray Bartolomé de Las Casas y su denodado esfuerzo por convencer a la Iglesia de que los indios de América eran también seres humanos completos, hijos de Dios, que merecían su Palabra tanto como los artesanos o los agricultores metropolitanos porque tenían alma, un alma que salvar para el Cielo como todas las almas. Pero inmediatamente Wallerstein niega a Las Casas su implicación antirracista; postula que, efectivamente, logró convencer a la Iglesia, que los Estados de Europa acabaron por reconocerlo y que todo ello fue la plataforma necesaria que daría lugar, al tiempo que a su inclusión en la humanidad, a su integración en la fuerza de trabajo al nivel de sus posiciones, es decir, por el peldaño más bajo. Hay que reconocer que no son infrecuentes los planteamientos tan radicales como este. Sin embargo, son, en conjunto, poco convincentes. No se trata (sería un absurdo, creo yo) de desvincular el racismo del imperialismo colonialista. Pero la radicalidad del planteamiento, al servicio de una argumentación de *exclusividad* occidental, es antioccidental de una forma esencialista, de una forma que no permite percibir cosas como que tampoco a los bueyes o los caballos se les ha reconocido alma y no parece que ello haya evitado su «explotación», su uso. Hay, por supuesto, muchas más cosas que las que señalo de las que habría que hablar en este punto respecto al papel desempeñado por el alma en el uso racista de los indios, pero no debería olvidarse este principio de identificación humana en Las Casas y en gente como Las Casas en el seno de Occidente que se inclinaban a ver al

---

2. J. REX (1986: 57), *op. cit.*
3. I. WALLERSTEIN (1988), «Universalismo, racismo y sexismo. Tensiones ideológicas del capitalismo», en E. BALIBAR e I. WALLERSTEIN, eds. (1988: 56), *op. cit.*

«otro» como *alter ego* o en parte-*alter ego* al menos. Inclinación compartida por gente como Wallerstein, hoy.

Hay, por supuesto, más preguntas; por ejemplo, cómo se pasa de un racismo en las colonias a un racismo hacia los inmigrantes interiores en la metrópoli, o hacia las minorías nacionales, hacia el racismo propio de las sociedades modernas que no parece acomodarse bien a las explicaciones tipo Las Casas. La respuesta es que en las «situaciones [coloniales] están las fuentes de las relaciones raciales modernas. No solo existen en las propias sociedades coloniales, sino que se proyectan en la propia metrópoli»[4]. Sin embargo, esta explicación no se acomoda bien más que a los inmigrantes de las colonias y excolonias, que es a lo que suele aplicarse (aunque a veces se extiende más). Pero se acomodan muy mal situaciones de racismo como las habidas contra los gitanos o contra los judíos. De esta manera el argumento de una extensión del racismo colonial a los inmigrantes coloniales o excoloniales se transforma en una tautología del tipo «la situación colonial de racismo es el origen del racismo que se produce en la situación colonial racista».

Esta visión imperialista que hace del racismo exclusivamente una justificación a la colonización, se amplía en otros autores sin recurrir a la extensión de forma tan contundente como lo hace J. Rex. Así, Étienne Balibar advierte que el racismo (biológico) no es la única forma de «naturalización de los comportamientos humanos y de las pertenencias sociales», sino que podemos ver un desplazamiento a una «teoría de las "relaciones étnicas" [o de *race-relations* —suyo] en aquella sociedad que naturaliza, no ya la preferencia racial sino el comportamiento racista». Por eso justifican el segregar colectividades «para que no se agredan»[5]. Otro ejemplo sería el de W. D. Jordan, que defiende la aparición prácticamente simultánea de racismo y fundamentalismo cultural o «racismo diferencialista»; haciendo un análisis de la raciación en el ámbito de las relaciones sexuales, afirma: «From the way outset, America was sexually a more neutral arena than Africa», no se atribuían a ella la existencia de monstruos ni de «generaciones espurias» (cruce hombre/mono), lo que sí se dijo de África, llegándose así a la conclusión de que «Indians were different by reason of *condition*, Africans by in-

---

4. J. Rex (1986: 68), *op. cit.*
5. E. Balibar (1988: 28 y 41), *op. cit.* (ambas citas).

herent *nature*» (las cursivas son mías). Es decir, mientras que la alterofobia a los africanos y africanas era racista, la alterofobia a los indios era fundamentalista cultural o ambientalista[6].

Por otra parte, incluso entre los propios partidarios de la versión colonialista del racismo atribuido en exclusiva a Occidente, suele haber algunas insinuaciones, algunas líneas, en las que se deja abierta la puerta a una génesis algo más amplia: o bien hacia tiempos anteriores al siglo XV o bien a otras latitudes, aunque, y en eso sí que estaría plenamente de acuerdo, Occidente siga siendo el exponente más alto del racismo. El propio J. Rex enfatiza en algún punto el hecho de que han existido fenómenos y características de esos fenómenos que pueden entenderse como «relaciones raciales» en otros imperios del antiguo Mediterráneo y de otras zonas, imperios en todo caso[7]. E. Balibar, cuando habla del fundamentalismo cultural actual, hace hincapié en que este «racismo sin raza» no es algo nuevo y nos recuerda el antisemitismo teológico en España o incluso todo «antisemitismo [que] es por excelencia diferencialista» (en contraposición a racismo biologista) o menciona la «arabofobia», que se entiende gobernada por una idea del islam cuya visión del mundo es irreconciliable con la europea, en una «confusión sistemática entre "arabeidad" e "islamismo"»[8]. También el mismo W. D. Jordan se remonta a los tiempos bíblicos para afirmar que «Ham was smitten in his skin», y que Noé le dijo: «Tu semilla será fea y de piel oscura». Hacia el XVII esta última idea del porqué de la negritud estaría ya bien establecida entre los europeos. No sería algo que haría su aparición ni en el XVIII, ni con los «descubrimientos» y la colonización, sino en el encuentro, muy anterior, por lo menos de la época de la Grecia clásica, con gente negra, distinta y extraña, diferente para bien o para mal. Por lo tanto, detrás de la colonización imperialista que produce Europa desde el XVI, habría «siglos de sabias opiniones sobre África (incluida la de Aristóteles)» por las que se atribuía al continente africano la existencia de todo tipo de monstruos y de monstruosidades, junto a otra idea, curiosa en el contexto de este libro, la

---

6. W. D. JORDAN (1976), «A sense of success: heredity, intelligence and race in American history and culture», en P. R. SANDAY, ed. (1976), *Anthropology and the Public Interest*, Academic Press: 44.

7. J. REX (1989: 57-58), *op. cit.*

8. E. BALIBAR, en I. WALLERSTEIN y E. BALIBAR (1991: 41), *op. cit.*

de que fuera posible «que los simios de apariencia humana fueran también algún tipo de hombres»[9]. ¿Tendrán alma?[10].

Juan Aranzadi pone sobre el papel, de forma particularmente brillante, ese trasfondo de occidentalización del racismo como resultado de una forma previa, particular de Occidente, de entender el etnocentrismo. Ese trasfondo, explícito y argumentado en algunas ocasiones, implícito en otras, se comparte entre la mayoría de los autores que vinculan con exclusividad el racismo a Occidente, excepto, claro está, aquellos que atribuyen también toda forma de etnocentrismo a Occidente[11]. Esta postura que Aranzadi sintetiza, y enriquece sin duda, se podría resumir así: más o menos acusado e intenso, el etnocentrismo es general a todas las culturas, e incluso un cierto grado de autocomplacencia y de sordera ante el «otro» también, porque probablemente es necesario para que la gente pueda producir algo valioso. En esto coincide con Harris y Wagley, que afirman la necesidad del etnocentrismo para la solidaridad y la integración de los individuos en la sociedad.

Pero, sigue Aranzadi, esa actitud no genera «*necesariamente* xenofobia ni menos aún conduce en línea recta al racismo» (el énfasis es mío). Hay una cierta contradicción en el argumento y la palabra clave es «necesariamente». «No-necesariamente» significa «puede que *sí* y puede que *no*», de manera que el etnocentrismo, tal como lo entiende, tanto puede no generar xenofobia, como afirma, como *sí* generarla, como supone, a su pesar y contradictoriamente con su argumentación, en la que niega tal posibilidad a cualquiera que no sea occidental.

De todas maneras, sigamos. Habría una razón para que ese etnocentrismo universal desembocara en Occidente y *solo* en Occidente en alterofobia, que tendría tres vertientes: la persistencia de un evolucionismo racionalista (¡en el XVI!), la dominación practicada por Occidente y la ideología de igual-

---

9. W. D. Jordan (1976: 42-43), *op. cit.*, comentando a I. Epstein (1935 —1960—: 745) «Sanhedrin», vol. 2 de *The Babylonian Talmud*, London: Soncino Press, y a Freeman y Simon (1939: 293), *Midrash Rabbah*, vol. 1, London: Soncino Press.

10. Tienen especial importancia para este punto los fenómenos relacionados con la creencia en clases o especies o subespecies humanas de distinta esencia, o en grupos intermedios entre hombres y animales que incluyen a algunos grupos humanos y a algunos grupos animales. Ver anexo a este capítulo.

11. J. Aranzadi (1991), «Racismo y piedad. Reflexiones sobre un judío y un chimpancé», *Claves de Razón Práctica*, 13: 2-12.

dad y de jerarquización mantenidas simultáneamente. En Occidente, dice, existe una incompatibilidad entre una valoración positiva de la propia cultura y una ideología igualitaria, mientras que en las otras culturas esa asociación no solo sería posible, sino que sería *necesaria*, en la medida en que Aranzadi atribuye a una particularidad de Occidente el paso de un etnocentrismo universal a la xenofobia.

Citando el trabajo de C. Delacampagne[12] critica su intento de remontarse a la Grecia clásica para encontrar en ella raíces del racismo occidental. Frente a ello, Aranzadi postula un «etnocentrismo jerárquico primitivo» que sería esencialmente diferente al etnocentrismo racista del exterminio, la colonización, la explotación, etc. Los «pueblos primitivos [...] [mantenían] un etnocentrismo jerárquico [...] [que] se halla infinitamente lejos del racismo, pues nunca los llevó a postular su derecho a dominar, explotar y eventualmente destruir al resto de los habitantes de su mundo». Hay demasiadas cosas confusas aquí. La primera es que requeriría una explicación cómo se puede postular al tiempo la explotación y el exterminio, si el segundo es la negación de la existencia de la primera. En esa misma línea: una ideología legitimista como el racismo no postula (no puede) todas sus aplicaciones posibles a priori. La segunda es la necesidad de una clarificación de lo que entiende por «etnocentrismo jerárquico» y si en él incluye la legitimación de la esclavitud en Grecia, de la casi-esclavitud hutu por parte tutsi en la historia no tan lejana de Ruanda, la complicidad de los pueblos africanos esclavistas con los esclavistas europeos y la existencia anterior al contacto con Europa de esclavitud, el sacrificio de los extranjeros en algunos «primitivos», etc. La jerarquización que fundamenta parcialmente esos comportamientos y pautas culturales, *tiene que caber* en una definición de «etnocentrismo jerárquico» que se postula irreductible a cualquier tipo de etnocentrismo más general en el que pudiera participar Occidente. Sin embargo, en algunas otras líneas modera la propuesta hacia un etnocentrismo primitivo capaz de generar tanto xenofobia como xenofilia, pero con una producción habitual que no sería ni una ni otra, sino «la más profunda indiferencia por culturas a las que ni siquiera se les reconocía una realidad positiva». Y esto vuelve a exigir clarificación, porque el no reconocer al

---

12. C. DELACAMPAGNE (1983), *op. cit.*

«otro» ninguna realidad positiva a mi entender es una forma bastante fuerte de xenofobia, *abierta a cualquier tipo de comportamiento*, y porque no existe ninguna base en la etnografía disponible que permita mantener esa afirmación si se contrasta empíricamente. Al revés. Al menos la curiosidad (otras veces la veneración y otras el corte de cabeza) parece ser una evidencia para muchos pueblos que toman contacto por primera vez con un occidental o con un no-occidental, un árabe comerciante en el África del xix, por ejemplo. Pero los hechos, como vengo ya protestando, no se tienen en cuenta; por mucho que no sean objetivos, que evidentemente *nunca* lo son en un informe, siempre resultan más ajustados a nuevas contrastaciones que lo que a uno se le suele ocurrir en el despacho y, por lo tanto, conviene conocerlos. Pero aunque se conozcan, ciertamente, pueden someterse a distintas interpretaciones, y estas, a su vez, pueden criticarse. Así, cuando Juan Aranzadi pone un ejemplo de xenofilia de ciertos indios de las Montañas Rocosas citando a Lévi-Strauss[13], olvida que es la curiosidad intelectual la que están provocando los misioneros blancos cercanos a sus poblados y que no es la indiferencia y, al revés, que es la curiosidad intelectual, quizá la xenofilia también, la que hizo acudir al etnógrafo a las Montañas Rocosas para describir la xenofilia de los indios, y no el racismo. El propio Juan Aranzadi sería un ejemplo bien patente de xenofilia occidental.

El eslabón entre «etnocentrismo jerárquico» y su mutación en un etnocentrismo de exterminio y explotación estaría, según postula, en el universalismo, que, como característica del pensamiento occidental, es un puente tendido a la dominación planetaria: «Para que el etnocentrismo jerárquico se vuelva dominador no ha habido en la historia humana medio más eficaz que el universalismo», del que es hija nuestra civilización, y que proyecta desde la religión (especialmente o inicialmente, no queda claro en el texto) un dominio universal salvífico y liberador, una salvación a la fuerza cuando Occidente desacraliza el asunto y se muestra con la cara al desnudo.

Balibar coincide con él en algunos puntos al señalar que el propio universalismo de la cultura occidental (incluido el democrático) la convierte en «liberadora» de la situación de barbarismo a través de una oferta de asimilación (cuando la hay, habría que añadir); al inmigrante, término que sería

---

13. Ver C. Lévi-Strauss (1971), *op. cit.*

el sustituto actual de «raza» (por lo tanto quedan fuera los gitanos de la consideración académica pero no de la discriminación efectiva), al inmigrante, dice Balibar, se le está ofreciendo un panorama falso de igualdad que parece hoy mantenido por todos, unos en el individuo, otros en la igualdad entre culturas de forma que se preservan mandando a cada uno a su casa. Taguieff, lo hemos visto, arremetía contra lo mismo. Y en esto sí estoy de acuerdo. No lo estoy, sin embargo, en que haya gran diferencia entre el universalismo de «ser hijos de Dios» cristiano o el «ser hijos de Alá», y creo que en *ambos* se explicitan proyectos universalistas de expansión, imperialista a uno u otro nivel, de la fe para algunos creyentes tanto cristianos como musulmanes y de la economía y/o de las armas para otros. Es decir, existe un proyecto expansionista, imperialista, universalista que se diferencia de otros proyectos similares en *el poder* que ha tenido para llevarlo a cabo y, si esto es así, el racismo acabaría por ser una cuestión de «éxito».

Tampoco entiendo bien la «salvación a la fuerza». Sí entiendo, claro está, que el proselitismo religioso lleva con frecuencia detrás el ejército o las necesidades de mercado o la «adaptación al progreso» de una mano de obra barata. Hasta ahí, plenamente de acuerdo. Pero cuidado. Él habla al principio de una forma espléndida que tengo la intención de retomar más adelante, de la *piedad* rousseauniana, del sufrimiento del «otro» humano, del sufrimiento. Y si se mira desde este ángulo que él mismo nos ofrece, el problema no es, al menos para un antirracismo no-imperialista, hacer más felices a la fuerza a quienes dicen a voces que ya les va bien estar como están. Ese es el problema para el imperialista. El problema es el de la *piedad* que el propio Aranzadi resucita, o el de la filantropía de Taguieff o el de la ética de Gosselin, el problema es el que no desea estar como está, no puede más de estar como está, porque a la opresión de las armas y del mercado y de la explotación de Europa o de Norteamérica se une la inhibición progresista y respetuosísima desde esa misma Europa o Norteamérica. Y otras veces la piedad, la filantropía se mueven también hacia quienes, en *su* cultura, en *su* etnocentrismo, silvestre o no, están supeditados, exprimidos, sufren física, social y moralmente. Si ante la cultura del «otro», aunque sea también de opresión y de exterminio o simplemente *contenga* elementos de este tipo que hacen sufrir a quienes los padecen (gente *suya*), si ante esa cultura nos inclinamos respetuosamente porque, en virtud de nuestro antiuniversalismo antioccidentalista «no nos inmiscuimos» a ultranza, supeditamos la piedad a nuestro dogmatismo. Y ahí ya casi no nos queda terreno que pueda separarnos del racista, del actual diferencialista neonazi europeo que proclama la división, la separación absoluta entre los pueblos precisamente por «respeto». Yo ya comprendo que es un buen lío. Pero no puede cortarse el nudo gordiano por el lado de la cabeza del «otro».

En fin, hay todavía muchos más problemas en esta endiablada polémica que se desarrolla, más que nada, entre antirracistas. Uno de ellos es ese situar la teoría antirracista de la justificación de la explotación y la exclusión en el contexto del capitalismo, lo que niega, como supuesto instalado en sus fundamentos racionales, toda existencia de explotación, dominación o exclusión en el interior del «Otro» (sea «otra» clase, nación, comunidad o sociedad, tribu o pueblo, según el contexto). Pero hay a menudo ancianos que explotan a jóvenes[14], maridos y padres que explotan y/o dominan a esposas e hijas, parientes políticos que no se miran porque su cultura se lo prohíbe, o yernos explotados por sus suegros o viejos por sus hijos, hay infanticidio y senilicidio y, sin llegar a tanto, un «age-ism» bastante extendido y no solo occidental. Hay, desgraciadamente, muchas fobias en el mundo y muchas injusticias que justificar.

La reducción de la explotación y la exclusión al capitalismo y la del racismo y la alterofobia en general a una forma de su sola legitimación, revierte, de nuevo, sobre la occidentalización radical, sobre una radicalidad de la occidentalización más que dudosa, que podría llegar a ser una forma diferente, pero igual de dogmática, generalista e injusta de prejuicio fóbico.

La tesis colonialista, al ignorar y despreocuparse por saber qué características revestían otros contactos entre pueblos diferentes a colonizador occidental/colonizado, atribuye a *cualquier forma* de contacto en situación colonial la perversidad del racismo, dando por supuesto (por implicación) que cualquier contacto entre pueblos en situaciones no-coloniales es heterófilo, y esto no es algo que pueda darse por supuesto sin más. Exige examinar si las formaciones ideológicas que acompañan al poder y la dominación, a la explotación y el abuso, en tiempos precoloniales revestían o no los caracteres

---

14. Ver para este tema C. Meillassoux (1975), *Mujeres, Graneros y Capitales*, Madrid: Siglo XXI. Para su posición en general ver también (1986), *Anthropologie de l'esclavage*, Paris: PUF.

del racismo. En caso de que así fuera, el racismo colonialista supondría una exacerbación de un recurso ideológico cultural disponible con anterioridad en una situación de dominación exacerbada. En caso de que no, entonces habría que analizar dos cosas: el porqué de la ideología naturalista (¿solo porque existió la biología?) y si ese recurso ideológico aparece también en otros lugares o no. Y, aún más, exige no reducir el racismo a la estricta ideología. Es lamentable que no sea de hecho así, porque haría menos daño del que hace. Pero hay otras dos dimensiones de heterofobia y de racismo en concreto: actitud y discriminación, dirigidas contra los «otros» diferentes de manera sistemática, se piense lo que se piense, se verbalice lo que se verbalice.

Una última cuestión. La occidentalización exclusiva del racismo, tal como se plantea en la casi totalidad de los textos recientes, es una forma más de esencialismo, especialmente acrítico y prejuicioso, en la medida en la que el que lo mantiene conoce mejor la variabilidad interna de Occidente que cualquier otra variabilidad del «Otro». Consideremos de nuevo a J. Rex como un ejemplo claro, de ninguna forma único; manifiesta que «el pensamiento y las prácticas racistas [se agradece que él nunca las olvide] son parte *natural* de las sociedades industrializadas avanzadas y difíciles de eliminar»[15]. Las únicas armas contra tal naturaleza serían las ideas universalistas, tan cuestionadas por Aranzadi, *en* el sistema de la propia minoría y con el aumento del poder que vaya esta logrando. Es decir, se supone que la minoría impondría sin duda ideas universalistas bondadosas, lo cual el Occidente moderno, avanzado e industrial no puede hacer porque por su naturaleza, por su propia esencia, no las produce. Y uno no tiene más remedio que pensar en algunos dirigentes de algunas minorías que conoce bien, y echarse las manos a la cabeza respecto a su proyecto supuestamente igualitario, universalista y filantrópico. El ser una minoría no es garantía de filantropía, aunque siempre mantengamos la esperanza. El que la minoría tenga el poder puede ser un remedio al abuso, pero tampoco garantiza la filantropía, y en esto sería menos optimista.

La argumentación se fuerza hasta resultar perfectamente clara: «A la larga, la garantía de las políticas antirracistas depende de hecho del poder político de las minorías». Es decir, la minoría es *esencialmente* antirracista,

---

15. J. Rex (1986: 117), *op. cit. Ídem* cita siguiente.

nosotros somos *esencialmente* racistas y el poder en nuestras manos produce racismo y en las minoritarias, filantropía; pero si tienen el poder de imponer al conjunto de la sociedad, dejarán de ser minorías y entonces no sabemos qué pensar: ¿dejarán de ser antirracistas? Quizá el problema no esté en ninguna esencia de ninguna cultura, ni siquiera en nuestra mala esencia. Pienso que quizá el problema, al final, va a estar en el poder, en la capacidad de obligar. Y eso explicaría, me parece a mí, muchísimas más cosas que la mala esencia de Occidente. Incluido el imperialismo.

Esa misma manera de occidentalizar el Mal que implican las teorías antirracistas del racismo colonialista, empapa también las que se centran en la legitimación del liberalismo capitalista y en el Estado nación y sus postulados antinómicos y sus postulados y prácticas contradictorios. El problema es el mismo: qué hacemos con ideas, actitudes y prácticas similares de otras culturas, de algunas otras culturas diferentes, con historias diferentes en situaciones políticas distintas a la del Estado nación. Porque sabemos de *algunas* otras culturas en las que fenómenos semejantes se relacionan con la calidad de extranjero en una comunidad, sin tratarse de ciudadanos en un Estado nación. Y también hay múltiples referencias a situaciones estatales muy lejanas al Estado nación instaurado por la Revolución Francesa y aún más de los Estados nacionales de las actuales democracias occidentales. A. Dummet y A. Nicol, por ejemplo, se refieren a tantos «ejemplos de autoridades estatales que invocaban o toleraban la xenofobia en nombre del interés nacional»[16]. En esta misma línea, la negación de una humanidad común a esclavos y supeditados, por una parte, y amos y patronos por otra permite, por ejemplo, mantener la idea de una moral e igualdad panhumana precisamente porque restringe la humanidad. En el Estado nación el extranjero, el «otro», se convierte en una especie de «anti-otro» o más bien de «contra-uno mismo» cuyo papel teórico sería su función para la generación de un yo nacional, de una identidad propia estatalizante. También sobre esta base «el racismo era fundamental para la creación del liberalismo y de la identidad europea»[17].

16. A. Dummet y A. Nicol (1990: 11), *Subjects, Citizens, Aliens and Others. Nationality and Immigration Law*, London: Weidenfeld & Nicolson.
17. P. Fitzpatrick, en F. Fitzpatricik y A. Hunt, eds. (1987: 120), *op. cit.*

Ciertamente, no se dice que este sea su origen histórico, tampoco su causa única, sino que el racismo es *eficiente* en la configuración de una identidad europea que separa como distintos a los no-europeos. Este sería un caso, a mi manera de ver, sensato de relacionar racismo/nacionalismo. Pero no hay muchos como este y la mayoría concluyen en afirmaciones deterministas.

Existen innumerables ejemplos que se podrían citar de occidentalización, por una u otra vía, del racismo, el fundamentalismo cultural, la alterofobia en general, del etnocentrismo. Me es imposible no ya hacer referencia a todos los que conozco, que no son todos con seguridad, sino elegir los más representativos de una corriente que es hegemónica en el mundo académico actual. Tomo, por tanto, dos ejemplos de una forma oportunista. Uno por su reciente publicación en castellano. El otro por extremoso.

El primer ejemplo es la afirmación de R. Garaudy respecto a cualquier forma de integrismo. Así pues, interesa saber cómo define integrismo: «Consiste en identificar una fe religiosa o política con la forma cultural o institucional que pudo revestir en una época anterior de su historia... Creer, pues, que se posee una verdad absoluta e *imponerla*». (Un inciso: en ese «e *imponerla*» hay más de un problema, al considerar no-integrista cualquier forma de dogmatismo radical que no tenga capacidad de imponerse, e integrista a cualquier dogma religioso de escasa repercusión política que se imponga por el mero hecho de tener poder, por ejemplo relativo al sexo de los ángeles.) Pues bien, una vez así definido, afirma con rotundidad que «todos los integrismos nacieron como *copia* del integrismo de Occidente, que trató de imponer su civilización y su cultura desde el siglo XV». Incluye, por consiguiente, la invasión y maneras del Gran Turco[18].

El otro ejemplo es de Yûjirô Nakamura[19], todavía más restrictivo en la medida en que la culpa de todo la tiene esta vez la Europa del Norte, pero nos salvamos los de la Europa Sur. Existiría un «conocimiento del Norte» fundamentado en la ciencia clásica (?), la industrialización, el protestantismo, el capitalismo y la lógica de la dicotomía sujeto-objeto, fundamental-

---

18. R. GARAUDY (1991), *Los integrismos. Ensayos sobre los fundamentalismos en el mundo*, Barcelona: Gedisa. Las citas corresponden a las pp. 13 y 14, respectivamente. El subrayado es mío.

19. *Cf.* Y. NAKAMURA (1986), «El coneixement del sud com a antítesi del coneixement de la ciència clàssica i la societat industrial», en UNESCO (1986), *La ciència i les fronteres del coneixement*, Barcelona: Centre UNESCO de Catalunya.

mente. Cristaliza este conocimiento en la teoría, que supone una actividad hacia el exterior, hacia fuera de nosotros mismos. Existiría también un conocimiento del sur de Europa, compartido, creo entender, por el resto del mundo que no participa en el Conocimiento del Norte, y que se gobierna por una lógica del tropos o búsqueda de los fundamentos en el interior de uno mismo, del propio hombre, de su consciencia. En este conocimiento no existiría nada más, solo un tropos, un lugar en uno mismo que es en sí mismo y no es lugar de nada más. Y se asienta en el pathos, como pasividad exterior, autoexperiencia. Pues bien, este conocimiento del Sur sería universal, «de Bali a Nápoles», mientras que el conocimiento del Norte se entiende como antitético. Es decir, en el fondo de todo ser humano hay un Conocimiento del Sur que tiene un signo evidentemente positivo en Nakamura, mientras que el Conocimiento del Norte lo sitúa en una civilización que desarrolla algo no-común, antitético a lo común, a lo humano; es una perversión que se impone de la mano de «la ciencia clásica y la civilización tecnológica, las cuales son [ahora] universales, nacieron del conocimiento del Norte y él mismo las difundió». No sé qué pensaría Freud clasificado junto a la actitud hacia fuera de nosotros mismos. Sé lo que pensaría Lévy-Bruhl. Estaría encantado, excepto por las connotaciones peyorativas dirigidas hacia la Razón y «el progreso».

Y aquí es precisamente a donde me interesaba llegar. Nakamura, por extremo y conciso, es solo un exponente de una simetría inversa, una copia en negativo. El antiguo etnocentrismo evolucionista del XIX situaba el elogio de la Humanidad en el Occidente: Razón, ciencia, eficacia tecnológica, lucha contra el subjetivismo y los prejuicios, progreso, se enfrentaban con el pensamiento mítico, con el subjetivismo y con el prejuicio estereotipado, con el retraso tecnológico, la incapacidad del hombre de dominar a la naturaleza. El papel de Occidente era salvífico, aunque la salvación pasara por encima de los cadáveres físicos y culturales que iba dejando en pos de sí. Ahora, como vemos en Nakamura, es *exactamente igual*, solo que al revés. Y por debajo, otra idea: la capacidad del poder para inventar ideas más útiles, más eficaces que el que no lo tiene. Y con ella, un posible deslizamiento peligroso, un deslizamiento de esos que antes de que nos demos cuenta se ha «retorsionado» y nos ataca con nuestras propias palabras: *por eso* mandan.

## 4.2. Supuestos subyacentes

El final del apartado anterior señalaba ya uno de estos supuestos subyacentes comunes a todas las adjudicaciones exclusivas de alterofobia a Occidente. Al menos de las que conozco y recuerdo. He señalado lo que me parece que son las atribuciones fundamentales, las adjudicaciones. Me gustaría ahora examinar esos supuestos subyacentes a ellas. Se me ocurren cuatro. El primero acabo de indicarlo. Habría además otros tres. Veamos.

El *primer* supuesto de una capacidad del poder para generar ideas, desde el racismo a las religiones monoteístas, se suele explicar como su necesidad de justificar el uso del poder *para* el abuso y la dominación. Los datos empíricos que señalan nítidamente la existencia de racismo en las capas populares y en los «otros», lo vimos en J. Rex, se explican como «extensión» del modelo racista hegemónico, y ese sería el *segundo* supuesto. Lo que nunca se explica es qué ocurre con la justificación de otras formas de poder. Wallerstein se lo pregunta y contesta como Rex, que son extensiones[20]. De ahí la crítica que hacía en el apartado anterior: ¿solo el poder imperialista tiene capacidad para idear justificaciones o es que solo los hechos de la dominación imperialista requieren justificación? Porque si otras formas las requieren también y solo se «copia», da que pensar.

Yo creo que ciertos contenidos del fundamentalismo islámico, o el etnocentrismo lugbara, o la alterofobia tutsi, o fulani frente a hausa, o serbia frente a bosnia, o egipcia respecto a los israelitas bíblicos, no son copias ni extensiones de Occidente, sino fenómenos no iguales, en absoluto, pero sí susceptibles de ser categorizados juntos bajo «alterofobia». Y creo que esa otra idea de «copia» o «extensiones» viene de otra muy apegada a nuestra filiación académica y política, la del supuesto de imaginación exclusiva de las elites del poder imperialista o estatal. Pienso, por el contrario, que las ideas de todos, de unos y otros, son susceptibles de reinterpretación y también de manipulación por otros y unos, y que después es una cuestión del poder que se tiene, quién lo dice más fuerte. Gilles Perrault, hablando de

---

20. Ver también, junto a J. Rex, *op. cit.*, I. Wallerstein, «Universalismo, racismo y sexismo, funciones ideológicas del capitalismo», en I. Wallerstein y E. Balibar (1988), *op. cit.*, para este tema de la «respuesta» al racismo mantenido por el poder capitalista.

Le Pen y el antirracismo francés dice algo en lo que estoy muy de acuerdo: «No es Le Pen el que ha suscitado al auditorio, es el auditorio el que ha reinventado a Le Pen [...]. El problema [central] no reside en el discurso sino en el auditorio»[21]. Y que aunque es evidente que la ideología que más capacidad de extensión tiene es la del imperio, la del Estado, también lo es que no consigue imponerse por completo.

En la naturaleza de las elites no hay nada que suponga su exclusiva capacidad para generar ideología legitimadora. El argumento a favor, tal como lo hemos recibido desde el marxismo y, después, desde casi todas partes, es que son las elites en el poder las que más tienen que justificar y que son, por otra parte, las que mayor capacidad tienen para imponerlo. Muy globalmente podría estar de acuerdo, pero me serviría de poco. Por varias razones: primera, tienen que justificar *más* pero no *solo* ellos. Segunda, la ideología es más que una justificación del poder; puede ser, por ejemplo, un proyecto, o un antiproyecto, puede buscar soluciones; es decir, no solo se explica funcionalmente, de manera que la puerta está abierta a que varias formaciones ideológicas lleguen a legitimar (incluso compitan en ello) los mismos fenómenos y al revés, que *la misma* pueda legitimar fenómenos *diferentes*. Tercera, porque hay muchas formas de lograr la extensión de la ideología, además del dinero y las armas. Hay argumentos, hay necesidades de llegar a acuerdos, hay conveniencias de colaboración, hay interés en distintos contextos y niveles; y todo esto está abierto a cualquiera, no solo a las elites en el poder. Cuarta, porque los niveles de poder varían. El poder no es una cadena a la que no le falten eslabones. Y, mientras en el Estado se impone la democracia formal, en muchos barrios de Barcelona en los que hay gitanos, se imponen los poderes múltiples de la congregación evangélica de los Aleluyas y en otros barrios el caciquismo.

Podría reconciliarme un poco con este supuesto si se pensara que el poder (institucional o capilar) precisa justificar*se*, con independencia y por encima de su uso *para* la dominación. Primero, porque hay multitud de ra-

---

21. *Cf.* G. PERRAULT (1991), «Faut-il censurer Le Pen?», en J. P. TAGUIEFF (1991: 105). Ver también T. SAN ROMÁN (1986), *Entre la marginación y el racismo*, Madrid: Alianza Universidad, y (1993), «Retomando marginación y racismo. Hipótesis sobre el discurso y su génesis», *Perspectiva Social*, 33. Recogido en un anexo en este libro.

cionalizaciones que vienen a justificar una dominación no-imperialista, ni siquiera estatalista, a veces doméstica. En segundo lugar, porque es difícil, al menos para mí, aceptar que se tiene un poder y se usa, aunque sea para hacer favores, que está uno situado por encima de los demás, desigualmente autosituado por arriba, con capacidad de suplantar la voluntad del otro y de desviarle de sus intereses y decisiones. Quizá sea el poder, el que necesita legitimación, justificación, y no solo su uso perverso. Pero esto cuestiona muchas más cosas y, aparte de cualquier otro error que haya cometido al pensarlo, me temo que es una idea que no va a tener mucho éxito. Precisamente porque existen muchas formas de poder y bien sembradas. Precisamente porque cuestiona la necesidad *exclusiva* de legitimar *tan solo el uso perverso*; cuestiona algo más que las formas capitalistas de dominación[22].

Si se entiende que la legitimación ideológica es de *cualquier* poder a cualquier nivel, sin duda la pondrá en marcha cuando deba de justificar, además de a sí mismo, el mal uso que hace de sí mismo, el prejuicio que causa. Y para entender esto hay que examinarlo, creo yo a *distintos niveles* de integración de la sociedad, en *diferentes contextos de relaciones de poder*.

Visto así, tanto pueden generar una justificación racista los trabajadores que ponen en el peor sitio entre ellos a un magrebí, como los vecinos de los chabolistas gitanos que intentan echarlos de sus moradas, como puede generar una ideología legitimadora el marido sempiterno, el antiguo, que intenta ejercer su pequeña dictadura doméstica. Y lo harán con más razón, lo hará, evidentemente, el capitalismo imperialista y el Estado y las elites. Pero habría entonces una mutua interpenetración. Desde el poder se llevaría su modelo hegemónico a la calle. Pero ni el poder se puede inventar *cualquier* modelo hegemónico, ni la calle acepta poner en práctica cualquier modelo. *El modelo hegemónico gestiona* el racismo popular, las justificaciones de la calle y las devuelve con una presencia más estructurada y orientada hacia los intereses del poder. Y en la calle ese modelo *se recibe porque buena parte de él ha nacido, ya o también, en ella, y se gestiona capilarmente*, de manera que a un tiempo hay sintonía y un cierto solapa-

---

22. He planteado estas ideas de forma más extensa en un trabajo sobre el poder como substrato de la religión: T. SAN ROMÁN (1979), *El proyecto político del milenarismo*. Memoria de proyecto de investigación, Universidad Complutense de Madrid. No publicado.

miento de interés que permite que todo el edificio del *poder* y del *Poder* y sus legitimaciones funcionen. Y, evidentemente, también *se contesta desde todos y en todos los niveles.*

El *tercer supuesto* es el de una omnipotencia asumida de Occidente que compartirían participantes en posiciones muy enfrentadas en esta polémica de la heterofobia. Si «raza», «racismo» o «antirracismo» son conceptos ambiguos que oscurecen fenómenos muy diversos, «Occidente» lo es tanto o aún más. Aquella misma generalización, uniformización, que se criticaba en el uso de «racista»[23] o de «antirracista» y que nos parecía inadmisible, lo es también para «Occidente». Para unos significa, más que ninguna otra cosa, el dogmatismo de la Razón (Taguieff), para otros el deseo incontrolado de dominación (Wallerstein o Gilroy en diversas formas), para otros el ámbito delimitado de humanos que producen pensamiento crítico (Kolakowski, en parte Gosselin), para muchísimos más, la capacidad de progreso tecnológico incontestable (¿también para Lévi-Strauss?). Y, sin embargo, si tenemos que juzgar por los testimonios individuales y colectivos que venimos poblando el «Occidente», cada una de esas características es, en todo caso, remotamente aplicable a cada uno y también mal distribuida entre todos. La generalización del Bien a «Occidente» (sea progreso o autocrítica), o en otras ocasiones del Mal (explotación, dominación) es tan simétricamente grosera como la negación de todo ello a los «primitivos». La primera generalización a «los primitivos» se ha contestado en múltiples ocasiones y con bastante éxito. El que no se conteste en absoluto la última apunta a razones, digamos, púdicas.

Esta falta de contestación ha facilitado el intento de formación, diríase que bastante frustrado, de una mala conciencia «occidental» colectiva, general, sin fisuras, que es justa, histórica y macropolítica y macroeconómicamente, pero sin embargo es injusta para buena parte de esa colectividad, y que se dirige en todo caso a crear una convicción profunda de aquí-todos-malos/allí-todos-buenos. O si no se dirige, quizá toma esa dirección en la práctica. Ese Mal absoluto de Occidente se extiende sin contemplaciones sobre las cabezas de todo el mundo occidental. El discurso antiimperialista y el discurso antirracista debería dirigirse específicamente contra imperialis-

---

23. P. A. TAGUIEFF (1987), *op. cit.*

tas y racistas. Debería dejar claro que una cosa es que todos tomemos consciencia de estar viviendo en la parte del mundo donde mayor riqueza y poder se asienta y se distribuye, el lado del mundo en el que con más comodidad
se puede vivir, a costa del otro lado, y otra bien distinta es arremeter contra
las propias personas y grupos a los que se quiere convencer y/o moralizar
con un *mea culpa* por los desmanes perpetrados por "Occidente", como si
tuviera que asumirse personalmente, por ejemplo, su participación activa en
la masacre perpetrada por Hernán Cortés. Aquel querer ayudar «a la fuerza», del que hablaba Aranzadi y al que antes me he referido, ese solidarizar-
se llamándoles cariñosamente bárbaros, tiene su correspondencia en esta
inculpación colectiva del «Occidente». Inculpación de todos, uno por uno,
excepto del inculpador, no se sabe por qué. Y así, el «Occidente» es en el
mundo académico, y en cierta medida me reconozco en ello, una divinidad
peculiar a la que ciertos fieles le atribuyen el origen de todo Bien y ciertos
fieles conciben como la fuente de todo Mal. Pero unos y otros están conven-
cidos de su omnipotencia, de forma que esta contestación al hecho de su
divinidad no implicará más que algún susurro crítico o alguna escenifica-
ción simbólica. Una excentricidad, en todo caso, por mi parte.

Como versión de esta polarización esencialista «Occidente»/«Otro» en
términos de Mal y Bien, e inseparablemente unida a ella, se realiza una polarización en términos de bárbaro/civilizado en el sector racista de la polémica racismo-antirracismo y en términos de agresor/buen salvaje en el sector contrario. Su aplicación es esta vez más relativa que la que analizaba
respecto al uso indiscriminado de «Occidente»-Mal. En el supuesto de
«Otro»-Bien existe una mayor flexibilidad que en el anterior, en la medida
en que el «Otro» permite referirse a Nueva Guinea o al colectivo de inmigrantes o a los marginados «nacionales» o a las clases pobres trabajadoras
alternativamente, en función del contexto discursivo y social.

La ofensiva racista y violenta contra los inmigrantes en los años ochenta ha propiciado como respuesta el regreso antirracista del «buen salvaje».
Por principio, y también contextualizadamente, cualquier «Otro» es inocente, de manera que una exigencia de prueba de su inocencia es en sí misma
un crimen contra el principio, un atentado racista. Lo mismo ocurre en el
sector contrario: cualquier tentativa de demostrar la inocencia del «Otro»
es un atentado a las buenas costumbres y a la patria. En unos hay un «buen

salvaje» renacido bajo la forma, más actual, de «buen otro», que es víctima y, por lo tanto, inocente por principio. En otros hay un «mal salvaje» o bárbaro, imagen y términos imperecederos, nunca del todo enterrados, del ser extraño que quiere contaminar nuestra cultura, atentar contra los principios de la nación, pervertir a nuestros hijos, violar a nuestras hijas y robarnos la cartera. El bárbaro se inscribe en una larga tradición histórica y mítica y se consolida, estaría de acuerdo, en el proceso colonial en el caso de Europa. El buen salvaje tiene una tradición incluso bíblica que, también en nuestro caso, cristaliza en Rousseau y el pensamiento de su tiempo. El racismo mantiene el complejo ideológico del nosotros/civilización y otro/bárbaro. El antirracismo se define como el otro-inocente frente al nosotros-culpables. Aparte del doblete maniqueísta que suponen ambas posiciones, muchas veces me he preguntado por qué el «otro» tiene que ser inocente. Yo creo que no necesariamente lo es. A veces está muy lejos de serlo. Depende. Lo entendería si todo se redujera a una pura abstracción, a una visión esquematizada de la historia. Pero no es, ni mucho menos, así.

El «otro-inocente» es cada «otro», cualquier «otro». Hagan una prueba. La de escuchar el desacuerdo de un antirracista académico, poco ducho en el racismo de la calle, ante alguna cuestión que considera intolerable pero que proviene de un «otro». Lo más frecuente es que se calle, que tolere, que no se atreva a contradecirle. He visto a antirracistas oír a un «otro» hablar de una paliza a su mujer y en vez de llamarle «animal», que es lo que hubiera hecho ante un «nosotros», se ha limitado a decir un «¡hombre, tampoco es eso...!». ¿Por qué? Yo creo que la respuesta está en las propias incoherencias de cierto antirracismo, en sus exigencias contradictorias. Y no me refiero únicamente a la antinomia de igualdad/diferencia de Taguieff. Me refiero al sentido de justicia y a la autoatribución de culpa. Me recuerda demasiado a la negativa de los intelectuales a tolerar los estudios de «temas racistas», o a poner a prueba las afirmaciones que se hacen desde el racismo contra los inmigrantes, o a trabajar con los datos y no solo con el discurso. Intentaré explicarme mejor.

El «otro» (de Malasia al mendigo de las Ramblas) tiene derechos, en una ideología igualitaria. Y yo creo que esa es la razón de su atribución de inocencia. El «otro» es digno de respeto, y esa sería otra razón de su atribución de bondad. El «otro» tiene diferencias que yo debo ensalzar y en todo caso tolerar, y esa es otra razón. El otro tiene necesariamente que ser inocente, que no generar jamás una mala acción ni una *idea perversa* (y vuelvo en esto a un punto anterior) porque si no ¿cómo le respeto, cómo le tolero lo que dice y hace, cómo me solidarizo con él en la obtención de sus derechos, cómo demonios le amo, si no es inocente? Quizá entre nosotros haya una larguísima tradición que apoya la inocencia del «otro», una tradición que premia el bien y que castiga el mal, una tradición justiciera que exige cumplimiento para otorgar derechos.

Tenemos que hacer inocente al «otro» en cada caso concreto, en cada situación, en cada individuo, porque nos hemos comprometido con nosotros mismos a respetar, tolerar, elogiar incluso, solidarizarnos en la igualdad de derechos de todos los hombres; en la igualdad de su dignidad, pero también de sus derechos. Y el «otro» no puede salirme con que no es inocente, con que es indigno de sus derechos. Pero este es un grave error de planteamiento, más exactamente, es una falta de convicción en nuestros propios postulados. El «otro», cualquier «otro», tiene derecho, si desea realmente hacer uso de él, a un trabajo, a un hogar, a su integridad física, tiene derechos, aunque sea un asesino, aunque sea un racista, tiene derechos, aunque sea un genocida, tiene derechos. Y por lo tanto no hay razón para que temblemos ante lo que Taguieff de una forma, Gosselin de otra, llaman «lo intolerable», porque lo intolerable no se puede tolerar ni al «otro», y eso ni quita ni pone un ápice a su estatuto utópico de igualdad, a nuestra solidaridad (que prestaremos con más ganas o haciendo de tripas corazón) en la consecución de sus derechos, si quiere usarlos. Queda, pues, lo más difícil, lo más doloroso: el porqué de esa utopía, el vacío circundante a una filantropía para la que no parece haber razón. Y tenemos que hacer un esfuerzo por enfrentarnos a la realidad de las cosas, a nuestra más íntima realidad del mundo.

## 4.3. Los integrismos ingenuos y el racismo práctico

El relativismo cultural se niega a sí mismo si por no caer en la tentación de la barbarie da a los otros el derecho a ser bárbaros.

L. Kolakowski (1986: 111), citado por Gosselin (1992: 406).

Existen, por tanto, creo yo, otros integrismos y también un fundamentalismo antioccidentalista con múltiples formas que van del esencialismo de algún tipo de antirracismo al fanatismo. Hay un párrafo en Kolakowski que recoge Taguieff[24] que resulta especialmente oportuno en este contexto: «Si definimos como racistas las opiniones que proclaman la superioridad de ciertas razas sobre otras y reclaman privilegios especiales para las razas superiores en detrimento de las razas inferiores, el valor de una interdicción legal de tales ideas sería irrisorio, porque es raro que las formas de racismo realmente importantes en las sociedades que conocen conflictos raciales sean formuladas de esta manera; en los Estados Unidos, la primera y la menos contestable víctima de una ley tal, sería el movimiento Black Muslims». No solo hay un integrismo no-occidental, junto a otro occidental y junto a gente no integrista en ambas categorías. Hay, además una seria llamada de atención: el racismo más violento no es el que circula verbalmente, en ninguno de los campos. Sin menospreciar en absoluto la importancia devastadora del discurso racista quisiera recuperarla también para las otras dimensiones del racismo.

¿Se puede hablar de un *racismo práctico*, de un racismo en la acción, en el comportamiento sin relación a su correspondiente dimensión ideológica? En efecto, la discriminación, el genocidio, el etnocidio ¿pueden tener su base en cualquier otra cosa prescindiendo de la ideología racista? Implicaría una raciación práctica sin un referente ideológico preciso, que en todo caso requeriría al menos de ciertos marcadores y una clasificación en grupos humanos, aunque sea de forma implícita o inconsciente. Pero si contemplamos a un grupo de padres payos pedir que echen de la escuela a los niños gitanos en una situación de escasez de recursos educativos, o si una patrulla detiene en Barcelona a un pequeño grupo de magrebíes y de gitanos que venden dispersos por la ciudad sin permiso municipal, ¿qué actúa?, ¿el racismo?, ¿la necesidad o la obligación profesional?, ¿las dos cosas? Si los padres payos *solo* quieren echar a niños gitanos y los patrulleros *solo* detienen vendedores gitanos y magrebíes, o en mayor proporción de la que les correspondería, de un conjunto de vendedores sin permiso municipal, el factor racista *está*, por mucho que no sea el único.

24. P. A. Taguieff (1987: 308), *op. cit.*, citando a L. Kolakowski (1972).

Puede ser que ese racismo no suponga una ideología de rechazo a los gitanos o a los magrebíes sino un racismo latente, a veces inconsciente, que no precisa remitir a la ideología, sino que continúa la historia, el uso, el racismo práctico. Yo pienso que el racismo antigitano de muchos antirracistas que simplemente no se acuerdan para nada de ellos, es un racismo práctico de este tipo, sin referentes ideológicos racistas. Pero eso lo hace más inabordable, porque no se somete jamás a crítica. Se ha dicho que es posible que haya racistas, en el sentido ideológico, que a lo largo de toda su vida no cometan ni un solo acto de racismo. Profesan un integrismo ingenuo, sin vocación. Pero en la misma medida es posible que un antirracista declarado realice esos actos racistas constantemente, que los haga constantemente cualquiera, tenga la ideología que tenga, que esté inconscientemente adaptado a los usos históricos del racismo práctico.

Y me atrevería a decir todavía más, hay un racismo práctico que ni siquiera tiene el referente de un racismo inconsciente e histórico. Es el que responde a la concurrencia de factores adversos sobre un grupo minoritario. Pondré algún ejemplo para indicar lo que quiero decir. Hace algo más de un año, en un coloquio sobre racismo en Barcelona, un participante africano comentaba que el racismo más claro estaba en los alquileres de pisos: «en cuanto el propietario veía que eras un inmigrante negro no quería alquilártelo». Lo creo. Sin duda hay muchas ocasiones que es así. Pero puede que no todas. Un propietario o una propietaria, como era el caso, de un piso en Meridiana había rechazado alquilarle el piso «con la excusa de que no iba a poder pagar y después no podría echarme», porque, además, «la llamarían racista». En el caso del grupo africano concreto del que se trataba, en Barcelona el racismo que soporta es fuerte. Está acosado por el hecho de ser una inmigración nueva y negra[25], muchas veces «ilegal», sin su situación administrativa en regla, con grandes necesidades, muy separada de la pobla-

25. Ver A. KAPLAN, para la población negroafricana en Cataluña (1993), «Aproximaciones descriptivas a la situación de origen de los inmigrantes en la región de Senegambia», Máster UAB; (1991), «Trabajo de campo en Senegambia», *RTS*, 123; (1993), «Movimientos migratorios, movimientos culturales», *Quaderns de Serveis Socials*, 5, Diputació de Barcelona, y (1995), Tesis Doctoral, UAB. Ver también Colectivo IOE (1992), *La inmigración extranjera en Catalunya: balance y perspectivas*, Barcelona: Institut Català d'Estudis Mediterranis; D. PROVANSAL (1993), «Migraciones, segregación y racismo», *Actas del VI Congreso de Antropología*, Tenerife.

ción receptora. Es, por tanto, el punto de encuentro del racismo y del abuso, del trabajo precario e irregular, extraordinariamente mal pagado y sin garantías. Por consiguiente, no se supone que sea un buen inquilino, estable y puntual pagador. Es una cadena de racismo *tout court* y de un racismo práctico, sin que este tenga ningún referente ideológico necesario, aunque suela tenerlo. Pero lo peor es que no lo necesita para que la raciación y la discriminación se produzcan. Existe una discriminación racial sin racismo o con un referente de uso, histórico, muchas veces inconsciente, existe un racismo práctico tan brutal como la práctica de la ideología racista.

Pero todo este tipo de cuestiones precisan desembarazarse, en la medida de lo posible, de supuestos esencialistas y dogmáticos que no aceptan más que la inocencia en un sector y la mala voluntad en otro. Y así, si el racismo es occidental, propio de una perversión irreductible de Occidente, cualquier forma de elogio de Occidente se convierte en racista, cualquier forma de elogio del «otro» en antirracista, excepto si el primero lo hace un no-occidental. Lo cual es bastante alucinante.

SEGUNDA PARTE

**POR UNA FILANTROPÍA SIN FUNDAMENTO**

Mi corazón se ha hecho capaz de todas las formas. Es una pradera para las gacelas y un convento para los monjes cristianos, un templo para los ídolos y la Ka'aba del peregrino, las tablas de la Torá y el Libro del Corán.

Yo profeso la religión del amor, y cualquiera que sea la dirección que tomen sus camellos, el amor es mi religión y mi fe.

Ibn al-Arabi Tárjuman al-Ashwaq.
*A collection of mystical odas by Muhyi'ddin Ibn Al-Arabi*,
Reynold A. Nicholson, ed., London: Oriental
Translation Fund., 1911: 66.

[...] apareció en la visión una muchedumbre innumerable de toda nación y raza, pueblo y lengua, estaban de pie ante el trono y ante el Cordero. Vestidos de blanco y con palmas en las manos.

Apocalipsis, Juan, 7: 9-10.

# 5. Ni incompatibles ni idénticos

En la actualidad, el debate sobre diversidad y convivencia intercultural tiene dos ámbitos. Uno hologeístico, mundial, cuyo principal problema no es la relación intercultural entre las personas, sino los problemas de la economía-mundo y del orden político mundial. Y este nivel incide descendentemente sobre cada uno de los otros niveles e incide en las posibilidades de convivencia pluriétnica entre las diversidades locales. Los conflictos étnicos fundamentan hoy más guerras de las que se sustentan en otros tipos de ideas, y en los ámbitos locales se estalla en conflictos interétnicos de relaciones de convivencia en las que no solo están pesando los efectos perversos de las desigualdades mundiales, sino también la preocupación de todos los sectores por mantener y promover su propia diferencia, hacerla valer en el juego de competencias, fuerzas y solidaridades, salvaguardarla de la desaparición y de la corrupción, universalizarla, en algunos casos extremos. También en el nuestro. En ese contexto, el antirracismo de nuestros días, con nuestras incoherencias, debilidades y fobias, no solo precisa una fundamentación actual, sino hacerlo renacer éticamente por encima de su *uso* político. Es decir, políticamente puede resultar tan importante articular un antirracismo coherente, como éticamente valorar las implicaciones de un antirracismo partidistamente disputado y gestionado.

El mundo es ya uno, aunque sea diferenciado enormemente y quizá todavía más enormemente desigual. La relación y la comunicación se efectúan a través de las diferencias y de las desigualdades; se realizan, de hecho. Y en esa comunicación transversal se intenta desde algunos sectores que los derechos humanos tengan un papel relevante. La actual formulación de esos derechos, más dirigidos a la humanidad que a los seres humanos, son, qué duda nos puede caber, una formulación y una imposición occidental. Pero una imposición, al fin y al cabo, beneficiosa en su saldo neto, especialmente en la medida en que sean capaces de limitar el poder megalómano de las potencias occidentales, el más peligroso por la sencilla razón de ser el mayor. No el único, y ahí también juegan un papel con un saldo, a pesar de los pesares, positivo.

Pero una contestación mundial, antes o después, parece inevitable y está ya amenazando desde diversos particularismos. Y una respuesta no-etno-céntrica y no-dogmática es necesaria y no se dan, realmente, atisbos de ella. Ante el neorracismo habría que decir que el aislamiento «protector» de las culturas (especialmente la propia) es sencillamente imposible. En la práctica, se reduce a proponer que los inmigrantes, en vez de relacionarse aquí con los occidentales, vuelvan allí a seguir relacionándose con el poder occidental a través de las condiciones y los efectos de la economía-mundo y de las condiciones y los efectos del orden político mundial. El que se queda allí vive como vive porque aquí vivimos como vivimos, en grandísima medida. La ausencia de aislamiento, la existencia de relación, no solo es posible y deseable o bien no-deseada, es un hecho.

Si nos planteamos entonces la relación intercultural, no parece que tengamos ante nosotros más que dos vías: tener como horizonte utópico una *negociación* entre iguales o tender a una imposición del más fuerte. La alternativa universalista de igualdad es tan real como la alternativa universalista de dominación, a pesar del éxito indiscutible de la segunda sobre la primera. Entiéndase bien que no estoy contraponiendo dominación a desarrollo autóctono y paralelo para que elijamos por cuál de los dos nos vamos a decidir. No hay la menor posibilidad de tal elección hace ya mucho tiempo. Y si el desarrollo (o la mera supervivencia) tiene que poder darse en el contexto de la relación, una apuesta es el horizonte igualitario y otra apuesta es el horizonte dominador, siendo *ambos particularismos no exclusivos y universalizados*. Pero es que hemos hecho un universo por medio de la suplantación y la opresión, vivimos ya en un universo, a pesar de toda su inmensa e inagotable diversidad.

Si el horizonte que nos trazáramos fuera la dominación, todo se reduciría a un problema de medios, pero el planteamiento estaría claro: cuanto más poder tengamos y menos tengan «ellos», mejor. Y desde ese poder iremos haciendo, según beneficie a nuestro aumento de poder en cada momento. Si el horizonte es la igualdad, no debemos olvidar que se trata de una igualdad de derechos, que jamás implica identidad de todas las formas de pertenencia o similitud de modos de vida, jamás supone la abolición de cualquier diferencia y menos aún la imposición universalista de nuestras particularidades. Sí supone, sin embargo, la negociación, paritaria para ser negociación, respecto a lo universalmente político, respecto a lo que vamos a considerar derechos universales, que tienen que anteponerse a las diferencias y no pueden trazarse, como se dibujan hoy, desde ninguna de ellas, y un acuerdo universal respecto al valor de la diferencia y los límites de la tolerancia mutua de nuestras mutuas diferencias, límite impuesto por esos derechos negociados y como parte de ellos, con esa cláusula restrictiva respecto a la equidad, que implica abandono de posiciones de poder para todos por igual. Esta propuesta, a la que le auguro poco éxito, pero que puede ser un horizonte antirracista, consiste en una propuesta de negociación. *Es una propuesta desde lo particular a lo universal, en la cual el ser negociable es lo único que evita su etnocentrismo y la renuncia al poder es lo único que garantiza su negociabilidad.*

Sin embargo, el propio horizonte utópico del consenso político de derechos negociados suscita de inmediato dudas: ¿Es posible el diálogo, el entendimiento mutuo, la negociación? ¿Es posible hallar una materia negociable de interés común? Sabemos que la convivencia en diferencia es posible, porque conocemos sobradamente casos empíricos, pero ¿es posible fundamentar una convivencia en la negociación de lo político, común y general, a través del diálogo? En este último punto sí entramos en líneas de pensamiento actual de lleno. No voy a discutirlas por extenso, como no lo hice respecto a racismos y antirracismos. Voy a considerar lo que me interesa destacar para el propósito de este libro y de mi propia, inicial, limitada, incompleta clarificación, siempre dispuesta a cambiarla por otra que me convenza más.

Hay algunos puntos que creo que son claves para este propósito: una reconsideración de etnocentrismo y relativismo, una consideración de similitud y diferencia, un examen de la posibilidad del diálogo y sus exigencias, una fundamentación del interés común para la negociación, una estructura de la relación del diálogo, una fundamentación de la cláusula de renuncia al poder y de búsqueda de negociación, y una estrategia para compañeros de un viaje más bien eterno. Insisto, no voy a abordar el debate actual de cada una de las cosas que actualmente se debaten de las que he enumerado: ni mi conocimiento, ni la extensión del texto, ni la soledad dan para tanto. Voy a escribir con poca erudición. Espero que sepan ustedes perdonarme.

## 5.1. La violencia y la candidez del etnocentrismo

> El relativista no juzga a los otros. El universalista consciente los pue-
> de condenar, pero lo hace en nombre de una moral abiertamente
> asumida, que en algún momento *puede cuestionarse*. El universalista
> inconsciente es inatacable, porque pretende ser relativista; pero eso
> no le impide llevar sus juicios a los otros e imponer su ideal [...] es un
> asimilador inocente que no ha percibido la diferencia en los otros.
>
> T. Todorov (1989: 61).

Existe un *referente étnico o cultural* o como quiera que se acabe por llamar, en todos y cada uno de los seres humanos, que adquirimos por medio del proceso de enculturación y socialización y que configura estructuras menta-les, potencia unas capacidades sobre otras, crea hábitos duraderos, interio-riza modelos de relación entre las personas y valores culturales. Ese referen-te cultural es el que dota de sentido a la vida de cada uno, a los hechos vitales, a los datos de la experiencia personal y colectiva. Ese referente cul-tural es el que nos permite hablar y decir con sentido, relacionarnos, el que nos permite vivir. Pero no es determinado ni completo ni totalmente cohe-rente ni estático. No es siempre consciente y, esta parte de la historia, el psicoanálisis la conoce bien. En páginas anteriores me he referido ya a algo de esto. Este substrato de *referencia cultural* de ninguna manera tiene por qué conducir necesariamente a un etnocentrismo, entendido como juicio de superioridad y/o proyección universalista de la particularidad, ni tiene por qué guiarnos hacia la militancia étnica, nacionalista o de cualquier otra ín-dole, y menos aún determina la violencia contra los que exhiben diferencias. Pero yo creo que está ahí y, por tanto, más vale verlo, asumirlo, conocerlo, criticarlo, conducirlo, que no simplemente negar su existencia en un nuevo exorcismo en favor de una manipulación, por muy antirracista que en este caso fuera.

Estoy de acuerdo con C. Geertz[1] en que convendría distinguir entre un etnocentrismo activo, intencionado, agresivo, propio de situaciones de con-

---

1. C. GEERTZ (1986), «The uses of diversity», *Michigan Quarterly Review.*

flicto racista o de fundamentalismos de dominación, y un etnocentrismo común que existe siempre, que sepamos, y que, por tanto, se da también entre buena gente. El etnocentrismo, en su acepción peyorativa habitual, es autocomplaciente y seguro de sí mismo, es dogmático y tiende a la dominación y a la imposición[2]. Por lo que hemos ido viendo, se podría distinguir en él:

— Un *etnocentrismo autocomplaciente y particularista* que propugna el aislamiento y desarrollo de lo propio, en una versión, o de lo propio y de lo ajeno separadamente, en otra. Y es falaz porque en el mundo en el que vivimos lo propio se posibilita por lo ajeno, e incluso puede ser su resultado. En su versión radical, a la que no llega siempre, de ninguna manera, alimenta dos activismos correspondientes a sus dos versiones: un fundamentalismo cultural o neorracismo particularista (desarrollo de lo propio) y un antirracismo relativista radical (de lo propio y de lo ajeno separadamente). Por lo tanto, los límites entre alterofobia y alterofilia son aquí confusos en la práctica.
— Un *etnocentrismo universalista, de nuevo autocomplaciente*, que postula lo universal desde su peculiaridad y que, también en este caso, tendría dos versiones, aunque a diferencia del caso anterior claramente delimitadas y separadas entre sí por sus implicaciones prácticas y por sus postulados universalizados.

2. El uso que se hace del etnocentrismo es muy variable incluso cuando es fuertemente autocomplaciente. A los santal de la India les ha servido para aborrecer a los bihors, a quienes consideran parias inferiores, excluidos de cualquiera de las castas (C. MUKHERJEA, 1962: 25, *The Santls*, Calcutta: A. Mukherjea & Co.). A los azande les sirvió para hacer esclavos y para anexionarse pueblos y sin embargo no les impidió amalgamarse con varios de ellos, hasta el punto de que en tales casos ni siquiera recuerdan si el origen de sus linajes fue zande o de otra tribu colonizada (E. E. EVANS-PRITCHARD, 1937, *Witchcraft, Oracles, and Magic among the Azande*, Oxford: Clarendon Press; C. y B. SELIGMAN, 1932, *Pagan Tribes of the Nilotic Sudan*, London: Routledge). A los bantúes para explotar ligeramente a los pigmeos y a estos para mantenerse a una distancia conveniente de ellos, M. TURNBULL (1965a, «Mbuti Pygmies: an ethnographic survey», *American Museum of Natural History of New York, Anthropological Papers*, 50: 139-282; 1965b, *Wayward Servants; the two Worlds of the African Pygmies*, New York: The Natural History Press, y 1974, *The Forest People*, London: Jonathan Cape), y P. PUTMAN (1948, «The Pigmies of the Ituri forest»). El repertorio puede extenderse interminablemente desde el etnocentrismo agresivo al satírico de, por ejemplo, los somalíes, que se ríen de las gentes de otros pueblos vecinos al ritmo de su música y los ridiculizan en sus canciones «cuando los invitan a sus bodas» (E. CERULLI, 1959: 90, «Il diritto consuetudinario della Somalia Settentrionale (Migiurtini)», vol. 2 de *Somalia*, New Haven: HRAF). Ignoro por qué los siguen invitando.

Habría así en primer lugar, el etnocentrismo universalista que pretende la imposición de la cultura occidental, incluida su estructura de estratificación, y que en sus versiones extremas lleva a la alterofobia de la dominación, la explotación y el etnocidio. Habría por otro lado, aunque sea muy otro lado, un etnocentrismo autocomplaciente universalista que postula nuestros valores de igualdad, libertad y solidaridad, dignidad de todos los seres humanos y equidad de las relaciones entre las personas, es decir, valores particulares y no necesariamente exclusivos de un sector de nuestra cultura que se universalizan y que a veces se tratan de imponer, en sus versiones extremas, por la dominación y la violencia. Compartiendo ambos la autocomplacencia (en diferentes valores de nuestra cultura) y la voluntad de imposición, sin embargo, el propio contenido de los postulados apunta hacia efectos prácticos muy diferentes. El primero sería un etnocentrismo universalista de dominación, el segundo salvífico.

Frente a este conjunto de etnocentrismos autocomplacientes podría también hablarse de un *etnocentrismo cándido* y un *etnocentrismo crítico*, ninguno de los cuales pretende la imposición de su proyección universal:

— Podríamos considerar un *etnocentrismo crítico* o, para nuestro consuelo, llamarlo *etnorreferencialismo crítico*. Propugnado de forma poco explícita y minoritariamente por ciertos antirracistas, implica la búsqueda consciente y el conocimiento del referente cultural propio, que necesariamente se vislumbra solo en tanto se contrasta con otros referentes culturales ajenos y con la propia historia de cambios y mutaciones. Supone saberse orientado culturalmente en el doble sentido de conocer la autorreferencia étnica y en el de valorar opciones ofrecidas desde el interior de la cultura propia (como libertad, igualdad, solidaridad, filantropía) y, por tanto, implica fundamentarse en una paridad con cualquier «otro»; la consecuencia práctica de esos valores es que cualquier «otro» nos los puede exigir, no por lo que ese «otro» haga, piense, diga, sea, sino por el compromiso que con él aceptamos al asumir tales valores etnocéntricamente: los situamos en nuestro campo, son nuestros valores y nuestras convicciones y si las proclamamos se nos pueden exigir. Y supone, igualmente, la consciencia de maleabilidad, el saberse cambiante, pensarse a uno mismo como capaz de ser convencido por los argumentos del otro.

— Por último, volvería a Geertz. Nos dice que el etnocentrismo de cada uno provoca habitualmente una asimetría moral en nuestras relaciones, juicios y diálogos que se extendería a cualquier forma de etnocentrismo. Habla, por tanto, de un etnocentrismo que yo he llamado también etnorreferencial para distinguirlo del impositivo, que parte de ese substrato básico de referencias culturales que bajo formas distintas todos, creo, tenemos. Y postula entonces la existencia de un *etnocentrismo* común, que he llamado *cándido*, que no es el fagocita del que normalmente se habla sino el que se da inocentemente, acríticamente también (y en esto se distinguiría del anterior), entre la gente. Entre la buena gente, también. Preferiría dejar al propio Geertz que cuente, increíblemente bien, la historia del indio borracho y la máquina de diálisis, porque escenifica a la perfección la situación intercultural más común, acrítica y bienintencionada, de las sociedades pluriétnicas actuales en sus relaciones interculturales directas:

«El caso es simple, aunque sea confusa su resolución. La escasez extrema de máquinas de diálisis, debido a su elevado coste, condujo hace algunos años, como es lógico, a la formación de largas colas en espera de lograr el acceso a ellas de los pacientes que las necesitaban, en un programa médico gubernamental en el suroeste de los EE. UU. Estaba dirigido, como también es lógico, por médicos jóvenes e idealistas procedentes de los más importantes centros de formación, fundamentalmente del nordeste. Los pacientes necesitan mantener una disciplina estricta en lo que se refiere a su dieta y algunas otras cuestiones, por lo menos durante un largo período de tiempo, para que el tratamiento sea eficaz. En la medida en que se trataba de una intervención pública, sometida a las regulaciones antidiscriminatorias y, en todo caso, como ya he dicho, con una fuerte motivación moral, la lista de espera se había organizado sin tener en cuenta la capacidad económica que el paciente pudiera tener para hacer frente a su pago y solo en función de la gravedad que exigía el tratamiento y el orden cronológico de las solicitudes. Esta política llevó, con los embrollos habituales de la lógica de la práctica, al problema del indio borracho.

»El indio, una vez que consiguió acceder a la máquina tan disputada, se negó a parar de beber, incluso a controlar la bebida, que consumía en una cantidad prodigiosa, con gran consternación por parte de los doctores. Su posición, dirigida por un principio [...] de permanecer uno mismo sea lo que sea lo que otros quieran hacer de ti, era: "Sí, soy un indio borracho empedernido, lo llevo siendo desde hace ya tiempo y pienso seguir siéndolo todo lo que me permita el tiempo de vida que ustedes sean capaces de darme a base de enchufarme a esta condenada máquina suya". Los médicos, cuyos valores eran bastante diferentes, consideraban que el indio estaba bloqueando el acceso a la máquina de otros pacientes de la cola que tenían una necesidad de ella igualmente desesperada que la que el indio tenía; y pensaban que estos harían un mejor uso de los beneficios que podía dispensarles —quizá un joven de clase media, bastante parecido a ellos mismos, destinado a ocupar un puesto en la Universidad e incluso, quién sabe, en la Facultad de Medicina—. Cuando surgió el problema de forma clara, el indio estaba ya ocupando la máquina de diálisis, por lo que no podían ya permitirse a sí mismos el sacarle de ella (ni, supongo, se lo habrían autorizado); pero estaban realmente contrariados —al menos tan contrariados como decidido el indio, que acudía puntualmente y disciplinadamente a todas las citas— y seguramente hubieran encontrado alguna razón ostensiblemente médica para cambiar su posición en la lista de espera, si hubieran visto a tiempo lo que se les venía encima. Él continuó en diálisis y ellos siguieron desconcertados durante varios años, hasta que orgulloso, tal como me lo imagino, agradecido (aunque no a los médicos) por haber conseguido prolongar una vida en la que beber, y de forma poco cortés, murió.

»Bien, lo que interesa de esta pequeña historia ahora, no es lo insensibles que pueden llegar a ser los médicos (no lo fueron a pesar de que se encontraron en un buen apuro) o hasta qué punto había perdido el indio la cabeza (no la perdió, sabía perfectamente lo que quería). Tampoco nos sugiere que tenían que haber prevalecido bien los valores que mantenían los médicos (esto es, los nuestros, aproximadamente), el indio (esto es, los no-nuestros, aproximadamente), o cierto juicio *trans-parte* tomado de la filosofía o de la antropología [...]. Era un caso difícil y concluyó de una forma dura; pero yo no veo cómo una dosis más de etnocentrismo o de relativismo o de algo más neutral podía haber mejorado la situación (quizá podía haberlo logrado un poco más de imaginación). El interés de la historia —no estoy seguro [es Geertz quien lo dice] de que tenga una moraleja propiamente dicha— es que es este tipo de situación, no la tribu lejana, envuelta en una diferencia coherente [...] la que representa, aun melodramáticamente, la forma más general en la que hoy surgen conflictos de valores que emanan de la diversidad cultural». Y más adelante dirá: «No es la incapacidad de los participantes en la situación para abandonar sus convicciones y adoptar los puntos de vista de los otros lo que hace la historia tan amargamente deprimente [...]. Es su incapacidad para ni tan siquiera imaginar, entre la niebla que encubre la diferencia, cómo puede uno escapar a una asimetría moral absolutamente genuina. Todo ocurre en la oscuridad»[3].

Y ante esa asimetría moral quizá nuestras únicas armas sean la conciencia de su existencia, la crítica de nuestro fundamento ante el fundamento del otro y, más imaginativamente, intentar hablar y llegar a acuerdos o, al menos, saber que en esa ocasión ha sido imposible. Yo estoy de acuerdo en que este es el tipo más frecuente, con mucho, de etnocentrismo, como sería el crítico el más infrecuente. Es la fidelidad al referente cultural que no se adopta por maldad ni por estupidez, sino por enculturación y por inconsciencia de la propia situación y de lo que la propia situación implica. A veces se resuelve el conflicto, no del todo la perplejidad, cuando uno cambia de opinión y acepta la del otro. En otros casos se batalla abierta y conscientemente con el otro para que acepte la nuestra o, como en el caso del indio borracho, todo permanece sin posibilidad alguna de encuentro. Siempre entre tinieblas. Cualquier alternativa que pase por el acercamiento exige encender la mayor cantidad de luz posible, en el conocimiento, en la apertura del talante y en el descubrimiento de objetivos compartidos. Y para esto en absoluto es suficiente «ser bueno» o «ser progresista» o «ser tolerante», atributos que inciden más bien en cuál de las tres vías tomar. Si eres tolerante, pero te convence más tu propio principio moral, en un momento de asimetría o bien batallas abiertamente o en otras circunstancias, toleras. Esto a su vez depende de la gravedad con que tu propio principio moral se contradice en los efectos de una acción, de la gravedad moral del resultado de una acción vista desde un principio moral al que no estás dispuesto a renunciar. Es decir, habría que separar varias cosas para poder tomar una decisión respecto a lo que queremos hacer.

---

3. C. GEERTZ (1986: 116-117), *op. cit.*

La oscuridad, en primer lugar, es de tres tipos. Una es la que procede de la ignorancia de qué piensa el otro, qué interesa al otro, qué cree el otro que debe hacer, y qué ocurre si lo llega a hacer y qué si decidiera no hacerlo, no interesarse o no pensar así; oscuridad que procede del desconocimiento del otro. Otra oscuridad (a la que se llega por caminos intelectuales y afectivos distintos, pero que puede resultar tan difícil o, posiblemente, más que la primera), es la ignorancia de cuáles son las cosas que pensamos mantener por encima de los cuernos de la luna, cuáles son aquellas a las que estamos real y sinceramente dispuestos a renunciar y hasta qué punto, y en qué grado se sitúa nuestra determinación para una y otra. Qué intereses pensamos mantener o no o a medias; qué normas pensamos defender, morir por ellas o mirar hacia otro lado si se ignoran o subvierten; qué creemos, qué seguridad tenemos respecto a aquello que creemos, sobre el mundo, sobre la sociedad, sobre las relaciones entre los seres humanos, sobre el destino de la humanidad, y hasta qué punto estamos dispuestos a admitir que otros produzcan sus propios pensamientos y creencias sobre todo ello y que actúen en consecuencia; en qué sí y en qué no y en qué hasta qué punto solamente sí o no. Según sea el encuentro entre lo que sé del otro y lo que sé de mí, tendríamos que adoptar una u otra de las soluciones.

Junto al conocimiento, posible y limitado, del otro y al conocimiento, posible y limitado, de nosotros mismos, hay un problema difícil que muchas veces nos paraliza y otras nos hace actuar como no hubiéramos querido hacerlo. Es el problema bien conocido de que al tomar una decisión se están rechazando los principios fundamentales que sustentan las otras, estamos poniendo en evidencia ante nosotros mismos (lo que más importa en este caso) y ante los demás (lo que más puede perturbarnos) no solo la contradicción existente, en la práctica, entre varios de nuestros valores más apreciados, la inconsistencia mutua de varias de nuestras creencias más respetadas y amadas, sino nuestra responsabilidad al *decidir contravenir* unas para seguir las otras. Y, por tanto, inevitablemente, también suscita una imagen de nosotros mismos mucho más pequeña, mucho más turbia, mucho más pobre, mucho menos digna, mucho más ajustada. Intentemos imaginarlo.

Nuestro etnocentrismo (y el suyo) puede resultar perjudicial, nefasto. A veces se trata de un etnocentrismo (que no simplemente etnorreferencialismo) nefasto, pero coincide con el de algún «otro» tan nefasto como el nuestro, como cuando los ingleses y algunos pueblos africanos llegaban a un acuerdo para enriquecerse, aun desigualmente, capturando a otros africanos que serían vendidos como esclavos, explicándose esa salvajada (en mi etnocéntrica modesta opinión) de autoconvincentes diversas formas. Y el inglés era más perjudicial porque había una insalvable diferencia de capacidad, de poder para perjudicar. A veces es un etnocentrismo nefasto que no coincide con muchos «otros», y por tanto fueron muchos los que se resistieron no solo a ser capturados sino a capturar[4].

Pero en otras ocasiones nuestros referentes culturales, nuestro etnocentrismo es, en los propios términos de ese etnocentrismo, filántropo, altruista, desinteresado, beneficioso (como era nefasto, en términos de este, el anterior). Y en este caso, del que incomprensiblemente se ha discutido tan poco hasta tan recientemente, también puede ocurrir que nuestros más estimados referentes culturales no coincidan con los ajenos. Podemos, por ejemplo, defender la integridad de la infancia, la igualdad de la mujer, rechazar la agresión y la mutilación de cualquier ser humano, y encontrarnos con la clitoridectomía, tradicional, cultural, asumida, defendida y generalmente funcional en aspectos de posición, identidad y expectativas de solidaridad. Y entonces ¿qué?

El problema no está donde decía Lévi-Strauss[5], cuando dibujaba la metáfora de un tren que puede circular en la misma dirección que otro o en dirección contraria, para proponer la casi imposibilidad de poder conocer al otro y las condiciones en las que es más posible[6]. El problema está más bien

---

4.  No son infrecuentes los casos de coincidencia y complicidad de etnocentrismos de diferentes gentes y pueblos y ya hemos visto algo de esto en las referencias etnográficas citadas hasta ahora. Más de un texto nos pone en la pista de una coincidencia de etnocentrismos (y de racismos, diría ahora) entre ciertos occidentales y ciertos ruandeses, por ejemplo. Observen uno de ellos: «El asombroso ingenio político de los ba tutsi, simplemente impulsa el egoísmo con el que explotan a sus súbditos ba hutu... Y sin embargo, aunque [los ba hutu] odian a los ba tutsi, no hacen el menor esfuerzo por liberarse de sus ataduras porque, *como casi todos los pueblos negros, su naturaleza necesita estar subordinada a una mano firme que les guíe*» (*cf.* MAYER, 1916: 25, *Die Barundi*, Leipzig: Spamer. Traducción al inglés en 1959; HRAF, sin paginar el original (la cursiva es, evidentemente, mía)

5.  C. LÉVI-STRAUSS (1961), *op. cit.*

6.  Ya finalizado este libro, al releer las pruebas, he topado con una noticia de prensa que es, en sí misma, una reflexión sobre todo este asunto del etnocentrismo. El año pasado hubo una fuerte polémica y gran escándalo público porque los Testigos de Jehová se niegan a que les prac-

precisamente en el movimiento, en la marcha, en la acción, las decisiones y la elección que siguen al conocimiento. Para seguir con la misma metáfora, un tren en marcha puede fotografiarse, filmarse, registrarse su sonido, examinar sus huellas, calcular su trayectoria y su velocidad con relación a la nuestra. Lo que no es posible es saber si vamos a chocar o no, si no existe un acuerdo previo que impida circular en ciertos tiempos y vías, y sin un acuerdo previo respecto a semáforos y sonidos de advertencia. Los problemas mayores vienen cuando hay que hacer, decir, ayudar, empujar, correr, parar. Porque exigen plenamente el conocimiento y, *además*, solo *además*, plenamente el autoconocimiento y porque implica necesariamente elección, decisión, implicación. Lo que consideremos y hagamos respecto a la clitoridectomía (incluido no hacer nada, que es un hacer, un dejar hacer) no solo exige conocer sincera y seriamente cómo, por qué, para qué, qué ocurre si se hace, qué pasaría, qué pasa de hecho si se deja de hacer. Implica asimismo optar entre nuestros propios valores y creencias, implica contradecir unas de nuestras convicciones para seguir otras. Y esto no tenemos el menor derecho, no ya a que otros lo hagan por nosotros, sino a frivolizarlo con un paso inmediato del rechazo a la acción o de la tolerancia a la acción o a la inhibición. Precisa un cálculo consciente y responsable de opciones en el interior de nuestras propias entrañas.

En este contexto, la exigencia de búsqueda intencionada de conciencia y de conocimiento es, como siempre, una característica personal, a partir de un límite, y una responsabilidad moral inevitable, sea cual sea la orientación moral. Por eso el etnocentrismo, el pensamiento, la elección, la decisión y la acción etnocéntricos, no pueden tildarse *a priori* de buenos o

---

tiquen transfusiones en los hospitales. Cada caso, en especial si conduce a la muerte, como efectivamente ha sucedido, levanta las protestas, las acusaciones de ignorancia y de mentalidad fetichista contra los Testigos. Pues bien, el 22 de marzo de 1995, en el diario *El País*, pudo leerse el titular «Un monje español muere de infarto por no dejar entrar a una doctora a la cartuja». En la Cartuja de Farneta, en Italia, como en cualquier otra cartuja, las mujeres tienen vedada la entrada, incluso en riesgo de muerte o catástrofe. No ha habido ninguna reacción social, no se ha levantado ninguna voz moralmente, no ha habido escándalo por la muerte del pobre cartujo Santiago de Río, tan parecido al buen Testigo que dejó morir a su hija el invierno pasado. Ambos cerraron la puerta a los doctores y lo hicieron en nombre de una fe cuyos fundamentos se unen en un gran tronco común de similitud bíblica. Al mismo tipo de doctores, del mismo tipo de sociedad, en el mismo momento histórico. Muchas veces el problema no es cómo entender sino qué estamos dispuestos a aceptar. Y por qué.

malos, porque lo son, precisamente, en función de una elección moral previa. En el momento actual de nuestra cultura esto implica dos pasos optativos diferentes y consecutivos. El primero de esos pasos puede alinearnos del lado de la igualdad, el respeto a la cultura de los otros, la defensa de los intereses de los más oprimidos y perjudicados, o bien ese primer paso puede alinearlos del lado de la desigualdad como motor del progreso, la estratificación como fórmula de producir grupos de liderazgo, la defensa de la creación de riqueza por encima de su distribución igualitaria, aún más, gracias a su distribución desigual, o puede situarnos en la defensa de una idea de nación y de una forma de Estado por encima de la defensa de gentes de otras naciones y Estados, o en la defensa del cultivo del espíritu humano a través de una revelación divina que sustenta un ideal de hombre y mujer y sociedad, etc.

Son opciones previas, no cerradas, muchas veces interpenetrantes, a las que podrían unirse mil formas globales de opción sobre las relaciones entre los seres humanos y el universo. Cada una de estas opciones, tal como se plantean en un momento histórico dado, en un contexto dado, productos del momento y contextos anteriores, son un primer paso de enculturación, más inconsciente que consciente, y después de opción, más consciente que inconsciente.

Así pues, tampoco en el contexto de esta opción todos actúan «por malos» ni todos lo hacen «de puro buenos». Y también aquí se producen necesariamente opciones morales internas que contradicen unos principios frente a otros, igualmente asumidos. Solo quien está perfectamente autocomplacido no ya con su propia opción moral, que siempre es contradictoria, sino consigo mismo, con su infalibilidad al priorizar uno u otro principio en el seno de su opción global, solo quien acompaña esa autocomplacencia con la priorización lineal de su derecho a usar la fuerza ante quien sea, como sea, con total ignorancia, con, más bien, convencimiento de lo irrelevante del conocimiento, a usar la fuerza para imponer su priorización concreta, cada priorización concreta de sus opciones valorativas y morales. Solo este está carente de ambigüedad, es decir, de humanidad, de duda, de autocrítica, de prudencia, solo este es el bárbaro, porque es un tren que, circule por donde circule, no mira a los otros trenes ni acuerda señales. Es un loco en la vía.

## 5.2. Relativismo relativista: inconmensurabilidad *versus* incompatibilidad

### 5.2.1. La comparación de las culturas y la convivencia de los hechos culturales

Que «cada universo es un escándalo para el otro»[7], parece cierto, pero solo a veces, solo en algunas situaciones, no siempre cierto, no globalmente cierto. Cuando los fundamentalistas culturales (y algunos antirracistas) hablan de la inconmensurabilidad de las culturas para justificar su rechazo (los primeros) o sus dudas (los segundos) respecto a que la convivencia intercultural sea realmente posible, están confundiendo inconmensurabilidad de las culturas con incompatibilidad de las culturas. La primera hace referencia a los criterios de comparación entre ellas sobre la base de mediciones estandarizadas que permitan emitir un juicio sobre su valor. La incompatibilidad se refuta ampliamente por la experiencia, aunque a veces se dé.

Evidentemente las culturas son inconmensurables. Es imposible valorar racionalmente si *una* cultura es mejor o peor que *otra*, porque los criterios que gobiernan la comparación y el valor que se utiliza para emitir el juicio se formulan desde el interior de una sola de las culturas. El concepto de inconmensurabilidad de las culturas, nacido en el relativismo cultural de la antropología, ha pasado ahora de la teoría del método a las ciencias sociales desde una perspectiva que entiende las teorías científicas como visiones del mundo. Y la visión del mundo es cultura. Muy al contrario de cómo se está postulando la inconmensurabilidad de las culturas en las ciencias sociales, en la filosofía de la ciencia esta perspectiva sostiene la idea de teorías que se mantienen compitiendo por dar explicación a los mismos problemas, abarcando los mismos dominios teóricamente o solapando sus dominios respectivos, y se mantienen vivas y contradictorias o simplemente ajenas una a la otra o complementarias, pero sin sustituirse, sin el triunfo de una de ellas, precisamente porque no parece que haya forma humana de emitir un juicio racional que valore globalmente una sobre la otra que sea válido, que no sea en términos de una o en términos de otra. Es una

---

7. P. A. TAGUIEFF (1987: 407), *op. cit.*

lástima que el concepto de «inconmensurabilidad» no haya pasado completo a las ciencias sociales y al debate político, porque desde él podría defenderse precisamente la complementariedad y, como mínimo, la posibilidad de coexistencia.

«Incompatibilidad» de las culturas es algo bien distinto y, como he indicado, insostenible desde el punto de vista de su contrastación empírica. Supone, contrariamente a «inconmensurabilidad», que la convivencia e incluso la coexistencia de culturas diferentes es imposible porque necesariamente entran en conflicto. Esta afirmación puede ponerse a prueba sobre los hechos que conocemos. El contacto y convivencia entre dos culturas ha producido a veces sincretismo. Otras veces han coexistido, incluso absorbiéndose ambas por parte de los actores, de manera que ponen en juego una u otra en una decisión estratégica que suele ser función del contexto. Recuérdese la oposición kachin y lakher de Birmania expuesta por Leach[8]. O bien piénsese en la doble moral evangélica y financiera de muchos occidentales, que guían actitudes, comportamientos y discursos culturales antagónicos y contradictorios, incompatibles, en principio, según estén sentados detrás de la mesa del despacho o en su casa detrás de la camilla.

Las culturas pueden hacerse también compatibles, es bien cierto, jerarquizándose. Es el caso de las sociedades de castas; de la cultura dominante en sociedades étnicamente plurales que permite a los otros sectores étnicos opuestos el mantenimiento de su identidad y su contenido cultural, pero organiza y controla los recursos y el poder, e impone su propio contingente cultural de comunicación como lengua y códigos francos de obligado cumplimiento. Las culturas pueden también relacionarse manteniéndose diferenciadas en poblaciones distintas que conviven por medio de una negociación de intercambios y comunicaciones mutuas. Recordemos que, en un contexto, este ha sido el desarrollo social y económico de, por ejemplo, bambutis y bantúes africanos[9] y, de una manera extraordinariamente dife-

---

8. E. LEACH (1954), *Political Systems of Highland Burma*, London: Bell & Sons.
9. Tomemos un diálogo entre dos hombres bambuti, referido a sus vecinos y socios bantúes: «Masisi señaló: "si no hubiéramos dejado creer a los aldeanos [bantúes] que son ellos los que arreglan nuestros matrimonios, ¿cómo podríamos esperar entonces que nos dieran esas fiestas tan buenas y nos hicieran tantos regalos?". Moke, tomando su pipa y pasándosela a su hijo para que se la llenara, añadió: "Después de todo, da igual; de todas formas no estás realmente casado

rente, esta es la idea subyacente al proyecto cantonal, por ejemplo, al federal o al autonómico no concluido en este país. En todos ellos existe un substrato, cumplido o no, o a medias, de relación igualitaria entre identidades diferentes, con vínculos precisos y pactados que regularían la formación de una unidad política a otro nivel. Por fin, las culturas pueden ser también incompatibles, pero habría que buscar entonces las causas de que esa incompatibilidad se resuelva en la extinción de una de las partes en beneficio de la otra, no darlas por supuesto.

El problema que realmente está en juego, no nos engañemos, es el interés que suscita la posibilidad de convivencia, interés económico y político, pero también simplemente humano. Y si ese interés no es compartido, si hay enfrentamiento, lleva las de perder quien menos poder tiene. Taguieff ha criticado, con razón, cierto modelo multicultural del antirracismo europeo, refiriéndose sobre todo a Francia, porque sobre la base de la convivencia entre todas las culturas presentes en el Estado, se propone la aceptación por parte de los «diferentes» de unas ideas que fundamentan la República y que se entienden como universales, compartidas humanamente: igualdad, libertad, fraternidad y su plasmación en estipulaciones básicas generalizables. El problema que Verena Stolcke señala con acierto[10] es que esas estipulaciones no son nunca pluriculturales, sino, tal como lo he definido antes, etnorreferenciadas y, por tanto, ajenas al valor del cosmopolitanismo que en principio parecería el objetivo de todo el modelo antirracista en cuestión.

Yo creo que libertad, igualdad, solidaridad y cosmopolitanismo son todos ellos valores propios de nuestra cultura occidental, de la ideología evangélico-económica, de la de los intentos de reforma de sus desviaciones desde san Francisco de Asís hasta Leonardo Boff (cada uno entendido en su tiempo histórico y concreto), de la valoración revolucionaria del individuo, efectivamente, desde el siglo XVIII, de las revoluciones comunistas inspiradas en

---

hasta que das a tus parientes afines un antílope de la selva..." y todos estuvieron de acuerdo en que la boda en la aldea [bantú] era muy divertida pero *bule* (vacía). Era completamente vacía, completa y absolutamente». A pesar de lo cual compatibilizan con mucha frecuencia sus propios requerimientos culturales para celebrar las bodas y lo que los bantúes ofrecen a «sus pigmeos» para mantener una buena relación con ellos. Un asunto sin duda de conveniencia mutua (M. TURNBULL, 1962: 216, *op. cit.*), pero también, en muchos casos, de afecto mutuo (P. PUTMAN, 1948: 324, *op. cit.*).

10. V. STOLCKE (1992), *op. cit.*

el marxismo, de los actuales defensores de los inmigrantes extranjeros y de los gitanos marginados. Son nuestras propias ideas, no necesariamente exclusivas, nuestro proyecto universal. Pero no debe confundirse esta *universalidad del proyecto* con una inherente panhumanidad de estos valores. El que la igualdad, la libertad y la fraternidad y el cosmopolitanismo no son valores universales, no tenemos que movernos de casa para contrastarlo y saber que no lo son. También estos valores son culturales, también se eligen entre los presentes y contradictorios de nuestra cultura, y también aquí es, en contraste con ellos, como se valoran las diferencias: también es sobre el referente de estos valores que nos *convencen*, como valoramos las características de otras culturas. Y de la nuestra. Si rechazamos la costumbre de Occidente y otros mundos de otorgar supremacía al hombre sobre la mujer o el empeño africano de la clitoridectomía, o el vendar y deformar los pies de las chicas en China o la brutalidad de la explotación colonial y neocolonial practicada por las potencias occidentales, o el fuego inquisitorial, o la práctica azteca de comerse al enemigo vencido, si discriminamos, clasificamos y adjudicamos un valor a todo esto, es porque estamos tomando referentes culturales que aceptamos, que no son universales ni tampoco exclusivos, ni de Occidente ni de cuatro xenófilos.

Si de verdad estuviéramos dispuestos a abrirnos por entero pluriculturalmente, multiculturalmente, transculturalmente, o como quiera que se acabe por decir, implicaría enfrentarnos a nosotros mismos y a la aceptación de todas las propuestas contradictorias de forma acrítica, precisamente. La tolerancia absoluta, el asumir cualquier elemento cultural de cualquier cultura, incluida la propia, requiere la aceptación de la explotación, la desigualdad, la injusticia, la insolidaridad, la supeditación, de aquí y de otras latitudes, de este tiempo y de otros. Y en la misma medida supone la aceptación simultánea de sus contrarios, también valores presentes en muchas culturas.

El anteponer el respeto cultural a cualquier otro tipo de consideraciones, simplemente confieso que no es mi opción. A partir de aquí, acepto que utilizo referentes. No me apoyo en ningún supuesto de universalidad porque es una convicción, no una teoría. Porque no es necesaria una teoría para mantener la convicción de un proyecto universal personal-cultural. Más vale, por el contrario, reconocer que no es universal y dar buenas razones para afirmar nuestra disposición a defenderlo. Y a cómo hacerlo sin contradecirse.

Sí podemos, sin embargo, valorar hechos culturales concretos en términos de su propia cultura. Y si nos apartamos de una visión anquilosadamente holista y petrificadamente estática de la cultura, podríamos ver que existen *hechos culturales* cambiantes en la historia cultural, que no solo las culturas evolucionan e involucionan y se diversifican y combinan y mutan, sino que, sin precisar moverse globalmente, adaptan y transforman y abandonan y fortalecen sus componentes.

Los conjuntos culturales que forman parte de las culturas no solo pueden ser contradictorios y cambiantes, pueden estar diversificados, porque las culturas interiormente no son homogéneas. Eso es lo que nos permite una fobia mutua a racistas y antirracistas en el interior del propio barrio, por ejemplo. Si entendemos esto, entendemos también que así como las culturas son inconmensurables, la incompatibilidad y compatibilidad se muestra más bien, en la práctica, al nivel de los hechos culturales, de forma que el que los gitanos pobres canten flamenco gitano (que no es el payo) o que sean «aleluyas»[11], o que tengan grandes aptitudes, culturalmente estimuladas y pautadas, no es nada que sea incompatible, aunque el significado de cada una de esas cosas en el contexto de su visión del mundo pueda resultar efectivamente inconmensurable. Que prefieran vivir en familias extendidas, una buena parte de ellos, ubicadas en hogares nucleares próximos y vinculados por parentesco, no es incompatible más que desde el criterio autoritario e impositivo de quien se empeña en que vivan en familias nucleares aisladas unas de otras. (¿Es esto solo etnocentrismo? Lo dudo. Hay muchas familias extendidas payas en el campo e incluso en la ciudad. Es una argumentación etnocentrista para justificar el racismo del intento de disolución.) Puede, por tanto, que ciertos modos, conjuntos de elementos, hechos culturales sean incompatibles con otros de «otros»; puede que algunos más no lo sean e incluso que sean complementarios o coincidentes.

Puede que solo a veces, y a veces sí, se trate de incompatibilidades y no de otros tipos de problemas. Y cuando la incompatibilidad en algo es genuina, habría que *negociarla*, porque no tiene por qué serlo la cultura en general y sus gentes.

---

11. Pentecostales de la Iglesia Evangélica Gitana de Filadelfia.

El proyecto cultural, globalmente considerado, no es valorable de ninguna manera, pero una cosa es que demos igual valor a todas las culturas, por no poderles adjudicar ninguno sin valores culturales previos, y otra muy distinta es que valoremos igual todos los hechos culturales propios y ajenos. Y siendo esta una valoración particularista, no puede imponerse universalmente pero sí *proponerse universalmente* sin que implique ni una sublimación global de la cultura de la que parte la propuesta ni su descalificación total. Tendríamos que encontrar ese lugar acogedor que Todorov[12] buscaba frente al dogmatismo que pretende tener la verdad y contra el escepticismo que la niega. Tendríamos que dejar de hablar de diferencias de las culturas en términos holistas y hablar de hechos culturales, compatibles o incompatibles.

Una cultura, menos aún una identidad étnica, no desaparece porque se modifique o desaparezca un hecho cultural. Tampoco «la nuestra». La negociación no implica dejar de ser, implica cambios específicos en hechos culturales concretos o en su relación. La negociación de compatibilidad del catolicismo, por ejemplo, no supone en absoluto su abandono sino la modificación de su versión integrista de intransigencia, exclusión e imposición inquisitorial. Fue esa la negociación incipiente y en buena parte abortada del ecumenismo católico a lo Juan XXIII, que sí se orientaba hacia hacerse compatible, vista desde el exterior del propio catolicismo.

## 5.2.2. La irreductibilidad de las culturas, la identidad y la integración

Las trampas dialécticas y fácticas en este terreno son más que evidentes. Para argumentar la incompatibilidad de forma que no pueda tener salida, se recurre a dos argumentos por parte de los fundamentalistas culturales (y de algún antirracista tontorrón): uno es el de la irreductibilidad de la cultura y del proceso de enculturación como producto concluido, determinante, por una parte; otro argumento sería el peligro de anomización al presentarse modelos culturales distintos que generan identidades asimétricas ante las que el individuo que se socializa o se acultura, queda identitariamente des-

---

12. T. Todorov (1989: 70-71), *op. cit.*

estructurado. A mí me parece una temeridad hablar de este último punto sin escuchar y sin hacer hablar a los psicólogos y psicoanalistas. Por lo tanto, solo voy a mencionar aquello que sí conozco y que es de mi competencia, mejor o peor, profesional.

F. Barth hace una distinción que me parece que sigue siendo útil, entre lo que constituye el *culture staff* o conjunto de pautas, valores, creencias, utensilios, técnicas, etc., de una cultura, por una parte, y la identidad étnica que se relaciona solo con alguno de los elementos del *culture staff* de manera que los erige en símbolos del pueblo que comparte esa identidad, y de ninguna forma necesariamente toda esa cultura[13]. Esto permite que un pueblo, que se identifica a sí mismo por oposición a otros pueblos pueda cambiar muchos aspectos de su cultura a lo largo de la historia de contactos, mezclas, alianzas, solidaridades y guerras, sin perder en absoluto su identidad como tal pueblo. Guillaumin[14] protesta porque piensa que esa «oposición» no esconde una clasificación, sino que subrepticiamente implica jerarquización y enfrentamiento. Creo que es un juicio de intenciones que en algunos casos puede dar en el clavo pero que muchas otras veces es erróneo. Oposición, si se habla de identidad, identificación, clasificación, categorización, etc., nunca puede querer decir otra cosa que A siendo tal A en la medida en que se contrasta a sí mismo y es contrastado por B, que «yo» existe porque hay un «tú» o «nosotros» porque hay un «otros». Por tanto, no necesariamente (ni probablemente) implica rechazo, aislamiento, agresión. Puede implicar cooperación, interdependencia, complementariedad, incluso amor, que, salvo en los narcisistas, precisa de un otro similar en algo, pero diferente para encontrar su objeto. Identidad no presupone por tanto, en absoluto, rechazo ni aislamiento.

Esa *identidad* étnica, identidad como pueblo, permite la variación de la cultura en su seno (lo que es evidente en cualquier pueblo) y culturalmente adopta y selecciona rasgos que sean capaces de simbolizar la diferencia con él o los opuestos. El caso de la lengua catalana y algunas instituciones res-

---

13. F. BARTH (1970), *Ethnic Groups and Boundaries.* London: Allen & Unwim. Me fundamenté en esta distinción y la desarrollé en T. SAN ROMÁN (1984a), *Gitanos de Madrid y Barcelona*, Barcelona: UAB, sin citar la fuente originaria de Barth, sin intencionalidad alguna. Aprovecho esta ocasión para pedir disculpas por lo que fue un error absolutamente inconsciente e involuntario.

14. C. GUILLAUMIN (1972), *op. cit.*

pecto a la identidad catalana es, como casi todos los demás casos de fuerte identidad, esclarecedor. Tan cultural es en Cataluña y seguramente tan antiguo el llevar camisa como barretina, el utilizar el abecedario fenicio como el hacerlo para escribir en catalán. La selección de los símbolos identitarios es siempre diferencialista respecto a los opuestos ante quienes esa identidad se construye históricamente[15].

Por lo tanto lo que la *militancia* étnica defiende son los intereses de un pueblo (o de quien habla en su nombre, que no necesariamente es lo mismo) a través del vehículo simbólico de los marcadores étnicos, en el lenguaje de la etnicidad, y es la protección y el aprecio de esos símbolos étnicos, seleccionados del conjunto del contenido cultural, lo que se entiende que es la protección y el aprecio de la propia identidad, aunque la referencia cultural respecto al conjunto del *contenido cultural* sea incluso mínima en muchos casos. Los propios símbolos culturales a veces varían con el tiempo y, más frecuentemente, son diversamente interpretados por distintos segmentos sociales de la *misma* sociedad. El romanó, la lengua más extensa de los gitanos europeos, suele identificarse como símbolo de gitaneidad por los propios gitanos. Lo que el romanó signifique para cada grupo, varía, lo que cada grupo piense que son las características comunes de los gitanos, varía (y suele ajustarse poco a la realidad de lo que piensan y hacen todos ellos), el uso estrictamente cultural, no solo cultural-identitario, que hagan de su lengua va de la comunicación cotidiana al más perfecto desconocimiento. En este caso el símbolo étnico lo es en el sentido más estricto de Saussure: precisamente aquello que no es.

En esa misma línea, critica Todorov la afirmación de una progresión necesaria desde la comunicación intercultural a la homogeneización y de

---

15. Son símbolos identitarios elementos culturales como el nomadismo en los gitanos, incluso cuando hace siglos que la mayoría de ellos no se mueve, como es el caso español, en contraposición a nuestro marcado enraizamiento en la tierra. El islam identificó a mudéjares primero y moriscos después, a pesar de su conversión forzada y a pesar de las muchas otras diferencias culturales existentes con poblaciones como la castellana. El bosque selvático identifica a los bambutis frente a los bantúes y el color tostado de la piel a los indios cuna frente a españoles, ingleses, franceses y negros exesclavos de principios de siglo. El comer «limpio» (líquido: leche) identifica a los ba tutsi, junto a su estatura, color y autocontrol cuidadosamente inculcado desde la infancia, frente a los ba hutu y batwa. El ser el pueblo elegido por Dios, a los israelitas frente al universo. No es la cultura la que hace la identidad. Es la identidad adquirida históricamente la que selecciona qué aspectos de su cultura representan más adecuadamente su diferencia y unicidad (F. Barth, 1969: 9-38).

esta a la desaparición cultural e identitaria. Hay demasiados datos empíricos en contra. Aceptando sin dudarlo que hay mayor homogeneidad en la sociedad industrial que se expande, que el ideal democrático y la ciencia se están llevando a los confines del mundo, Todorov cuestiona seriamente que se produzca indiferenciación y señala el papel relevante que la diferenciación juega hoy, precisamente. Suponer que esas expansiones implican indiferenciación equivale a suponer que la única causa de la diferencia radica en la incomunicación y el mutuo desconocimiento y expone cómo «las diferencias [en este proceso] se desplazan y se transforman pero jamás desaparecen»; de la forma más chocante, el desarraigo y la desestructuración parecen mayores cuando se pasa del campo a la gran ciudad en el interior de una misma sociedad moderna que la que se da, por ejemplo, entre exiliados políticos que conviven entre sí y con gentes de otras culturas en la sociedad de acogida[16].

Por mi parte, esto es lo que tengo en contra de aquellas propuestas antirracistas actuales que se reducen al diálogo entre culturas. Parecen suponer que, si se dialoga y se llega a la mutua comprensión y al mutuo conocimiento, la convivencia (y en algunas propuestas más ingenuas incluso la equidad) está garantizada. Muy al contrario, cualquier propuesta de convivencia y de un estatuto cívico universal igualitario en derechos comunes, pasa por la comunicación y el conocimiento; pero en la medida en que tal convivencia y tal estatuto dependen de la superación de intereses dispares, desigualdades y diferencias con contenido y con relaciones asimétricas, el diálogo es tan necesario como insuficiente. Se precisa una negociación y para ella, tanto como para que antes pueda darse el diálogo, una paridad. El problema entonces es que la inclusión de una paridad en semejante contexto relacional, no hay donde asentarla si no es en una filantropía que, por serlo, no justifica racionalmente la renuncia a la ventaja que otorga el poder. Hablaré de esto más adelante.

Yo creo que los hechos se hacen más visibles cuando los observamos desde otro lugar y no *solo* desde este. El problema de la identidad étnica es que puede ser utilizada por sus «usuarios» para crear vínculos de solidaridad interna y de esta forma la etnicidad de una minoría puede verse por

16. T. TODOROV (1989: 93), *op. cit.*

algunos sectores como un peligro potencial, una amenaza a las relaciones de poder y al reparto entre poderes (no solo al poder del segmento más claramente dominante). Recuerdo ahora más de un documento, en los siglos XVII y XVIII, dirigido a los gitanos. Se trataba de disposiciones legislativas y administrativas para lograr su asimilación. Pues bien, en ellas no solo se les ordenaba abandonar su lengua, su forma de vestir y de adornarse, sus costumbres, sino que también se les ordenaban dos cosas más: la mención (ni siquiera mencionar) del nombre de «gitano» y que fueran varios gitanos juntos, que anduvieran o vivieran o se avecindaran con otros gitanos, y que se casaran entre ellos. Eran disposiciones de desestructuración de la solidaridad étnica, fuertemente mantenida por los gitanos para algunos propósitos y por algunas razones que ahora no vienen al caso. Lo que me preocupaba no era, creo que no tanto, la diferencia, *como el poder potencial de la diferencia*, la adquisición de poder que la diferencia puede proporcionar a las gentes que se identifican y hacen de su identidad un criterio de solidaridad que unifica[17]. Hay, al menos, ciertos pavores a la diferencia que no se entenderían sin este tipo de reflexiones.

Queda el otro problema que señalaba páginas atrás en este mismo capítulo: la táctica dialéctica (o la afirmación errónea) de argumentar una irreductibilidad, invariabilidad, impenetrabilidad de la cultura que justificaría también la afirmación de incompatibilidad. Sin embargo, entre otras similitudes entre los seres humanos está su capacidad de adaptación, de cambio, de aceptación de elementos culturales (desde ideas hasta utensilios) de otros y de trasvase de los suyos, maleabilidad que se ha pensado, precisamente, base de su éxito adaptativo (yo diría más modestamente de su extensión planetaria). El hombre y la mujer son de una especie animal planetaria y omnipresente, que han desarrollado una enorme capacidad de adaptación generalizada, de manera que al no adaptarnos perfectamente a nada parece que somos capaces de adaptarnos discretamente a todo. Discretamente desde el punto de vista de nuestra adaptación al planeta, no de la del planeta a nosotros, contradicción evolutiva que nos va a salir cara.

Somos, por tanto, una especie sin fronteras que coloca internamente más fronteras que casi ninguna otra especie. Pero esa maleabilidad y esa capaci-

---

17. *Cf.* T. SAN ROMÁN (1994), *op. cit.*, l.ª parte.

dad de adaptación generalizada es lo que permite el contacto, el intercambio, el entendimiento-no-se-sabe-cómo, la capacidad de traducción cultural, de absorción y selección, de cambio. Los seres humanos podemos cambiar de país, de lugar, de relaciones, de modo de vida, y seguimos siendo. Puede ser la capacidad increíble de cambio, de identificación, de adaptación, de admisión de difusión y emisión de difusión, de aculturación, de enculturación y socialización continuas y permanentes, lo que hace del ser humano un ser distinto al ya determinado, que solo, exclusivamente, es el histórico, el ya muerto.

Esta maleabilidad hace que el ser humano lo sea por encima de sus adscripciones siempre potencialmente contingentes. ¿Qué papel tendría entonces la adscripción, la pertenencia, que desde este ángulo parece evanescente? El ser humano puede cambiar y cambia constantemente, pero es lo que es en cada momento y en cada contexto. Las adscripciones, las pertenencias, son tan humanas como el propio cambio. La irreductibilidad e inmutabilidad de la cultura se refutan por inmensas montañas de hechos. Las culturas son, evidentemente, penetrables y cambiantes. Todas lo son. Todos lo somos, aunque en direcciones no siempre coincidentes.

Y en todo caso, respecto a inconmensurabilidad e incompatibilidad de las culturas respecto a su irreductibilidad, la esperanza es encontrar ese lugar ni dogmático ni escéptico, un relativismo relativista, una esperanza fundada: parece bastante más difícil que un francés que sea miembro de SOS Racismo se entienda, comunique y negocie con Le Pen que con un argelino que participa en una manifestación de SOS Racismo. E incluso si no participa. Y por esta razón, el problema de la *capacidad en principio* de la comprensión entre las gentes parece sucumbir como problema del lado más inesperado y salvarse como esperanza de la manera más cotidiana.

En una propuesta de negociación, la diferencia entre *integración social* y *asimilación* étnica es fundamental y va mucho más allá de las palabras. La asimilación implica el abandono de la diferencia étnicamente significativa y de la identidad étnica correspondiente para adoptar la identidad y la cultura significativa para esa identidad de «otro». Lejos de esto, la integración (o inserción, si se prefiere) se refiere a la *posición* de los individuos y/o de los grupos, de manera que una posición integrada es la que les permite hacer uso de los derechos *cívicos* como seres políticos o como entidades políticas de esa polis.

Así pues, el islam poco tiene que ver con lo cívico en un Estado laico, pero el trabajo con un contrato en regla o el acceso de pleno derecho a los beneficios íntegros de la Seguridad Social, sí. Nada se opone, en el sentido cívico de la integración, a que un magrebí vaya con chilaba o un senegalés con dos esposas al pediatra, o que junto a las melódicas campanas de la parroquia suenen los salerosos cánticos de las mocitas gitanas del coro «aleluya». Y todos ellos juntos pueden tener derecho al paro el día que cierre la empresa. *Es necesario distinguir entre asimilación e integración*, y para ello remitiría a otra cuestión, al énfasis de Abdelmalek Sayad[18] en los aspectos políticos del proceso migratorio, que yo ahora extiendo más al hacer esta distinción, y a la condición obsoleta del concepto de ciudadanía del Estado nación señalada por Habermas, de la que hablaré un poco más adelante[19].

La integración social hace pues referencia a la inclusión de quienes se expulsa o margina de lo político, de los derechos cívicos, de manera que puedan dar respuestas a sus necesidades y acceso a sus derechos tal como se conciben y adjudican en nuestra sociedad. Que desde ahí puede intentar cambiar esas concepciones y esas estructuras es, asimismo, consecuencia de su integración con las «solas» (!) limitaciones de la desigualdad social interna. En este sentido, es desde ahí desde donde puede conocer y elegir a sus compañeros de viaje de entre los miembros de su grupo étnico, del nuestro y/o de otros.

Frente a esto, asimilación implica la sustitución de la identidad étnica y la total aculturación, la aceptación de la cosmovisión y de los cauces para su plasmación social que se ofrecen en la sociedad receptora. Sin embargo, y es algo que no conviene olvidar, existe siempre aculturación de uno u otro tipo, en mayor o menor grado, y la aculturación suele ser selectiva, referenciada por la cultura inicial y orientada por la dinámica de la integración social,

---

18. Remito a varios trabajos de A. SAYAD para estos aspectos: (1991), *L'immigration ou les paradoxes de l'altérité*, Bruxelles: De Boeck-Wesmael; (1987), «Les immigrés algériens et la nationalité française», en S. LAACHER, ed. (1987), *Questions de nationalité: histoire et enjeux d'un code*, Paris: L'Harmattan; (1984), «Tendances et courants dans les publications en sciences sociales sur l'immigration en France depuis 1960», *Current Sociology*, ISA, 32(3), tomo 2, Sage Pub.; (1983), «Maghrébins en France, émigrés ou immigrés?», *Annuaire de l'Afrique du Nord*, Paris: CRESM-CNRS.

19. J. HABERMAS (1991), «Cittadinanza e identità nazionale», *Micromega*, 5, diciembre-enero 1991.

económica y política. De esta forma, sobre todo, nada se opone a que un inmigrante africano o un gitano ahora marginado puedan obtener un DNI, tener un empleo, una cartilla del Seguro, una vivienda normalizada, una escuela para sus hijos y coger un carrito en los grandes almacenes con sus esposas, el africano, o con su última esposa, el gitano, mientras que uno es fiel al islam y el otro bautiza a sus hijos pero no se casa siempre por la Iglesia, uno prefiere cocinar sémola y el otro odia los purés, uno es machista y el otro también y también lo son los receptores. Y nadie nos quita que tengamos que pelearnos con los tres de vez en cuando. Pero mientras tanto, la escuela y la Iglesia y el Ayuntamiento incorporarían el respeto por el islam y lo conocerían, de paso, y las guarderías a las que van niños gitanos no impondrían los purés indiscriminadamente, y el Estado podría reconocer las bodas gitanas activando los trámites civiles y, posiblemente, también la poligamia para comunidades étnicas polígamas.

La convivencia es posible. La identidad étnica y la nacional, estatal o no, puede florecer con independencia de transformaciones, renuncias y aceptaciones en la dialéctica de una relación abierta a las culturas, directamente negociadora. No es una utopía mayor que cualquier otra respetable orientación utópica (el cristianismo, por ejemplo, o el paraíso marxista). Es lo que Don Juan, el indio sabio de Castaneda, llama un «camino con corazón», de destino incierto pero que merece la pena simplemente recorrerlo.

# 6. Propuestas particulares para una negociación de lo universal

## 6.1. Igualdad *versus* diferencia. La igualdad abstracta y los contornos de la igualdad

Como era de esperar, llegamos a uno de los puntos más oscuros de nuestro particular intento desesperado de clarificación: igualdad y diferencia. En los trabajos más recientes sobre racismo y antirracismo se plantea el problema de su implicación antinómica. No podemos pedir al mismo tiempo que la gente seamos iguales y seamos diferentes[1]. Y supone, qué duda cabe, el mayor motivo de depresión que nos podía caer. Sin embargo, tengo que confesar que (quizá por la pura resistencia a deprimirme) no acabo de ver clara esa antinomia.

Diferencia *versus* igualdad, en abstracto ¿no son antinómicas en la medida en que se supone que ambas lo son en lo mismo, en relación con lo mismo? Diferencia e igualdad *en qué*. Una y otra denotan una comparación. Y toda comparación supone la existencia de algo en común que permite aislar las diferencias, un criterio de examen de similitud. Y no me parece que diferencia cultural o étnica e igualdad de derechos específicos apunten al mismo criterio. En este sentido, «igual» no se opone a «diferente» sino a «jerarquizado»; «diferencia» no se opone a «igualdad» sino a «idéntico», a «similitud». No estamos utilizando los mismos criterios cuando afirmamos la igualdad de todos los seres humanos y cuando afirmamos la existencia de diferencias entre ellos. Es el propio criterio de comparación el que varía en uno y otro caso. El postulado de igualdad hace referencia a derechos de los seres humanos. Podría decir a «dignidad de los seres humanos», pero es excesivamente abstracto, inconcreto, excesivamente manipulado, connota-

---

1. Ver, por ejemplo, los trabajos ya citados de P. A. Taguieff (1987), G. Gosselin (1992) y el de G. Delannoi (1993), «La teoría de la nación y sus ambivalencias», en G. Delannoi y P. A. Taguieff, eds. (1993), *Teorías del Nacionalismo*, Barcelona: Paidós.

do, sometido a la corrupción constante de su afirmación en el vacío de compromiso. Prefiero hablar de igualdad de derechos (y reclamar la negociación de sus enunciados) y, siguiendo otra vez a Taguieff, de los seres humanos (él dice «hombres») y no de la humanidad, tan baqueteada como su dignidad. Por tanto, son esos derechos especificados que establecen un nivel vinculante y solidario entre todos los seres humanos, los que pueden ser exigidos por igual por cualquiera de ellos, por encima y a través de sus diferencias mutuas. Hoy, son los que se especifican en la Declaración Universal de los Derechos Humanos. Son los que tenemos y, al menos, los tenemos. Son etnocéntricos en muchos aspectos y están siendo constantemente subvertidos, manipulados y desvirtuados. Pero al menos están ahí. Quizá algún día haya una declaración universal de los derechos estipulados por el conjunto de los seres humanos. Los que tenemos hoy eran una impensable utopía en el siglo XVI. «Igual», no es, por tanto, una abstracción en este contexto. Es el resultado de comparar el derecho que los seres humanos tienen a los derechos estipulados como universales.

Por otra parte, el postulado de la diferencia se refiere a los atributos empíricos de los seres humanos o, con frecuencia, a las adjudicaciones prejuiciosas de atributos a «otros» seres humanos. Es decir, la igualdad es una convención, es un pacto de derechos universales fundamentado no en una teoría contrastable (no es un enunciado científico), sino en una creencia, en una fortísima convicción. Lo es en la misma medida en que también es una creencia la necesidad de jerarquización. Pero la diferencia no. Con todas las reservas respecto a lo que podemos considerar metafísico y teórico, las diferencias son teóricamente enunciables, puede ponerse a prueba su existencia. Y, por lo tanto, tampoco en esto son equiparables igualdad y diferencia.

Las diferencias se refieren a los atributos de los seres humanos en distintos órdenes: físicos (color de la piel, estatura, peso, agilidad, fuerza...), psíquicos (coeficiente intelectual, características afectivas, características psicomotrices...), culturales (creencias, ritos y organización religiosa, formas de familia, modos de producción...).

Brevemente, si las diferencias fueran irreconciliables con la igualdad, gordos y flacos, calvos y peludos, afectuosos y ariscos, católicos y anglicanos, tendrían que ser lógicamente desiguales ante la ley y en el sueldo. Pero, así como la similitud no supone necesariamente igualdad (miremos por la ventana a la calle), así las diferencias no son todas generadoras de desigualdades. Pueden serlo (diferencias de propiedad, de equipo bélico, etc.) pero pueden también ser perfectamente neutras o incluso neutralizables. Examinemos de nuevo nuestro propio entorno, para que no nos queden tantas dudas de interpretación etnocéntrica: hay diferencias notables de lengua entre los poderosos (inglés, alemán, francés) que en el contexto mundial se jerarquizan (el inglés antes) pero no siempre esa jerarquización es automática y puede neutralizarse por otras vías (el uso del alemán en Europa es relativamente reducido en relación con el francés a pesar del poder de Alemania). Otras, millones de otras, son perfectamente indiferentes.

Lo más curioso es que nos estemos planteando si es posible la igualdad de derechos si hay diferencias de, por ejemplo, color de piel o forma de matrimonio, en un contexto en el que los miembros de partidos políticos contrincantes o incluso de equipos de fútbol contrarios pueden llegar a odiarse a muerte sin que a nadie se le pase por la cabeza (digo yo) reducir a ese «otro» a la esclavitud o echarle al mar en La Línea o Finisterre. Nuestro sentido de equidad mínima (raquítica) panhumana es infinitamente más tolerante con otras «irreductibles diferencias» que con las étnicas.

En lo que a estas se refiere, si abandonamos aquella visión holista radical del funcionalismo *light* más rampante, la imposibilidad de conciliar diferencia cultural e igualdad es todavía más improcedente. Por varias razones: en primer lugar, porque la diferencia incompatible con otra diferencia conviviente nunca afecta a toda la cultura ni a todas las relaciones entre los participantes. En segundo lugar, porque existen siempre similitudes, sean estas universales o no, en las que en la práctica se pueden asentar los acuerdos, y esto lo conoce bien quien no ha estado lejos de esa práctica, de la vida social intercultural. En tercer lugar, porque ninguna cultura es internamente homogénea e internamente coherente, de manera que puede ocurrir que en una misma sociedad algunos piensen que una característica de un grupo extranjero es incompatible con la propia cultura, mientras que algunos otros consideran que es perfectamente compatible o incluso deseable. Y así difícilmente existe un consenso sin fisuras respecto a contenidos y hechos culturales y a su interpretación; siempre hay facciones, desacuerdos, y no es difícil que cuando pensamos que acabamos de meter la pata haya un nutrido grupo que, inesperadamente, nos dé la razón. Con el aplauso de un sector podemos recibir la condena de otro. El diálogo no se desarrolla necesariamente en bloque y sin sorpresas de profundas diversidades internas a cada grupo, y esto también es una experiencia repetida, cotidiana[2]. Por último, porque, como ya indicaba antes, ninguna colectividad humana y ninguna cultura es impermeable, sino que es receptiva (en mayor o menor grado) y difusiva (en función, entre otras cosas, quizá más que nada, de su poder para imponerse).

2. Los kanuri (Nigeria) son vecinos de pueblos que mantienen una orientación cultural tan mixófoba como, por ejemplo, los ganda. Sin embargo, entre ellos se dividen casi por la mitad entre partidarios de considerar su propia boda con una persona no kanuri como posible (56 por 100) y quienes no estarían dispuestos a hacerlo en ninguna circunstancia (43 por 100) (*cf.* A. ROSMAN, 1966, *Social Structure and Acculturation among the Kanuri of Northern Nigeria*, Ann Arbor: Yale University, Microfilms n.° 66-2677, Dissertation). En algunas ocasiones encontramos entre gente sólidamente aislacionista como los wolof, que consideran que «mezclan mal» las esencias o materias distintas que componen su pueblo y otros pueblos —lo que es muy conveniente al mantenimiento de las barreras de casta—, a pesar de lo cual y de los principios de pureza, impureza y contagio que las aíslan, tales nociones y el sentido de su aplicación se discuten entre ellos, en términos, por ejemplo, de si la pureza consiste en pertenecer a la casta noble o por el contrario supone permanecer fiel a la propia genealogía. De esta forma el sistema de castas se apoya igualmente (incluso más duramente), pero la pureza deja de ser una capacidad exclusiva de la nobleza (*cf.* J. T. IRVINE, 1974, *Caste and Communication in a Wolof Village*, Ann Arbor: University of Penn, Microfilms n.° 74-14, 082, Dissertation). Recordemos también ahora, y como ejemplo de nuevo, que muchos bantúes vecinos de los bambuti de la selva del Ituri piensan que estos son inferiores en sus atributos y capacidades, por lo que defienden abiertamente el esclavizarlos. Sin embargo, este punto de vista no es ni mucho menos general, siendo más común que piensen en ellos como seres extraños pero libres y autónomos. Por su parte, algunos pigmeos rechazan por completo el matrimonio con bantúes, a quienes consideran un tipo de animales, mientras que otros, aunque sean menos, aceptan el matrimonio de alguna de sus mujeres con un bantú (*cf.* TURNBULL, 1974, *op. cit.*).

Un caso especialmente cercano a nuestra tradición cultural pone el acento en la convivencia de alterofobia y filantropía, tolerancia e intransigencia. En la Biblia, el Antiguo y el Nuevo Testamento se reparten el prejuicio alterófobo (Antiguo) y la aceptación del «otro» (Nuevo); pero lo hacen sin que dejen de existir atisbos de tolerancia en el Antiguo Testamento y de intolerancia en el Evangelio, aunque en él, en conjunto, aparece un proyecto de destrucción del prejuicio contra extranjeros y diferentes. Como ejemplo tomado del Antiguo Testamento: «Aquel día habría una calzada de Egipto a Asiria: Asiria entrará en Egipto y Egipto en Asiria» (Isaías, 19: 23). Como ejemplos tomados del Nuevo Testamento: «Os digo que vendrán muchos de Oriente y Occidente a sentarse a la mesa de Abraham, Isaac y Jacob en el Reino de Dios» (en la Curación del Criado del Centurión, Mateo, 8: 5-20). «La samaritana le preguntó "¿cómo tú, siendo judío, me pides de beber a mí, que soy samaritana?"» (Juan, 4: 9). «[el Mesías] de los dos pueblos hizo uno y derribó la barrera [...] con los dos creó en sí mismo una humanidad nueva [...]. Por lo tanto, ya no sois extranjeros» (Pablo, Carta a los Efesios, 2: 11-16). «Ya no hay más judío ni griego, esclavo ni libre, varón ni hembra, pues vosotros hacéis todos uno mediante el Mesías Jesús» (Pablo, Carta a los Gálatas, 3: 28).

Pero detengámonos un momento a pensar de qué igualdad hablamos cuando defendemos la igualdad. En principio, parece que nos referimos a un postulado universalista y *abstracto* de equidad panhumana que fundamentaría diversas ideologías igualitaristas de nuestra cultura actual. Pero esa abstracción debilita sus versiones prácticas, en las que, al chocar con los hechos, los intereses, las facciones, las diferencias (especialmente de poder), permite diversas interpretaciones en el tiempo, el espacio y los distintos segmentos sociales que dicen compartir el igualitarismo. En él cabe todo o nada y caben por tanto todo tipo de interpretaciones restrictivas guiadas por relaciones generadoras de desigualdad. Cabe en ella un contenido ingrávido como «todos los hombres son iguales en dignidad», que es una manera elegante de no decir nada. Pero caben también múltiples fórmulas restrictivas. Dice A. Sayad que «la posibilidad de delimitar el territorio político permite conciliar el derecho [esto es, la "pasión democrática" de la igualdad] y el hecho, es decir, la discriminación, la segregación, que se encuentran de esta manera regulados, legitimados [...] lo que permite al orden democrático del Estado nación el pensarse a sí mismo como "transparente", o sea, arbitrariamente unificado, homogéneo, a través de o gracias a la identificación que así se otorga»[3]. Y me recuerda al PRD que circulaba por Andalucía en los años setenta (Partido Racial Democrático) y que propugnaba la expulsión de todos los no-blancos y no-nacionales más gitanos y judíos (nacionales no-negros) en orden a conseguir el ideal universalista de la igualdad entre los que quedaran. La igualdad democrática parece por tanto circunscribirse afanosamente por unos criterios de inclusión y exclusión de su cuerpo político y sus derechos cívicos y por unos criterios de desigualdad interna a él, asimetría entre los supuestamente iguales en su inclusión política.

El pensar en igualdad, a secas, comprometería a vivir sin fronteras, es decir, perjudicaría a nuestros propios intereses igual que los perjudicaría un reparto igualitario de la riqueza en el mundo. Nuestro injustificado privilegio (el de la inmensa mayoría de «nosotros»), solo se pone de manifiesto realmente ante la imagen de la igualdad proyectada sobre nosotros mismos. Es el pánico que puede llegar a producirnos esa imagen, el más dramático

---

3. A. SAYAD (1983: 303), *op. cit.*

esperpento de nuestra calidad de igualitarios restrictivos, de igualitarios en el interior de nuestra frontera.

Dice Habermas en el artículo reciente que antes mencionaba[4] que la inclusión democrática tiene que revisarse en el nuevo contexto de relaciones Estado nación/organizaciones supraestatales, del tipo de la UE, y en el nuevo contexto de los movimientos migratorios que parten del Tercer Mundo. La ciudadanía de la democracia actual no tiene ya por qué asentarse necesariamente sobre la identidad nacional, la pertenencia a ninguna nación concreta. Que lo que hoy se necesita «no es tanto una certificación de origen europeo medieval común, sino más bien una nueva autoconciencia política, adecuada al momento de Europa en el mundo del siglo XXI», que permita múltiples formas de vida cultural en el contexto de una cultura política común en una misma polis.

Quizá tiene razón. El tomar como punto de partida la democracia no significaría, pienso, una profesión definitiva ni eterna sino el convencimiento de que, de momento, genera algo menos de barbarie en su *interior*, aunque puede provocar la de siempre de puertas afuera. Y ese *sentido democrático de compatibilización de las diferentes posiciones, de construcción común desde la diferencia, precisamente, debería resultar más receptiva respecto a las demás diferencias*, las físicas y psíquicas, las de sexo, religión, color de piel y cultura.

Así pues, profesamos una fe de *igualdad restrictiva*: solo somos iguales en oportunidades, pero no en resultados, lo que subvierte la equidad de la oportunidad, y encima solo somos iguales los que somos «nosotros» y no los «otros» y los que, todavía más, somos «nosotros de entre nosotros». Es decir, no solo la igualdad canija nos afecta únicamente si somos ciudadanos, sino si somos de la nación, si blancos, si obreros o si empresarios, si de la misma secta, partido, facción, división y pandilla. Es la restricción por exclusión, *la negación de la igualdad universal por medio del subterfugio de restringir el universo a nuestro entorno más conveniente*.

Y, por último, el postulado universal de igualdad del que hablamos, cuando desciende de la entelequia, es un *principio de igualdad condicional* además de ser restringida. Porque de inmediato lo que nos preguntamos, no

---

4. J. HABERMAS (1991: 123-146), *op. cit.*

es tanto cómo ensanchar la igualdad, sino qué requisitos vamos a pedir para el acceso restrictivo a la igualdad. Así, los derechos se vinculan al cumplimiento del pacto social, en el que, por ejemplo, se piensa que es el gitano el que tiene que empezar él primero a cumplir, o se condiciona a la catadura moral del candidato a igual, con lo que podemos dejar fuera a los racistas, a los de derechas, a los vagabundos que no hacen nada de provecho en la vida, a los presos, que por algo lo están, a los infieles, por coherencia terminológica. Y así, poco a poco, nuestro postulado universal de igualdad, ese que tanto miedo tenemos de imponer por si molestamos a la sensibilidad cultural ajena, es en realidad un pequeño patio de vecindad, en unos casos, un club de yuppies, en otros, un café de diletantes, en otros más. El problema de su innegable etnocentrismo lo será el día que nos tomemos la igualdad universal en serio.

En todo caso, y ateniéndonos de momento a la ilusión de que estemos manteniendo tal postulado, se trata de igualdad de derechos, y entre ellos estaría el derecho a la diferencia, al mantenimiento y desarrollo de la propia cultura, una y otra vez proclamado y reclamado por los antirracistas. Pues bien, aquí sí nos enfrentamos a una perplejidad. Porque los derechos especificados pueden estar en contradicción con orientaciones y normas culturales particulares, porque «derechos iguales» supone la aplicación de los mismos derechos a todos, pero cuáles son esos derechos implica a su vez unos valores y una concepción del mundo que difícilmente pueden atender a cada diferencia. Porque los derechos ecualizadores se postulan universalistamente desde el particularismo etnocéntrico; porque hay «diferencias», caracteres y hechos culturales que chocan con la posibilidad de convivencia por su pretensión universalista, su dogmatismo, su fundamentalismo. Chocan con cualquier posibilidad de formular derechos consensuados; con cualquier posibilidad de convivencia. Y son particularidades del «Occidente» y particularidades del «Otro». Ese *derecho a la diferencia* a mí me parece que solo puede significar *derecho a contar con recursos igualitarios para promover la propia diferencia en un marco de derechos generales consensuados a los que se subordina.* Por eso es necesario un consenso que invente los universales a partir de propuestas particulares, a partir, también, de la similitud, de la humanidad compartida que pienso que sí existe, que existiría, aunque solo fuera en la capacidad universal humana de cambiar, en sus intentos diferentes y divergentes por no sufrir y en la posibilidad de razonar, de simbolizar y de comunicarse.

## 6.2. De la similitud al diálogo

> No identificando ya las categorías universales del espíritu ni con mis propias categorías mentales ni con aquellas que observo en los otros, pero sin perder de vista el horizonte de la universalidad, puedo estudiar la sociedad extranjera, pero también mi propia sociedad, porque, según la bella fórmula de Hugues de Saint-Victor, el mundo entero se habría convertido para mí en una tierra de exilio.
>
> T. Todorov, *op. cit.*, sobre Lévi-Strauss,
>
> *La mirada lejana*, p. 104.

Dice Lévi-Strauss en su polémico texto que el «conjunto de sucesos de una cultura o de un proceso cultural, es función, no de sus propiedades intrínsecas, sino de la situación en la que nos encontramos respecto a ellas, del número y la diversidad de nuestros intereses que estén relacionados con ellas», que las culturas «nos parecen tanto más activas cuanto que se desplazan en el sentido de la nuestra y estacionarias cuando diverge su trayectoria» y que deberíamos entonces «preguntarnos si esta inmovilidad aparente [de ciertas culturas] no resulta de la ignorancia en que nos hallamos acerca de sus intereses verdaderos [...] [o] dicho de otro modo, carecemos de interés unos para otros simplemente porque no nos parecemos»[5]. Es cierto. La ignorancia de los intereses, objetivos y medios ajenos nos impide entender esos sucesos culturales que producen. Pero sin embargo no es cierto. Al menos Lévi-Strauss en su larga vida etnológica no ha parado de interesarse por conocer a los otros, y las *Mitológicas* o *Las Estructuras Elementales del Parentesco* son poderosas huellas de ese interés. Un momento antes de decir tales cosas había hablado del pensamiento de algunos «otros» y de cómo

---

5. C. Lévi-Strauss (1961), *op. cit.*

hemos tenido que descubrir laboriosamente que tenían toda la razón, y se refiere al uso del curare por ciertos indios americanos. Y en esto se contradice. Porque es un buen ejemplo de cómo hay cosas de los otros que no nos pertenecen, pero sí nos interesan, porque se orientan hacia nuestros mismos objetivos (él parece que piensa que por puro azar), precisamente porque sí nos parecemos[6].

Es difícil negar que existan objetivos, capacidades y limitaciones que son comunes a los seres humanos, aunque las dos últimas puedan modificarse de alguna forma a través de las extensiones culturales, se usen y se afronten de forma distinta y aunque los primeros se persigan a través de medios culturales extraordinariamente variados. Pero esos objetivos, capacidades y limitaciones comunes, imponen a la cultura, a su vez, metas y límites precisos, por mucho que después varíen esas metas y en esos límites la cultura construya diferencias. Hay similitud. Y esa similitud es valiosa para el diálogo, que precisa, además, que exista posibilidad de comunicación.

Tampoco es necesario preguntarnos si es posible o no la comunicación intercultural, intersocietal, porque lejos de ser un dilema es un hecho común. Nos comunicamos por el lenguaje, aprendemos el de otros, traducimos. Y tenemos todo tipo de problemas para intentar ser fieles al original y aún más para no traicionarnos por no traicionar. Pero ahí está, como está la difusión cultural, ese otro tipo de enorme comunicación.

En términos de J. Habermas, la comunicación implica la construcción de un campo de relación intersubjetivo que se rige por códigos de razón y de la ética propia del diálogo que se aceptan para poder comunicarse mutuamen-

---

6. A veces las diferencias más notables se remontan y resultan insignificantes si las personas mantienen su atención puesta en la similitud entre los seres humanos y su voluntad en la comprensión. Eso ocurrió a unos indios que visitaron Chicago en el contexto de una expedición científica a su área en la zona oeste de la Sierra Madre, a finales del siglo pasado. Había entre ellos en aquel momento un científico haciendo trabajo de campo, Carl Lumholtz, y les preguntó por la gran ciudad: «Yo estaba impaciente por saber qué impresión había hecho el mundo civilizado en estas criaturas de la naturaleza que no habían conocido nada más que sus bosques y sus montañas. Por lo tanto, mi primera pregunta fue "¿qué te pareció Chicago?". "Se parece mucho a esto", fue la inesperada respuesta. Lo que más le había impresionado, parecía ser, no era ni el tamaño de la ciudad ni sus rascacielos, aunque los recordaba, sino la gran agua junto a la cual vivía aquella gente» (C. LUMHOLTZ, 1902: 181, *Unknown Mexico. A Record of Five Years Exploration of the Western Sierra Madre; in the Tierra Caliente of Tepic and Jalisco; and among the Tarascos of Michoacan*, New York: Charles Scribners' Sons', vol. I, Datos para 1891-1898).

te. Hay por tanto una comunidad comunicativa ideal y otra bien distinta real, cuajada de asimetrías, monólogos, sorderas y trampas que constantemente se evalúa en oposición a la comunidad ideal. El entendimiento que se produciría por el diálogo ideal se basaría en la similitud esencial de la racionalidad que caracteriza a la especie humana, y que permite la traducibilidad cultural asentada en «la racionalidad de las opiniones y las acciones»[7], en donde «racionalidad» se entiende sobre todo por referencia al conocimiento descriptivo en el uso que de él se hace en la acción comunicativa, que utiliza descripciones que refieren a un contexto de significado que se comparte o que se acuerda. Hay, por tanto, una racionalidad del diálogo y una ética del diálogo que tienen que regir para que se produzca comprensión y comunicación. Y como parte esencial de la estructura comunicativa del diálogo sería necesario introducir un principio de equidad paritaria entre contertulios (sin el cual, dice R. Garaudy, «el diálogo sería una impostura»), que es condición inexcusable y que se supone principio generador de la comunicación para producir entendimiento y conocimiento. Es el principio por el que, en la comunidad comunicativa, cada parte es intercambiable con cada una de las otras. Pienso entonces que la negociación intercultural de las diferencias tendría que ser posible al menos en la medida en que es posible la comunicación.

Taguieff parece no estar muy convencido de las tesis de Habermas, a las que califica de racionalistas en el sentido más peyorativo de la palabra, proponiendo más bien[8] una racionalidad de la que se llama hoy «de sentido común» que nunca acabo de ver, tanto porque aísla la racionalidad científica (que está plagada de «sentido común» además de «metafísica») de esta otra más pedestre de «sentido común» (que está plagada de contrastaciones, ensayos, experiencias probatorias, recusaciones discursivas...) y que, ignoro por qué, entiende que está libre de cualquier referente étnico, cultural, lo que es más que discutible. Tiene razón, creo yo, cuando afirma que el diálogo es más que una argumentación racional; pero no, me parece, cuando prescinde de su racionalidad. Y busca el espléndido apoyo de Gadamer[9],

---

7. J. HABERMAS (1987: 15, 27, 35, 36), *op. cit.*, vol. l.
8. P. A. TAGUIEFF (1987: 448-461), *op. cit.*
9. H. G. GADAMER (1982), «El arte de comprender», *Escritos 1: Hermenéutica y tradición filosófica*, Paris: Auber Montaigne, citado por P. A. TAGUIEFF (1987: 447), *op. cit.*

en el que ve una «invitación a la tolerancia activa» al afirmar que «todas las manifestaciones sociales y políticas de voluntad, dependen de la elaboración de convicciones comunes [...]. Esto implica [...] que tenemos que contar constantemente con la posibilidad de que la convicción adversa pueda tener razón».

Sin embargo, y gustándome mucho lo que dice Gadamer, hay un cierto idealismo escondido tras la ocultación de *lo que se negocia* en el diálogo entre culturas, una contemplación exclusiva de sus aspectos discursivos sin referentes de ningún otro tipo. Gadamer incorpora a la comunicación cosas que Habermas sin duda ha dejado fuera: la orientación que nos proporcionan nuestras preconcepciones e incluso ciertos prejuicios («que son anticipaciones de comprensión» ante los que lo fundamental es conocerlos, autoconocérnoslos, de manera que podamos saber qué nos están haciendo ver y cómo), e incluye todos los componentes comunicativos olvidados, desde la estructura del propio discurso al arte de transmitirlo, o los aspectos de comunicación no verbal. Sin embargo, Gadamer aumenta, enriquece la visión de lo que el diálogo y la comprensión suponen, pero no elimina la presencia de racionalidad de él, como hace, erróneamente creo, Taguieff.

Kolakowski ha defendido la superioridad de la crítica en el conocimiento. Yo le doy un enorme valor. Sin embargo, Kolakowski sitúa la tradición crítica en el centro de la cultura europea, de manera que afirma la superioridad de una cultura que cuenta en el centro de su haber con una racionalidad superior. No cree que solo los occidentales puedan ser críticos en absoluto, pero sí que la Crítica, como desarrollo específico, es occidental[10]. Es eso lo que le lleva finalmente a decir[11] que el triunfo crítico (de Europa, por tanto) frente a la barbarie no radica en el descubrimiento de una «solución final sino, por el contrario, [en saber] que no la hay». Pero aun reconociendo, si queremos, la superioridad de la crítica, no hay necesidad alguna de atribuir a Europa más que la posibilidad histórica, por otros motivos y no solo este, de mantener a gente productivamente inactiva para que pudiera dedicarse precisamente a realizar, a tiempo completo de su actividad, tal desarrollo. Gosselin lo dice de cierta forma cuando no solo

---

10. L. Kolakowski (1986: 116-117), *Le village introuvable*, Bruxelles: Complexe.
11. L. Kolakowski, citado por Gosselin (1992: 407), *op. cit.*

afirma una racionalidad universal humana sino la imposibilidad de entender que no la haya[12].

El conocimiento que produce la comunicación en el diálogo no se basa en un monólogo racional, sino en un diálogo no solo racional sino también racional y también crítico, idealmente, en el que una parte se conoce mientras conoce al otro; en una práctica de la interacción humana este proceso se construye de cada vez, y el escándalo que nos produce el otro, o la sorpresa, no existe sin que aflore el contraste propio sobre el que se produce tal escándalo. Que esto se realice críticamente o no es otra cosa, y sabemos que puede ocurrir, podemos querer que ocurra, pero evidentemente en «Occidente» pasa excepcionalmente. Remitiría de nuevo a Todorov cuando habla del resultado del conocimiento mutuo mediante el contacto y el diálogo: no solo los etnógrafos describen lo que han entendido de los «otros». Los otros describen también su comprensión de los etnógrafos[13]. Y lo hacen de forma en la que el diálogo va ganando fluidez, sin que sepamos demasiado de las proporciones de razón, arte, habilidad discursiva y crítica. En esto tiene razón Gadamer. Pero Kolakowski hace bien en pedirnos mayor dosis de crítica. A todos.

Ante el fundamentalismo cultural, lo que importa es que no es cierto que haya incomunicabilidad, imposibilidad de comprensión. El diálogo y la traducción son cosas posibles y que ocurren. Pero tanto, si no más, es la difusión intercultural. Paradójicamente, es precisamente en el reconocimiento de interpenetrabilidad por la difusión y por la comunicación donde se sitúan la aculturación, la asimilación, el temor a la pérdida de la cultura y de la identidad que ese fundamentalismo esgrime contra la presencia de los inmigrantes del Tercer Mundo en los países europeos, un temor que se basa en el reconocimiento de lo que se niega, en el presupuesto de maleabilidad y de transvase. *La negociación es posible porque la comunicación es posible y porque existen fines comunes por encima de las diferencias de cada interlocutor.* No es ese, por tanto, el problema, sino el de la imposición, el del monólogo al que un «otro» desconocido solo asiste como audiencia que después deberá repetir. Problema de monólogo interminable y de sordera.

---

12. G. Gosselin (1992: 406), *op. cit.*
13. T. Todorov (1989: 564), *op. cit.*

## 6.3.  Los especímenes empíricos y la filantropía irracional

> El amor puro por la humanidad tiene un fundamento radicalmente diferente al de la percepción individual de los ejemplares empíricos del género humano.
>
> P. A. Taguieff (1987: 418), *op. cit.*

Quizá el objetivo común, objeto de diálogo para cualquier declaración universal negociada de los derechos de los seres humanos, puede encontrar un referente básico en aquella *piedad* rousseauniana que páginas atrás mencioné y que rescata J. Aranzadi[14], para hacer de ella el substrato orientativo de las acciones y actitudes de *unos* para con *otros*. La apuesta está por lo tanto en una filantropía. Pero no hay razón alguna para ser filántropo ni alterófobo. Los especímenes empíricos de los «nuestros» y de los «otros», si nos abandonamos a las valoraciones racionales, siempre etnocéntricas, ni nos mueven al amor, no, por cierto, ni diría tampoco que nos empujen irremisiblemente al odio. Dice Taguieff de nuevo que «la condición de la filantropía pura es la convicción de que el yo del otro está dotado de una realidad igual a la de mi propio yo»[15].

La diferencia separa su yo de mi yo y es eso lo que permite el descubrimiento del otro-yo que no es idéntico al yo-mismo. Eso es precisamente lo que podría ocurrir en el amor al otro, en una filantropía que no se redujera a un narcisismo; es la esencia de una filantropía que se estructura en objeto y sujeto: *puedes*, eres capaz, de amor al otro en la medida en que lo encuentras porque es otro-yo. Pero lo amas *efectivamente* porque descubres en él el objeto del amor, un *otro*-yo que no es un yo-mismo[16]. A esto se refería

---

14.  J. ARANZADI (1991), *op. cit.*

15.  P. A. TAGUIEFF (1987: 431), *op. cit.*

16.  Poco antes de salir este libro a la calle, aprovecho la corrección de pruebas para añadir una referencia a un artículo del diario *El País* del domingo 30 de abril de 1995, hace un par de días. Se llama «Oklahoma y los "ángeles anónimos"» y lo escribe Luis Rojas Marcos. En él habla del atentado terrorista en el edificio federal de esta ciudad norteamericana que ha hecho saltar en pedazos a multitud de personas de todas las edades, multitud de inocentes. Dice Rojas Marcos dos cosas que merece la pena recoger ahora: «Tendemos a juzgar la cantidad total de benevolen-

Lévy-Bruhl cuando hablaba de la *participación* en el pensamiento primitivo, que por medio del descubrimiento de la similitud y de la diferencia del ser-similar, permitía a los guerreros adoptar máscaras que hacían de ellos hombres-ratas en la misma medida en que las ratas eran para ellos ratas-hombres. A eso se refería muchos años después Salomon Resnik, psiquiatra y antropólogo, cuando leía psicoanalíticamente a Lévy-Bruhl[17]. Es la capacidad de identificarnos en el otro y de amar a un otro diferente al que nos podemos acercar porque es otro-yo, la que *posibilita* la filantropía.

La filantropía es un compromiso ético asumido empáticamente y totalmente carente de racionalidad científica. ¿Por qué filántropos? No hay ninguna razón para tolerar ni para llegar a acuerdos a los que no necesitamos nosotros mismos llegar que no sea un imperativo religioso, una Revelación, laica o religiosa, que dote de fe y convicción. De no ser así la filantropía carece de base, esto es, somos filántropos porque queremos serlo, por una convicción o una fe sin revelación como todas las que nos someten a principios asumidos conscientemente y ante las que la ciencia es absolutamente muda, porque nada puede decir. Max Horkheimer concede un lugar al optimismo que se podría entender como fundamento filantrópico[18]: «Consiste en eso que debemos, a pesar de todo, intentar hacer». No hay razón, no hay por qué. Somos antirracistas porque somos filántropos. Podríamos haber sido otra cosa y ellos podrían ser nosotros. Pero queremos serlo.

La filantropía precisa un fin que sustituya los fines del etnocentrismo, y creo que Aranzadi, con quien no comparto algunas otras cosas, tiene razón en señalar *la piedad* como elemento orientador de la filantropía. Por lo que

---

cia humana como insignificante en comparación con el monto de maldad, porque tanto los anales de la historia como los medios de comunicación toman nota principalmente de los sucesos viles o desdeñables y rara vez consideran la bondad digna de mención [habría que añadir los informes etnográficos de los antropólogos a este reproche]. Además, la mayoría damos por hecho, como la fuerza de la gravedad, que las personas a nuestro alrededor sean inocentes y piadosas. Sin embargo, nos fascinamos ante las atrocidades, precisamente porque no forman parte de lo que esperamos de nuestros compañeros de vida».

17. L. Lévy-Bruhl (1949), «Les Carnets» de Lévy-Bruhl, obra póstuma, Paris: PUF; (1927) *El alma primitiva*, Sarpe, 1974; (1922), *La mentalidad primitiva*, Buenos Aires: La Pléyade, 1972; S. Resnik (1966), *El concepto de participación en Lévy-Bruhl*, no publicado; manuscrito en University College, London, 1966.

18. M. Horkheimer (1978), «La Théorie critique hier et aujourd'hui», en L. Ferry, ed. (1978), *Théorie Critique*, Paris: Payot: 369. Citado por P. A. Taguieff (1987: 422), *op. cit.*

yo sé, parece que, quizá salvo excepciones, los seres humanos preferiríamos sufrir lo menos posible. La piedad sería entonces esa identificación con un «otro» sufriente que hace del sufrimiento un interés intersubjetivo. Y puede ser, y en muchos aspectos llega a ser, el movilizador político de la filantropía. Si no hay piedad, no hay base para orientar la crítica ni la acción filantrópica. A la crítica por sí sola no se le puede encomendar el cometido de enfrentarse a la barbarie, que la limitaría, ni a la piedad se llega por la crítica, que es impotente para ello. *La crítica y la piedad son similitudes coactuantes en el espíritu de mucha gente, transculturalmente hablando, que implementan una filantropía.*

Yo estoy de acuerdo en la necesidad de análisis del antirracismo. Es necesario porque nos ayuda a clarificar nuestra posición y descubre los motivos de nuestra angustia y confusión y quizá también es bueno porque deja al descubierto a los vividores de la ideología. Pero el discurso racista y el fundamentalista cultural y el antirracista, parece que tienen como propósito legitimar y, sin embargo, constantemente dejamos de lado aquello que legitiman y quizá en ello exista algún indicio del sufrimiento, alguna insinuación del imperativo ético. Anoche escuché por la radio las voces de «os meninos da rua». No están incluidos en estos libros, quizá se nombran de paso, puede que los tenga presentes Gosselin. Por lo demás son un término de la antinomia. Cualquier aproximación antirracista debería recoger celosamente la crítica de Taguieff y añadir a ella a «os meninos da rua».

TERCERA PARTE

## LA AÑORANZA DE LOS HECHOS
## Y EL VALOR DE LAS PALABRAS

# 7. La añoranza de los hechos

Hay una definición sintética de todas las dimensiones del racismo, que está implícita en algo que dice Vladimir Jankélévitch respecto al antisemitismo: «Quizá por primera vez los hombres son acusados no por lo que han hecho sino por lo que son»[1]. Aquí se resumen el paso de la raciación como clasificación de un grupo humano en tanto que tal, esencialmente, frente a otros, en una escala de valor y con ideas que ofrecen una particular visión de la humanidad, de las características de tal grupo en ellas, de las consecuencias que todo ello supone y el proyecto político que las implementa, variable en el tiempo y en el espacio. Páginas atrás advertía de mi añoranza de los hechos en una construcción alternativa del «otro», antirracista, que aun revistiendo muchas formas presentaba en conjunto una fuerte tendencia, me parecía a mí, tanto a una radical abstracción de un «Otro» indiferenciado internamente, definido solo por lo que no-es y otra tendencia a olvidar la crítica de la contrastación, de los enunciados sintéticos que se postulan y al desinterés por los «trabajos empíricos», es decir, por salir a la calle e intentar averiguar qué pasa y, si pasa, lo que decíamos que pasaba.

Pero de ninguna forma quisiera que se me malinterpretara. Ni he dicho antes, ni lo digo ahora, que no sea fundamental, imprescindible, el seguir realizando los análisis críticos en su sentido lógico e ideológico en general. Al revés. En la medida en que en los últimos años ha habido un potente desarrollo en esta línea dirigido especialmente a las ideas de los antirracismos (de los que los de Taguieff, Todorov, Gosselin, Kolakowski y Sayad me han enseñado mucho más), noto a faltar un análisis semejante de los racismos. Ciertamente se ha acometido parcialmente por estos autores y por otros más, pero no con una profundidad comparable a la que ha logrado el análisis de la ideología antirracista. Sería necesario contar con un análisis de las incoherencias y de la lógica y la ética racista. Un trabajo de esta naturaleza seguramente permitiría evidenciar cosas como la constante e injustificada

---

1. V. Jankélévitch (1942), citado en P. A. Taguieff (1987: 35), *op. cit.*

identificación de «las culturas incomparables» de la antropología, o de «las visiones del mundo inconmensurables» tanto de la antropología como de la teoría de la ciencia, con una supuesta «incompatibilidad», «conflicto» y «rechazo» natural o consustancial entre culturas. O permitiría también ver que el nuevo racismo, dicho con más propiedad, el actual fundamentalismo cultural, al proclamar la permanencia e inalterabilidad de las culturas, al exigir la salida de los inmigrantes en aras del mantenimiento tanto de su cultura como de la propia para evitar que se contaminen y corrompan una a la otra, evidentemente es incoherente. Es decir, si la incompatibilidad es «natural» o «consustancial» a las culturas, como se afirma, el contacto mutuo no puede alterar ninguna de las dos, no se pueden contaminar ni corren riesgo alguno de corrupción. En breve, también echo de menos una mayor amplitud en los análisis del discurso, no solo tengo añoranza de los hechos. Esto, y lo que sigue, no debe tomarse como un plan personal de trabajo, evidentemente, sino como una exposición personal de deseos respecto a las teorías de la alterofobia, respecto a las aproximaciones a sus hechos.

## 7.1. La multifocalidad de la raciación

Cuando se habla de racismo o cuando se estudia una situación de racismo, sin duda lo habitual es tener en la cabeza únicamente dos cosas, tres, en el mejor de los casos: el sujeto racializador, las víctimas racializadas y el contexto de raciación, en relación con una o varias de las dimensiones del racismo y por lo general indiferenciado todo ello o una parte de ello en un mismo paquete.

Pienso que sería muy necesario examinarlo desde otro enfoque, el de la «multifocalidad» de la raciación. He adoptado esta perspectiva, aun de otra forma, en el análisis de otros fenómenos de estigmatización y de diferentes tipos de marginación[2]. Pero creo que un modelo similar podría convenir también al análisis de la alterofobia.

No creo que podamos seguir estudiando el racismo sin estudiar la *selección de los grupos y considerar todas las especializaciones de las relaciones para con cada uno de ellos*. El que se discrimine de hecho a los gitanos y los

2. T. SAN ROMÁN (1990), *op. cit.*

inmigrantes, que sufren un racismo práctico diferente, mientras que los gitanos no aparezcan en el discurso ilustre y académico sino solo los inmigrantes, el que se considere asimilable en este país a un japonés pero no a un marroquí, el que se considere que un italiano está cerca de nosotros, un turco no y un portugués casi que tampoco, el que se desee asimilación respecto a belgas o franceses pero no senegaleses, quizá tampoco griegos, no son en absoluto cosas independientes las unas de las otras.

Más bien propondría entender por RACIACIÓN[3] el proceso por el que se *clasifican* los seres humanos en diversos conjuntos en virtud de *marcadores físicos, culturales o de origen*, de tal forma que esos conjuntos, incluido aquel al que pertenece el sujeto racializador, reciben *atribuciones estereotipadas* respecto a sus características y capacidades intelectuales, culturales y físicas, que se piensan inalterables con mayor o menor rigidez y *transmitidas intergeneracionalmente*, que son *estigmatizantes o no*, que orientan comportamientos y actitudes hacia ellos convertidos en grupos por el propio proceso de raciación, lo sean o no por otros criterios y que suponen el establecimiento de una *valoración desigual* de cada uno de ellos y presuponen *relaciones desiguales* hacia ellos, en función de exigencias del propio sujeto racializador y del racializado, en un contexto histórico y sociocultural específico.

Brevemente, tan absurdo es despreciar al primer guineano que entra por la puerta como admirar al primer norteamericano o japonés que se baja del autobús, y esas actitudes y esas ideas y posibles comportamientos no son independientes unas de otras, al contrario, se entienden unas desde las otras. La consideración del proceso de «raciación», del fraccionamiento de la humanidad en grupos que produce, se contemplaría como *un mismo fenómeno* que implicaría «raciaciones» negativas de grupos estigmatizados y «raciaciones» positivas de grupos admirados y elogiados y situaciones intermedias, supongo[4]. Podríamos así ver unas en relación con las otras, ver el porqué de

---

3. C. GUILLAUMIN (1980) y (1972), *ops. cits.*, utiliza este concepto para indicar el proceso por el que un grupo humano hace de otro una «raza» en el contexto de una ideología y prácticas de la diferencia y la jerarquía.

4. Por ejemplo, en Corea (área de Sam-Jong-Dong) se mantienen estereotipos diversos y valoraciones distintas hacia los varios pueblos vecinos, de una manera que ha llamado la atención a los etnógrafos. Estos estereotipos, calificados de muy antiguos, perdieron fuerza tras la guerra de Corea, lo que hizo «aumentar el número de matrimonios entre todos [ellos]». Con anterioridad, y aun después, aunque muy débilmente, la familia consideraba importante, junto al *status* del/la

las distintas atribuciones a partir de las propias relaciones entre ellas y frente a ellas.

El estudio de la alterofobia creo que pasa por tener en la cabeza un cuadro preciso de relaciones y de correspondencias. Y pasa por considerar la etnicidad (identidad, cultura, relaciones, marcadores, físicos o no) como criterio de representación de relaciones diferenciadas y como instrumento de futuras diferenciaciones en las relaciones, en sociedad. Estoy convencida de que obtendríamos así mayor comprensión del fenómeno y de las situaciones y mejores y más potentes explicaciones.

Quizá precisamente por este aislamiento del grupo victimizado respecto a otros que mantienen relaciones similares, diferentes u opuestas, quizá también por esto, el antirracismo ha olvidado a algunas minorías racializadas peyorativamente, objetos del racismo olvidados, acosados aún más porque al racismo ideológico y activo se suma la historia de raciación y la indiferencia antirracista en un descomunal racismo práctico. El caso de los gitanos es aleccionador también aquí.

En esta misma perspectiva podrían recogerse cosas que ya se saben, como que no necesariamente se discrimina al de otro color de piel y al de diferencias observables patentes. No se discrimina necesariamente al diferente sino al que por alguna razón se categoriza como diferente a partir del uso de algún marcador, de manera que en un momento histórico como el actual las diferencias con Japón pueden juzgarse menores, asumibles, frente

---

pretendiente, su origen étnico, de manera que existía «una curiosidad expresada por cada una de las familias respecto a cuál era la zona de origen de la otra familia», evitando aquellos grupos sobre los que tenían «una visión muy desfavorable» (*cf.* E. I. KNEZ, 1960: 66, *Sam-Jong-Dong. A South Korean Village*, Ann Arbor: Syracuse University, Microfilms n.º 59-6308, Dissertation). También hay información en este sentido sobre otros pueblos, como los kanuri del norte de Nigeria, que son casi unánimes a la hora de rechazar a una mujer fulani, pero muchos de ellos (50 por 100) aceptarían casarse con una vecina babur, con quienes han intercambiado muchos elementos culturales (*cf.* A. ROSMAN, 1966: 318, *op. cit.*). Todo ello es cambiante. Incluso la colonización occidental y el proceso de modernización no pueden verse linealmente. Introdujo diferencias donde no las había, abrió heridas entre grupos que convivían, pero, de la misma forma, las cerró otras veces. Podríamos poner como ejemplo a los sinhalese de Ceilán. La colonización portuguesa abrió barreras entre varios de sus grupos componentes al introducir el catolicismo en unos sí y otros no. Pero después de la Segunda Guerra Mundial, el equilibrio de riqueza entre ellos eliminaría los resentimientos y se retomaron hasta los matrimonios (E. LEACH, 1968, *Pul-Eliya: A Village in Ceylon. A Study of Land Tenure and Kinship*, Cambridge: Cambridge U.P.).

a las diferencias con Creta. Eso implica a su vez un tema poco tratado y necesario de consideración: el *valor* de la diferencia, no solo el estigma. E implica también que, por esa valoración, unas diferencias puedan ser inasumibles, como las de los judíos para los nazis, mientras que la localización efectiva del judío era un asunto laborioso porque la diferencia no era precisamente perceptible de forma evidente.

Desde aquí podríamos ver una serie corta de distinciones y relaciones. Diferencia, valor de la diferencia, clasificación o raciación, connotados racializados de la diferencia, etc. Es evidente que no se rechaza cualquier diferencia. Y esto es, a su vez, uno de los argumentos en contra de la teoría de la aversión instintiva, que hace del rechazo al diferente una cuestión natural, de raíces biológicas y genéticas. Se ha señalado muchas veces que no explica la xenofilia. Sus defensores han dado una respuesta eticista: la xenofilia supone una superación de los instintos, una búsqueda de la transcendencia, también. Evidentemente este argumento tiene poca base porque es reversible: la xenofobia sería una psicopatía, una aberración de los instintos xenófilos, que serían naturales, inscritos biogenéticamente por la necesidad de socialización de los individuos para dominar la naturaleza, cosa que tienen difícil si lo hacen solos. De esta forma las funciones de apertura de los grupos que rechazarían la xenofobia posibilitarían las alianzas entre grupos y la difusión cultural como mecanismos adaptativos. Me parece tan imposible de contrastar mi tesis-solidaria y su patología como la tesis-agresiva y su transcendencia. Lo que me interesa señalar, eso sí, es que en un marco de multidimensionalidad de las clasificaciones y raciaciones que elogian o estigmatizan (según en qué y para qué) nos evitaríamos líos de esta naturaleza.

Los estereotipos que cristalizan en el prejuicio al «otro» no son iguales, ni es igual lo que la ideología justifica ni es igual cómo se concreta en las relaciones sociales. Pienso que, en principio al menos, podrían diferenciarse tres cosas, tres factores de la configuración ideológica, de la actitud y de la práctica de la raciación. La primera (en un orden arbitrario) sería el papel que desempeñan las *imágenes preexistentes* al actual contexto de raciación (lo que significa en general la traición, la suciedad, la timidez, la imagen del ambicioso o el inteligente, la cortesía, la eficacia, etc.) como componentes anteriormente disponibles que se han utilizado ya antes en la construcción de estereotipos, que están ya connotados por su participación anterior en imágenes con usos precisos. Así, el decir que magrebíes, gitanos, senegaleses y pobres en general son sucios y elogiar la pureza de la raza o de la mujer, no es ninguna casualidad[5].

En segundo lugar, a la configuración ideológica de la raciación contribuiría la *experiencia histórica y personal de raciaciones anteriores* en contextos relacionales específicos. De esta forma, los estereotipos, generalmente muy complejos, se vincularían a las experiencias de relaciones como la explotación y la exclusión o como la competencia y la dependencia (los moros son sanguinarios, sensuales, traicioneros, mentirosos...; los ingleses son educados, instruidos, eficaces, petulantes, etnocéntricos...; etc.)[6]. Esta experiencia combinada de relaciones y de raciaciones pesa no solo sobre su posible continuidad en el presente, sino sobre la posibilidad de crear nuevas raciaciones con los mismos componentes ideológicos en situaciones de relación semejantes a las pasadas y que hoy se mantienen con otros grupos. Así, la irrupción de los japoneses en el mercado español o la inmigración de senegaleses, con los que antes no teníamos relación, se construyen *en parte* sobre un modelo relación/ideología históricamente existente, reutilizando el modelo de raciación múltiple preexistente.

En tercer lugar, se me ocurre que las variaciones *en el transcurso de* las relaciones pueden comportar variaciones en el nivel ideológico, pero no necesariamente, casi nunca, diría yo, creadas *ad hoc* como reflejo naciente de la naciente variación, sino echando mano de aquellas variaciones preexistentes de modelos y de imágenes como los ya descritos. Eso permite, por ejemplo, pasar de «estos árabes sí son otra cosa...», con un estereotipo cercano al japonés cuando el grupo KIO inició sus inversiones en España, a «el país en manos del integrismo islámico» en sus tiempos más competitivos, al «moros tenían que ser» de la retirada de capital posterior. En ninguno de estos casos se producen nuevas ideologías (ni al entrar, ni al salir, ni al cambiar) sino que, con algunas invenciones *ad hoc*, se utilizan las que ya había,

---

5. Ver comentario de Lévi-Strauss sobre el «bricolaje» de la construcción de las imágenes en C. Lévi-Strauss (1962), *El pensamiento salvaje*, México: FCE, 1972: 35.

6. Dice S. de Tapia que los cristianos consideraban a los moriscos «mentirosos y traicioneros» y que sentían «recelo» hacia ellos (1991: 231, *op. cit.*). Esas mismas imágenes estereotipadas y actitudes se exhiben ahora frente a los inmigrantes magrebíes y están disponibles para aplicar a otros pueblos ante los que se codifican estereotipos adecuados a relaciones que son evocadoras de estas otras.

para el mismo grupo o para otros grupos distintos en relaciones similares a las que se vinculan ahora. Este aspecto de la dimensión temporal de las variaciones de raciación me parece importante.

Otra cuestión que habría que considerar es que no todos los grupos de una sociedad, mucho menos si son de varias sociedades (aun en «Occidente») racializan y clasifican igual a los mismos «otros» grupos, por lo que nunca podremos dar por supuesto que un sector racista piense y actúe igual que otro ante un grupo humano que ambos racializan. Las relaciones entre gitanos y payos en Andalucía y en Cataluña no son las mismas, y a pesar de que en ambas comunidades el prejuicio es parcialmente compartido, no lo está del todo. Por fin, ni que decir tiene que la situación mayoría/minoría no es estática ni tampoco carece de relatividad. Una mayoría puede serlo en un área geográfica o en una situación determinada (judíos en Israel) y no serlo en otra (en Francia). En una calle los gitanos pueden ser minoría, mayoría en el barrio y minoría de nuevo a niveles superiores. Y tanto su posición relativa en cada nivel como la relación jerárquica entre los tres niveles afecta a la situación concreta de racismo en cada uno de ellos, pudiendo producirse variaciones ideológicas y de actitud, pero sobre todo de comportamiento. La consideración complejo relacional/complejo ideológico y la de una raciación o clasificación en términos globales y al tiempo múltiples (no solo por el criterio del estigma) creo que podría ser útil en todo esto.

## 7.2. La multidimensionalidad del «otro»

Hace muchos años que comparto la necesidad de acercarse al «otro» intentando captarlo multidimensionalmente, desde sus condiciones concretas hasta la relación de esas condiciones con el contexto global en el que se inscriben. Lo he intentado en mi propio trabajo con los gitanos y lo intentamos los que trabajábamos en un equipo de mi universidad, varios de cuyos miembros estudiaban la situación de grupos culturales minoritarios tanto aquí como en el lugar de origen intentando abarcar y relacionar aspectos diferentes del proceso[7].

---

7. Grupo de Relaciones Interculturales y Marginación, Universidad Autónoma de Barcelona, y en él a A. Kaplan, V. Fons y J. Ruiz que trabajan en Senegal y Gambia, Guinea y Marruecos,

Por esta razón estaba ya muy sensibilizada respecto a este tipo de perspectiva cuando leí a A. Sayad en *L'ordre de l'immigration*. Lo que yo llamaría multidimensionalidad se refiere principalmente a dos aspectos. Por un lado, Sayad nos recuerda que una parte del estatuto de inmigrante, político y jurídico, es la condición que impone en él el ser captado a través de los problemas a los que se le asocia, los que su presencia supone realmente para sus receptores y los que se le atribuyen. Se trata de un filtro por el cual se percibe la inmigración y al inmigrante, por lo que tal filtro, precisamente, tendría que ser objeto de estudio. Por otro lado, me interesaría añadir a esto que el inmigrante, a su vez, tiene problemas políticos y jurídicos, que Sayad señala, pero también sociales y culturales, que asimismo se derivan de su condición de inmigrante de un tipo particular (trabajador del Tercer Mundo, especialmente) y del filtro que se le aplica por parte de la sociedad: problematización social de su presencia y raciación.

Por otra parte, Sayad apunta que el inmigrante lo es desde el momento en que «llega» al país receptor. La sociedad de acogida lo percibe así, sin referencia ni interés alguno por su vida anterior, por su historia ni biografía, de forma que «el inmigrante "nace" ese día para la sociedad»[8]. Es otro tipo de etnocentrismo que se aprecia no solo en los trabajos políticos y jurídicos sino en los estudios de las ciencias sociales, incluso de la antropología, aunque hay que decir que en menor medida. Es el etnocentrismo de solo conocer a quien, lo que, la parte de quien, nos interesa. «Es la necesidad de saber, lo que crea el saber», dice Sayad, acogiendo y despreciando aspectos distintos de la realidad en función de los intereses de quien describe, explica, considera o actúa respecto a los inmigrantes. Y, así, al país receptor le interesa la inmigración y al país de origen la emigración. Pero sin olvidar que en los países de origen los factores de emigración tienen mucho que ver con la acción internacional de los países de acogida.

Es este aspecto «práctico e interesado del saber» el que conduce a contemplar al inmigrante tal como se construye, reducido a su condición de inmigrante y como portador de problemas sociales. Incluso las raras veces

---

respectivamente, C. Méndez entre gitanos en Cataluña y C. Parramón sobre algunos otros grupos inmigrantes nacionales.

8. A. Sayad (1991: 15), *op. cit.*

que el receptor se pregunta por el origen de la emigración y de las condiciones del proceso que lleva a la inmigración, lo hace desde el punto de vista
de sus propias condiciones (las de su situación demográfica, su mercado de
trabajo). Pero no se pregunta por la emigración, el inmigrante en cuanto es
también e inseparablemente unido a ello, emigrante. Esto priva al conocimiento de explicaciones y lo inunda de visiones parciales, de fragmentos sin
sentido de la realidad del fenómeno de la migración y de las condiciones del
migrante, de su propia persona y de su grupo. Y esta distorsión, que se opera principalmente desde una posición de poder, tiene que corregirse también
en el trabajo de los intelectuales[9].

Hay, por tanto, que considerar, en primer lugar, la «doble dimensión del
hecho colectivo y del itinerario individual» en tanto que es emigrado e inmigrado, y considerar lo que esto significa, especialmente en las transformaciones posteriores. Así, el aspecto de emigrante es más permanente aún que
el de inmigrante. El emigrante solo muy rara vez desaparece, porque aun
siendo inmigrante y aun dejando de serlo jurídicamente, el emigrante permanece. Continúa no solo porque muchos países de origen no aceptan la
doble nacionalidad y, por tanto, lo siguen contando como miembro de su
polis (incluso siguen contando a sus hijos, nacidos ya fuera, en el caso de
algunos países). Continúa también porque su condición «exterior» a la nueva polis le marca socioculturalmente de manera mucho más duradera que su
condición jurídica de extranjero, prolongándose cuando este estatuto se ha
conseguido cambiar ya por el de nacional[10].

---

9. *Ídem*: 15-16.
10. Dice Abdelmalek Sayad, y estaría de acuerdo con él, que «de formas diferentes, en
distintos lugares y tiempos, todas las sociedades tienen en común el organizar la exclusión más o
menos total de lo político, una exclusión más o menos *natural* [la cursiva es suya] o, mejor, más
o menos "naturalizada", "legitimizada"» (1983, *op. cit.*: 296-297). No sé si todas las sociedades
tendrían este rasgo común pero sí sé que muchas, occidentales y orientales, del norte y del sur. Y
los encontramos a través de la historia como peregrinos, bárbaros, esclavos, desposeídos de la
época germánica o del feudalismo, deportados, refugiados e inmigrantes. Atenas y Esparta, «modelos de referencia» o los Estados nación metropolitanos y excoloniales y los modernos Estados
democráticos, tienen tal rasgo en común. De una parte, el ciudadano libre, persona políticamente
investida de estatuto cívico y del otro el ser humano «sujeto» y el extranjero, alienados del cuerpo político (esclavo, meteco, hilote, bárbaro, contadino y todos los demás excluidos) (*op. cit.*, en
una extensa e interesante nota n.º 10 a pie de la página 300).

## 7.3. La multiplicidad de aspectos y factores

Hay un aspecto de interés en el que la distancia que separa a Sayad de Taguieff es importante y digna de consideración. Tiene que ver parcialmente con mi empeño en no separar el análisis del «discurso notable» del análisis de los comportamientos, tanto notables como cotidianos, y del discurso popular. Si los *skinheads* apalean en Londres a vendedores de periódicos y a personas de origen paquistaní, si la extrema derecha francesa levanta tumbas de un cementerio judío, si el neonazismo alemán mata familias turcas y si en España se queman chabolas gitanas con sus ocupantes dentro, hay que preguntarse, desde luego, qué tiene todo esto en común. Sin *eso* común no se puede hacer ningún análisis del discurso bien tramado y sin las diferencias entre cada uno de esos casos, unidas a *eso* en común, no se puede intentar establecer factores y funciones del racismo.

Dice Taguieff, y estaría de acuerdo solo en una parte, que «la exclusiva sociologización del racismo lo ha llevado a despolitizarse, al mismo tiempo que el verdadero problema que supone hoy en Francia, tiende a pasar a lo político». Señala que en la Francia del final de los ochenta el antirracismo tal como se había planteado desde la Segunda Guerra Mundial está desfasado, y que la tesis que se baraja es la de que «el racismo, *invención* del antirracismo, no existe *sino* a condición de que se provoque por la acción de los antirracistas». Que este es el «resultado del antirracismo hipercrítico reciente» que ha tenido como consecuencia que ciertos intelectuales lleguen a pensar que la eliminación de la legislación antirracista y de la organización y la acción de los antirracistas harían desaparecer el racismo[11].

Desde luego se les ha ido la mano. Pero yo creo que la razón del desvarío no es exactamente la que apunta Taguieff. En primer lugar, creo que es necesario encajar el golpe. Efectivamente la lucha antirracista contra un «Mal» definido en términos de un racismo de principios de siglo que ya no es hegemónico, y manipulándose las ideologías racista y antirracista en función de tesis políticas del debate partidista y parlamentario, yo creo que debe ser cierto que ha provocado reacciones racistas y el efecto de «retorsión» que ya comenté. Pero me parece excesivo achacar estas reacciones

---

11. P. A. TAGUIEFF (1991: 35-38), *op. cit.*, vol. l.

racistas o prerracistas (incluida la de «eliminemos a los antirracistas y elimi-naremos el racismo») a «la exclusiva sociologización del racismo», como hace Taguieff. Habría que hilar más fino para aceptarlo. Podría admitirse desde la perspectiva de Sayad, es decir, si se entiende que la inmigración es un fenómeno eminentemente político que debe situarse en el terreno político.

Yo diría, por el contrario, que es la sorprendente ausencia o escasez, al menos, de análisis sociológico y antropológico de los fenómenos de racismo y antirracismo lo que ha conducido a un análisis del discurso separado de todo contexto social y cultural, al discurso exclusivo de las elites de ambos contrincantes y al discurso desde la sola perspectiva de su contenido ideoló-gico; también de su contenido lógico, en el caso de Taguieff. Ya he explicado antes lo que quiero decir con esto y no me repetiré. Sayad reclama la *con-textualización política global* del fenómeno de la inmigración (solo; no ha-bla de otros racismos). Y yo creo que tiene razón. Taguieff denuncia la in-coherencia del antirracismo, y a mí me parece que también tiene razón él en esto y cuando exige un contexto polémico para racismo y antirracismo; pero no queda nada claro cuáles son los recursos polémicos.

Creo que la contextualización económico-política del fenómeno racista pasa además por la construcción de un conocimiento adecuado del mundo racista y antirracista que tenemos. El *lugar* del problema del racismo es el político, y no puedo estar más de acuerdo. Pero la construcción del *conoci-miento* de los fenómenos racistas no se puede realizar solo ahí[12].

Las posiciones de quienes piensan que es el antirracismo el que está provocando racismo son extremosas. Decía antes que se les ha ido la mano y quizá también al propio Taguieff. Y decía que hay en él un reto de realis-mo y de coherencia que tenemos que digerir como podamos. Pero, una vez dicho esto, diría asimismo que no me extraña en absoluto que se llegue a estos extremos tal como se está tratando el tema del racismo en líneas gene-rales: parece ser un fenómeno exclusivamente ideológico cuya única plas-mación está en el «discurso de los notables», que se transforma y adapta en su confrontación dialéctica con el discurso antirracista. De ahí a pensar que

---

12. He incluido un anexo que reproduce un artículo de 1993 en el que he intentado hacer un ensayo en esta dirección. Otros intentos semejantes pueden verse en los trabajos citados de 1984, 1986 y 1994.

*se genera* en esa dialéctica, que *no existe* racismo, hay un breve paso, un paso sin embargo de enorme des-realización de la discriminación y de la gente que la padece. Y en este punto, sinceramente, encuentro a pocos compañeros de viaje, porque unos van de los hechos locales a las ideas universales y otros de las ideas universales a las ideas universales, otras o las mismas. Nunca se sabe. La dialéctica discursiva y su propio análisis ideológico y lógico no es más que un aspecto de la cuestión que sin duda entra a formar parte de los factores que producen más discursos y más hechos. Pero solo es uno de ellos.

Cuando los análisis han tenido en cuenta otros factores, probablemente han sido el jurídico, el económico y el demográfico, por distintas razones, los que con más fuerza han entrado en juego. En el fenómeno de la inmigración, sin embargo, es necesario considerar también otros muchos aspectos. Las razones de la gente para e/inmigrar son varias y a veces inesperadas. Algunos, como la mayoría de senegaleses y gambianos, combinan en ellas la necesidad de trabajo con otra serie de condiciones locales y personales de los inmigrantes[13]. Otros lo hacen por motivos de asilo político, pero otros también por razones de salud, que no son, a nivel individual, ni económicas ni políticas, sino por no existir en sus países de origen una capacidad sanitaria suficiente para sus problemas, como es el caso de algunos guineanos, o para estudiar lo que en sus países no pueden[14].

Todas estas cosas tienen una versión microsocial e incluso biográfica y tienen al mismo tiempo fundamento sociológico más potente en las propias condiciones de los países y sus relaciones internacionales. Problemas como la forma de explotación de las poblaciones minoritarias pobres, las formas de exclusión y marginación, la «incomodidad cultural» que sufren y producen, la expulsión o no aceptación en el mercado de trabajo y sus secuelas de pequeña delincuencia en ciertos casos y de reacciones ante ella, la oferta que se les hace de actividades peligrosas y/o antisociales por parte de los nativos europeos, los problemas de pertenencia e identidad y los de inadecuación de las legislaciones de las sociedades de acogida que precipitan, son razones,

---

13. *Cf.* A. Kaplan, *ops. cits.*
14. *Cf.* V. Fons (1994), «Migración femenina y comportamiento en torno a la reproducción y a la fecundidad. El caso de los ndowe de Guinea Ecuatorial», manuscrito no publicado.

relaciones, efectos en un dominio macro y microsocial cuya mayor dificultad para el investigador está, como siempre, en pasar acertadamente de uno a otro. Es el «imperialismo» de un análisis ético-lógico puro y duro del discurso notable y su falta de referencia a contrastación alguna, por una parte, y, quién sabe, quizá la enorme y consuetudinaria pereza de la que dan muestra los investigadores sociales a la hora de meterse (ellos, no sus estudiantes o sus encuestadores) entre la gente de la que hablan, por otra, lo que lleva a pensar que, si el discurso antirracista termina, con él caerá el fenómeno complejo del racismo.

Este problema de la investigación quizá se ha disparado aún más en estos últimos años. El antirracismo actual en su vertiente hegemónica situada en la lucha política y en el discurso académico, creo que se está circunscribiendo en exceso al asunto de la *ciudadanía*. Es cierto que la negativa de los racistas a «contaminar la pureza de la nación» tiene como objetivo inmediato expulsar y, antes aún, negar la ciudadanía a los inmigrantes. Pero cuando digo que se está circunscribiendo a ella en exceso, no quiero decir que carezca de importancia (por el contrario, es crucial), sino que me refiero a la forma contraída en la que se está tratando, es decir, reducida a sus aspectos burocráticos y reguladores. Se desatiende así lo que Sayad entendía como presencia del migrante, en toda su amplitud ciudadana en el país receptor. Se atiende solo a lo que él llama «la ficción de una naturalización equívoca», que sería la única claudicación de la sociedad de acogida después de mucho tiempo de haber hecho como si el inmigrante estuviera solo de paso cumpliendo un cometido de corta duración, después de la «ficción de un retorno que se sabe imposible»[15].

La contracción y reducción del interés académico en la ciudadanía se está manifestando en el olvido de que ese no es el final del problema sino el inicio de la plena conciencia del problema, una vez que se ha producido la desilusión de saber lo poco que significa (aunque signifique mucho) el «tener la ciudadanía»: «El ser inmigrado en Francia y ser, al mismo tiempo, un nacional francés no constituye, como podía pensarse, una contradicción en los términos»[16]. No ha desaparecido socioculturalmente el inmigrante.

15. *Op. cit.*: 19.
16. *Op. cit.*: 293.

Así pues, esa focalización en el tema de la ciudadanía podría derivar en múltiples vías más amplias. No sería solo el tema de la ciudadanía como regulación y como proceso burocrático, sino también (y esto sí se empieza a atender en estos últimos años) como mecanismo de adscripción, de autoidentificación y de pertenencia política[17]. Dice J. Habermas que hacia mediados de los ochenta hemos empezado una poshistoria del Estado nación que nos hace reflexionar sobre la inadecuación al momento actual del viejo concepto de ciudadanía. Plantea la idea de una desvinculación de la ciudadanía respecto a la nación en este momento, en el que el declive del Estado nación tiende ya a su final y con él la relación inseparable Nación-ciudadanía[18]. Y junto a este tipo de reflexión, el otro de las «relaciones ciudadanas» (en su sentido social amplio) del inmigrante o bien de aquel marginado que es nacional desde su comienzo.

Esto apoyaría la comprensión de por qué los gitanos, siendo ciudadanos, son objeto de discriminación, prejuicio y «extrañamiento», sin extranjería alguna. La nacionalidad, la ciudadanía, es un paso con resultados jurídicos concretos, pero no creo en absoluto que sea la condición de disolución del prejuicio racista ni del comportamiento de exclusión y discriminación. Lo que tienen en común gitanos e inmigrantes del Tercer Mundo en España no es pertenecer a diferentes naciones sino *no pertenecer a ninguna*, social y políticamente hablando. El prejuicio no lo crea la falta de ciudadanía, es independiente de ella y puede actuar contra nacionales y extranjeros. El prejuicio pasa por encima de la otorgación o del automatismo de la ciudadanía, se instala precisamente en su función de evitar que se produzca como hecho social, esté o no presente por derecho.

17. La contradicción entre el ciudadano *de iure* que no puede llegar a serlo de facto no es nueva e instaurada en el Estado nación. Los batwa nunca llegan a serlo en Ruanda, ni los barakunin en Japón en ningún tiempo precedente a la Segunda Guerra Mundial, ni los lapones en Noruega, ni los gitanos en España, a pesar de la reiteración legislativa de su pertenencia *de iure* desde el XVII hasta ahora, ni la población negra en Sudáfrica (a pesar de Mandela), ni los moriscos en todo el siglo XVI, ni los pigmeos de las aldeas bantúes ni los albinos en sus comunidades cuna. La pertenencia a una comunidad humana, que confiere políticamente los derechos comunes a ella, no siempre guarda coherencia entre su adjudicación de principio y las situaciones de hecho de algunos segmentos de la población.

18. *Cf.* J. HABERMAS (1991: 123-146), *op. cit.*

También en estos últimos años ha habido reacciones por parte de algunos investigadores, pocos aún, dirigidas a ampliar y profundizar el conocimiento del fenómeno racista, atendiendo a otros aspectos diferentes a los que antes señalaba. Clara Gallini es un notable ejemplo de incursión pionera en la dimensión cultural del racismo, sin limitarse a los aspectos económicos y políticos. Trabaja en la calle, con la gente, en el racismo de las leyes y los periodistas, pero también de los comerciantes y de quienes recorren Roma en autobús para ir al trabajo, indagando en signos y barreras, en los elementos simbólicos que codifican la discriminación de las minorías étnicas (sean los marcadores físicos o culturales o de origen) y se adentra en los propios componentes de las imágenes, los estereotipos, los códigos en general que intervienen en los actos y en los hechos de exclusión[19].

Pienso también que es una lástima haber perdido de vista los *marcadores* de la raciación. Supongo que después del deslizamiento racistoide de C. Lévi-Strauss en *Race et Culture* y después del fracaso de M. G. Smith por volver a otorgar a «raza» un significado científico nos hemos quedado sin muchas ganas de ocuparnos de esos signos de identificación que maneja el racista y que pueden ser físicos y de apreciación directa (color de la piel, el más notable) o aquellos otros de los que Lévi-Strauss decía que aun siendo culturales «imprimen su marca en el cuerpo» a través de signos como tatuajes, gestos.

En cierto modo los neofascistas que basan en unos y otros su racismo, recurren también a ellos llenándose de símbolos visibles, saludando de forma distinta a como se saluda la gente en su medio, peinándose y ataviándose de formas concretas de manera que se autorracializan, se autoclasifican como grupo superior o «preferido» respecto a otros grupos racializados por ellos, marcando, delimitando, rotulando la clasificación, aludiendo a una insinuación que nace del signo, del marcador racial, y se extiende al contenido estereotipado y a la valoración de las diferencias que se atribuyen en ese contenido. Es en definitiva la creación de razas físicamente discernibles

19. Ver, por ejemplo, C. GALLINI (1991a), «Mises en scène du racisme italien», *Terrain*, 17: 105-119; (1991b), «Giochi pericolosi... razzismo», en F. ANGELI, *Razzismi*; (1991c), «La barriere culturali», *Politica ed Economia*; (1992), «Scenari del razzismo in Italia», en *Il razzismo e la sua Storia*, Ed. Soc. It. Mepal.

o perceptibles e identificables que forma parte del proceso de raciación. Visto así, el marcador biológico (el color de la piel) sería solamente una gran modalidad del uso de signos externos de identificación y de autoidentificación para referir a estereotipos y su contexto ideológico, su actitud inducida y la orientación de los comportamientos. Como tales hechos perceptibles, identificables, *pueden* ser marcadores o no serlo, pueden tener implicaciones sociales y culturales o no tenerlas. Pero si las tienen, hay que hacerlas entrar en el análisis, explicar su origen, describir sus características y la relación de estas con su uso social y político. Por mucho que rechacemos el trabajo de M. G. Smith en este tema, contenía una propuesta valiosa que no me parece que deba olvidarse: la atención a estos signos de la clasificación y, sobre todo, su forma, sus características, que se prestan a, o bien prohíben, la negociación interétnica, y por tanto sus límites y las razones de su sustitución o de su permanencia o de su eliminación.

Como tema vinculado al de los marcadores, deberíamos resucitar también otro viejo objetivo de la investigación sobre la heterofobia, aunque en un contexto teórico e ideológico diferente al que proponían Glazer y Moynihan[20]: el uso del marcador y de la propia raciación como *recurso social y político* de la minoría, actualizado por la proliferación de movimientos étnicos y de asociaciones, tanto nacional-estatalistas como de minorías nacionales como de inmigrantes; es un fenómeno cada vez más extendido del que hay que ir dando interpretaciones y explicaciones y del que también habrá que plantearse un análisis de los discursos que me parece cada vez más urgente y que, estoy segura, va a proporcionar resultados bastante inesperados[21].

20. N. GLAZER y D. P. MOYNIHAN, eds. (1976), *op. cit.*

21. El papel estructurador de las relaciones propiciadas en la etnicidad y los marcadores de identidad es variable y temporalmente cambiante y no está linealmente sujeto a una mayor o menor complejidad étnica de la sociedad. Puede ir desde el desempeño de un papel secundario, como en el caso azande imperial, hasta el de estructurar la desigualdad social misma, más radical, como en el de Ruanda, o erigirse en elemento de solidaridad y de aglutinación política como en los *black muslims* norteamericanos o en los somalíes. Sobre la base de la etnicidad consiguieron los gitanos un nivel notable de autogobierno tolerado por los reyes a su llegada a varios países europeos, incluida España, y los moriscos durante algunos cortos períodos (primera mitad del siglo XIV, comienzos del XV en Castilla), aunque en este caso con una configuración más próxima a la del gobierno indirecto. En el Estado español actual hemos pasado, como bien sabemos, de un momento en el que la configuración de la política institucional se apoyaba en una idea de identidad única común a todos los españoles, a la situación actual, que combina fuerzas que tienden a

No he intentado ni remotamente hacer una relación de objetivos de investigación necesarios en el estudio del fenómeno de la alterofobia y sus formas y de las «raciaciones» en general. He señalado tan solo algunos de los que me interesan, como forma de expresar la necesidad de apertura del dominio teórico a muchos otros aspectos que hoy se han olvidado o no se consideran o reciben una atención muy minoritaria o se «prohíben» como objetos de investigación. Son, en realidad, ejemplos que evidencian la reducción que no deberíamos seguir aceptando y practicando.

## 7.4. Lo global y lo local: el contexto de la raciación. Al hilo de un trabajo de Esteban Krotz[22]

Antes de terminar este comentario me gustaría referirme a un aspecto más de la investigación que considero del mayor interés porque creo que supone la adopción de una perspectiva diferente a la hegemónica actualmente. Esta perspectiva combina elementos ya indicados al comienzo de este capítulo[23] y otro tomado prestado del trabajo de E. Krotz. En su obra hay un extenso capítulo dedicado a los programas de autoayuda cooperativa y las situaciones de conflicto que pueden plantearse en ellos en el contexto rural mexicano. Toda esta parte está construida sobre un supuesto conocido, no plenamente explícito, que me parece muy importante explicitar, examinar y que voy a intentar aplicar ahora a las relaciones entre el comportamiento y la ideología racistas: el de la existencia de una tensión entre distintas lealtades y oposiciones a diferentes niveles y en distintos contextos institucionales.

Parto de la base, en la que hay ya un cierto consenso entre investigadores, de que no existe una coherencia clara entre el discurso racista o antirracista, por una parte, y los comportamientos racistas o antirracistas, por otra. Una

---

estructurar la vida política, económica y social en el lenguaje de la etnicidad propia y sobre bases étnicas, fuerzas que tienden a mantener una única y exclusiva etnicidad coincidente con el ámbito estatal o estatalizante, y fuerzas que defienden una articulación pluriétnica y multirreferencial, con o sin una identidad nacional-estatal entre ellas; en todo caso, la etnicidad estaría hoy, aquí, en el ojo del huracán.

22. *Cf.* E. Krotz (1988), *Ensayos sobre el cooperativismo rural en México*, Universidad Autónoma Metropolitana Iztapalepa.

23. Me refiero a la *multifocalidad de la raciación* y a la *multidimensionalidad del «otro»*.

convicción profunda en el sentido de que cualquiera de las dos ideologías enfrentadas no se materializa necesariamente en hechos o comportamientos que incluso pueden contradecir flagrantemente ideas y palabras. Pero tampoco hay una coherencia en el discurso (lo hemos visto escrito en Taguieff o Gosselin o Delannoi, especialmente), ni lo hay en los comportamientos, que son cambiantes y se adaptan coyunturalmente al contexto. En cada persona que se siente movida ante alguien «diferente», entendido como tal diferente, habría *simultáneamente fuerzas antirracistas y fuerzas racistas*, que serían el resultado del contexto social amplio en el que se desarrolla su vida. En él se entremezclan constantemente redes, grupos de cohesión, instituciones... En el escenario de cada situación concreta se crearía esa tensión contradictoria que no siempre tendría los mismos resultados a los que llega en otro escenario diferente. Las relaciones múltiples y complejas, no necesariamente armónicas, y los discursos, usos e historias específicos en ellas, frecuentemente contradictorios, incoherentes e incluso a veces antagónicos, proporcionarían «tensiones resultantes de su simultaneidad, que tienen que ser resueltas de situación en situación», en cierta medida, por tanto, coyunturalmente.

Cada situación genera una tensión en la que cada fuerza emanante de cada tipo de relación es específica, de manera que la resolución discurso-ideología/comportamiento es, también en este aspecto, específica, coyuntural. Eso no implica en absoluto que no existan *tendencias* observables, mesurables, en los tipos de relación entre el discurso racista y el comportamiento racista (desde la inexistencia de relación hasta su máximo grado) en individuos, en grupos y en contextos concretos. Pero sí ayuda a explicar esa cierta incoherencia que últimamente ha sido destacada por los investigadores.

Esta perspectiva, planteada como lo hago ahora, en cierto modo podría resolver la doble refutación hay/no-hay vínculo entre ideología racista y comportamiento racista, discriminador. Y también evitaría el absurdo que alguna vez ha llegado a formularse de la total y absoluta independencia entre uno y otro, de manera que no solo resulta que la ideología adquiere cierta independencia del comportamiento y, aún más, este de aquella, sino que la ideología racista no tendría la menor incidencia sobre el comportamiento de quien la profesa.

Esta idea de tensión, magnitudes diferentes en las fuerzas opuestas y contextos, tan bien aplicada por Krotz a los conflictos rurales cooperativistas del campo de México, aunque con escasa explicitación teórica, posibilita entender, y creo que es importante, que a distintos niveles de integración social (del doméstico al internacional) y en distintos escenarios de un mismo contexto, la resolución de esa tensión sea diferente por serlo ella misma, por estar ella misma sujeta a relaciones distintas en cada uno, en las que esas fuerzas y sus magnitudes relativas no son iguales, y porque, además, como se sabe bien ya desde E. Leach, a quien citaba páginas atrás en este mismo sentido[24], los valores y modelos normativos instalados a diferentes niveles, y utilizados por distintos grupos en un mismo contexto social amplio, pueden resultar incluso contradictorios entre sí. Todo ello tendrá entonces que ser resuelto por cada grupo y en él y en las relaciones entre ellos en distintos escenarios, tendrá que ser resuelto por los actores, al menos en parte, coyunturalmente.

De esta forma, el decir que la ideología racista legitima, por ejemplo, la explotación, no será algo aplicable jamás por principio a todas las situaciones y, menos aún, a todos los grupos sociales. Y esto, a su vez, nos permite percibir discursos y comportamientos racistas distintos en una misma sociedad. Explica fenómenos ya detectados, como por ejemplo que en el ámbito de la sanidad los médicos-«otros» y sanitarios-«otros» en general sean más discriminados y más abiertamente que los pacientes-«otros». La discriminación entre pacientes negros y blancos en Estados Unidos favorece a los segundos, pero no excluye a los primeros (ambos pagan), mientras que entre el personal sanitario hay competencia (por cobrar, entre otras cosas) y ahí sí que existe exclusión de los negros por parte de los blancos[25]. El tipo de fuerzas que empujan hacia el racismo y hacia el antirracismo provocan tensiones distintas en ambos campos, dentro del común de la sanidad y el más abarcador de Norteamérica, que produce resultados diversos en cada uno de esos campos.

El racismo puede así justificar la exclusión en la regulación de cupos para la inmigración de población del Tercer Mundo en España, la explotación en las relaciones entre inmigrantes y empleadores rurales (la más conocida en este caso, no la mayor), puede justificar el uso y abuso de la ventaja política en los debates y elecciones locales sindicales o de las asociaciones de

24. *Cf.* E. LEACH (1957), *op. cit.*
25. *Cf.* E. HUGUES (1963), *op. cit.*

vecinos, la intención de abuso y dominio sin límites de la expulsión que pretende la extrema derecha, la segregación espacial del grupo de inmigrantes o grupos étnicos minoritarios nacionales respecto a los vecindarios normalizados por parte de sus munícipes y de sus comunidades vecinales, etc. Y en cada uno de esos ámbitos, otras ideas, tales como la igualdad (sin condiciones o con ellas), el deber moral de la caridad de los cristianos, la convicción de la bondad de la tradición o bien del progreso, etc., tampoco desempeñan el mismo papel ni tienen las mismas magnitudes. Y ni la fuerza racista ni la fuerza antirracista que configuran aquella tensión son idénticas e intervienen de la misma manera en las distintas situaciones, contextos y niveles, y en los diferentes grupos y segmentos de la sociedad en los que las personas participamos[26].

Puede ser esta, por lo tanto, una perspectiva más flexible y más rica que permita ampliar las exiguas miras actuales sobre el racismo, y me interesa en conjunción con otras que he ido exponiendo aquí, en especial la idea de la multifocalidad de la raciación y de la multidimensionalidad del «otro», junto a un análisis de las ideas y la lógica de los muchos racismos y antirracismos.

26. Ver anexo etnográfico; existen varias referencias en el primer anexo, pero puede verse con más detalle en los anexos segundo y tercero.

## 8. El valor de las palabras

La batalla académica racismos-antirracismos continúa. Verdaderamente es difícil encontrar a alguien que desde una posición o desde la otra no esté de acuerdo en la necesidad de terminar con la violencia racista. El debate está, por consiguiente, planteado en términos de «qué puede suscitar» un trabajo académico particular una vez que se sitúe en el contexto de las luchas entre adversarios políticos racistas y antirracistas. Pero esa misma falta de opción por la violencia en los medios universitarios, que no es la del racismo callejero ni político, ha convertido la polémica actual en los medios intelectuales en más sutil, valorando lo que pueda decirse entre líneas o sus efectos en otros contextos, y se ha hecho simultáneamente menos crítica (carece casi por completo de autocrítica) y más débil en conjunto.

La polémica está planteada sobre todo entre un sector de la etología, la antropología física y la sociobiología, con un semideterminismo, ahora ya muy *light*, biogenético que se enfrenta a un culturalismo determinista dogmático, situado preferentemente en las ciencias sociales en su versión más dura. Pero los instrumentos polémicos se han hecho exiguos y raquíticos. Hasta cierto punto, las discusiones más acaloradas las suscitan los propios términos y las propias expresiones que pueden utilizarse en el debate, yo creo que más que sus contenidos. Desde Margaret Mead se impuso en los medios antirracistas no decir, por ejemplo, «negro» ni «blanco», de la misma forma que los educadores de educación especial y terapéutica huyen de un término a otro (de subnormal a deficiente, de deficiente, etc.), o lo hacen los gerontólogos (de viejo a anciano, de tercera edad a persona mayor...), intentando huir del maleficio de un concepto bien difícil de expresar sin molestar a nadie.

Aquí, pasa igual. Hay una verdadera guerra de términos y continentes simbólicos en general que, llevada a sus últimas consecuencias prácticas, consiste en decir lo mismo, pero sin pronunciarlo de la misma forma. Términos como «raza», «negro», «blanco», «nativo», «indígena» o «etnia», no se pueden pronunciar, de manera que a veces hay que hacer malabarismos e interminables circunloquios para decir lo que se quiere decir o para entender. Estos términos se intentan sustituir por otros como «pueblo», «inmigrante», «occidente», «cultura»... Un problema especial lo plantea «nativo» o «indígena» que oscila entre meter a todo el mundo en el saco de «población autóctona» (lo cual es un lío respecto a si un inmigrante andaluz del año treinta en Cataluña es o no «autóctono»), o decir cosas más largas adaptadas a cada situación, lo cual es premioso y crea confusión.

La guerra de los términos, reconociendo que hay que darla en favor de la claridad y de evitar manipulaciones a través de sus connotaciones, creo que no se da bien y que el problema del racismo se está especializando demasiado a nivel académico en este aspecto. Sería partidaria de hacer dos cosas. Por una parte, intentar ajustar lo más posible el término a su condición simbólica, es decir, ajustarlo lo más posible a lo que significa. Por eso no veo nada claro llamar «racismo» a cualquier forma de alterofobia que no considera «raza» para nada. En segundo lugar, evitaría cambiar constantemente los términos para huir de los problemas de concepto. Si «raza» se connota (como evidentemente lo hace) y se pasa a utilizar «etnia» por los racistas para disimular, acogiéndose al uso de «etnicidad» (cultura + identidad como pueblo), para la antropología este último término queda a su vez «contaminado». Entonces lo sustituimos, por ejemplo, por «cultura», que no es lo mismo que quería decirse con «etnicidad» y, además, los racistas empiezan de inmediato a llamar «otras culturas», como nosotros, a todos los que antes llamaban «razas». Es una «retorsión terminológica» constante en la que los antirracistas vamos huyendo de las connotaciones racistas de las palabras y los racistas van detrás poniéndoselas a nuestros nuevos inventos terminológicos. Está claro, creo yo, que no es la solución. Yo creo que no se gana nada huyendo de los términos, igual que creo que tampoco se gana nada arrojándoselos a otro a la cabeza: ¡racista, positivista, antidemócrata, funcionalista!, frente al ¡vendido, antipatriota, judío, rojo! Son cosas que pasan, es cierto, pero yo creo que no deberían de pasar. Eso es todo.

Propondría en cambio una alternativa: usemos el término tal como implica su concepto *sin excepción*. Es decir, «indígena» o «nativo» lo es tanto el inmigrante en su lugar de origen, y los que allí quedaron como los castellanos en Castilla y los catalanes en Cataluña. Digamos «negro» si es negro y «blanco» si es blanco y digámoslo en el contexto de nuestras propias convicciones antirracistas y desde nuestro conocimiento. Es decir, «negro» y «alto», «blanco» y «flaco» son características variables y relativas que no forman categorías exclusivas *de las que se puede hablar*, mientras que decir que de los chicos del equipo de trabajo son listos los negros o los blancos o el 50 por 100 de cada uno, es tan improcedente como relacionar la inteligencia de esos mismos chicos como si llevan o no pañuelo o si son gordos o altos. Es nuestro empeño en decir que los negros son tan listos como los blancos lo que es absurdo, tan absurdo como hacer una manifestación para proclamar que los gordos son más puntuales que los flacos. No se nos ocurre porque no tiene nada que ver.

Y si algún día algún equipo investigador llega a la conclusión de que sí tiene que ver, que nos lo explique, antes de llamarles racistas (por el color, la estatura o el peso), que nos muestre los resultados de qué tipo de contrastaciones, y, si todo fuera perfecto, *da igual, porque no somos antirracistas a tenor de los resultados científicos, sino de las convicciones respecto a la relación entre los seres humanos.* «Negro», «blanco», «nativo», no pueden ser tabú, no podemos mitologizar más las cosas, corromper más la sinceridad de nuestras percepciones directas. Cualquier otra vinculación semántica (nativo = bárbaro o negro = carente de inteligencia) es, que se sepa, simplemente falsa y etnocéntrica. Y cualquier vinculación negros/blancos = iguales, es también etnocéntrica, pero la hemos asumido y la defendemos si se ataca. Por todas estas cosas, de las que ya he hablado indicando cuál era mi posición, tan poco rotunda científicamente como firme personalmente, no tiene sentido el tabú de los términos míticos ni la huida terminológica. Utilicémoslos bien, es decir, a diestro y siniestro, en todos los ámbitos a los que corresponde su utilización. La impotencia de unas ciencias sociales centradas en el examen de sus propios participantes, su falta de explicaciones y propuestas es lo que está generando una tendencia a resolver los problemas cambiándoles el nombre.

El primer problema se me plantea con el término y el concepto de «racismo»[1]. Su referencia inmediata, no solo etimológica sino a través de sus

---

1. He propuesto conceptos y aproximaciones relativas a la alterofobia y a la marginación social en los trabajos (1984a), *Gitanos de Madrid y Barcelona. Ensayos sobre aculturación y etnicidad*, Barcelona: UAB; (1986), «Entre la marginación y el racismo», en T. SAN ROMÁN, comp.,

connotaciones culturales de significado adheridas a lo largo de su historia, es «raza biológica», «raza zoológica» incluso. Y es evidente que en este momento no responde a la realidad de aquellos que están siendo acusados por los antirracistas como racistas, ni a la de la autodefinición de racista. Es cierto, no obstante, que el giro actual, hacia un «racismo» diferencialista o fundamentalista, en términos de V. Stolcke, fue tan ágil en la medida en que no exigió a los «racistas» un cambio sustancial de perspectiva ni de implicaciones prácticas. Es decir, creo que el racismo, en sentido estricto, era ya un tipo de fundamentalismo cultural embrionario, en la medida en la que si por algo se definía era por hacer de la «raza» biogenética un grupo humano que no solo reproducía características físicas sino las culturales e intelectuales.

En este sentido, en realidad el cambio afecta solo al principio de legitimación científica (en uno la herencia biológica y en otro el relativismo cultural y el proceso de enculturación) y las condiciones en las que se produce, que inclinan la balanza más o menos en favor de la explotación o de la exclusión o del genocidio o de la indiferencia o de la violencia, según los contextos y momentos. Pero el componente cultural diferenciador estaba ya y creo que ha estado desde el principio. Y en esto ha sido central el papel de la asimilación y/o el de las posibilidades de negociación de la identidad y de la cultura, de la etnicidad. A pesar de reconocer diferencias entre europeos o entre canadienses, es a los gitanos, a los inmigrantes o a los judíos a los que se rechaza, porque se produce una mediación del elemento clave de la idea de posibilidad de asimilación mutua o de la negociabilidad de la etnicidad. Y yo creo que esto ha sido siempre así, desde el biorracismo del XIX, hasta el fundamentalismo cultural de la extrema derecha en la Europa actual.

Existe el problema añadido de la construcción de un concepto de «racismo» puramente descriptivo y modelado en el interior de la propia pugna

---

*Entre la marginación y el racismo: reflexiones sobre la vida de los gitanos,* Madrid: Alianza; (1988), *Hacia los límites del sistema,* Barcelona: UAB; (1990), *Vejez y Cultura,* Barcelona: Caixa de Pensions; (1993), «Retomando Marginación y Racismo», *Perspectiva Social,* 33, reproducido en el Anexo a este libro; (1994), *La diferència inquietant,* Barcelona: Alta Fulla/Serveis de Cultura Popular. El carácter de este libro me impide dar una referencia mínimamente comprensible de todo ello por su extensión y constituye, además, un proyecto que voy realizando en aproximaciones sucesivas y de cuya situación actual tengo la intención de dar cuenta en otras publicaciones.

política, que posibilitó al racismo el trasvase de todos, o casi todos, sus contenidos a otros términos y otras justificaciones. Esto se hace dramáticamente patente en lo que se llama el «racismo simbólico» y del que podemos aportar un ejemplo prototípico en los medios didácticos de formación de militantes del FN francés: «Pour séduire, il faut d'abord éviter de faire peur et de créer un sentiment de répulsion. Or, dans notre société soft et craintive, les propos excessifs inquiètent et provoquent la méfiance ou le rejet dans une large partie de la population. [...] De façon certes caricaturales, au lieu de dire "les bougnoules à la mer", disons qu'il faut "organiser le retour chez eux des immigrés du tiers monde"»[2].

Es evidente que existe ese nivel de alterofobia sin que se precise en absoluto recurrir a la idea de «raza». De la misma manera la Alemania nazi, aun hablando de «razas» persiguió a los judíos en términos de una «raciación-no-perceptible», y que tuvieron que «trabajar» mucho para localizarlos, porque no se percibía en absoluto la diferencia con otros alemanes. Y, sin embargo, el seguir hablando indiscriminadamente de racismo hoy no tiene a mi manera de ver justificación. Y, además, si se utiliza (como se hace) como objeto arrojadizo estigmatizante, vuelve como un bumerán: «El único que piensa en razas es usted. Usted es quien mantiene la idea de raza. De lo único que yo estoy hablando es de las diferencias de las culturas».

Muchos investigadores antirracistas, sin embargo, se resisten a abandonar «racismo» o, incluso, a restringirlo al uso biologista de la alterofobia por el peligro que podía suponer la debilitación de una identificación de todos los tipos de «racistas», de alterófobos. Yo pienso que la única razón para mantener la incongruencia que supone un «racismo-culturalista», es aprovechar el desprestigio alcanzado hace años por la palabra «racista». Preferiría (dentro de la limitada pasión que siento por estos asuntos simbólicos, aunque entiendo que son importantes), preferiría digo, que «racismo» quedara reducido a su significado original, vinculado a «raza», a «teoría de las razas» biogenéticas. Y preferiría que se extendiera a cubrir todos los tipos de racismo que haya en el mundo que vinculen herencia biológica en el interior de un pueblo con capacidad cultural e intelectual.

---

2. *Cf.* Institut de Formation Nationale. Délégation Générale du Front National, Paris, 1990, citado por P. A. Taguieff (1991: 53), *op. cit.*

Pero, consecuente y coherentemente, si se mantiene «racismo» hay que mantener también «raza». No estoy en absoluto de acuerdo con su eliminación verbal del vocabulario de las ciencias sociales, precisamente porque existe como fenómeno ideológico que define el racismo. Decía J. Rex[3] que «raza» no podía mantenerse en términos biológicos y genéticos pero que «sí puede ser objeto de la orientación de la acción», de manera que pienso que existiría *como fenómeno a explicar* por las ciencias sociales, *no como explicación* de la postura biorracista. Y creo también que sería muy perjudicial, no ya para el conocimiento sino para el antirracismo, prescindir de «raza».

Pongamos otro ejemplo más lejano a nuestros intereses y pasiones de este contexto. Es como querer eliminar a Dios, los dioses o los mitos y los cuentos de la antropología porque «no son verdad» o porque «perjudica una tarea agnóstica a los científicos agnósticos». Es decir, no tendría sentido eliminarlo de la antropología o de la historia de las religiones porque la afirmación de la existencia de Dios o de «lo sobrenatural» sea incontrastable. La religión existe, como existe el racismo y por tanto «raza» es tan pertinente a la antropología como «espíritu». Me parece que hay un error en el planteamiento que aboga por su disolución final: en lugar de aproximarse a «raza» igual que a «prohibición matrimonial» e intentar explicar por qué se produce, describir y explicar sus relaciones e implicaciones, intentar conocer su construcción, qué elementos y significados adopta como concepto *folk*, lo que se hace es como si se toma «prohibición matrimonial» desde el punto de vista de los actores y se protesta por no poderse casar con el primo paralelo. Es decir, se toma «raza» precisamente *desde la perspectiva de los racistas* y se discute si es o no un concepto analítico, se discute, en definitiva, algo así como si el matrimonio entre primos cruzados es o no es más «natural» que el de primos paralelos. Es una verdadera locura.

Cada vez hay más preocupación por elaborar un concepto amplio que abarque todas las formas de alterofobia (todos los «racismos»). La mayor parte de estos esfuerzos se dirigen hacia un estado de cosas en Europa o los Estados Unidos de América en el momento actual. Y entre ellos algunos no presuponen que la alterofobia (racismo incluido) sea exclusivamente occidental porque ellos la estudien en el Occidente; pero otros sí. Se trata, por lo

---

3. *Cf.* J. Rex (1986: 15), *op. cit.*

que a mí respecta, del interés por dar respuesta a los fenómenos de alterofobia hacia otros pueblos y culturas, colores de piel e identidades nacionales que pueda haber y que en el caso de Occidente ha cobrado una especial virulencia a lo largo de su historia, sobre todo en los últimos quinientos años y recientemente a mitad de este siglo XX; una especial virulencia y una plasmación ideológica, política y práctica peculiares y específicas, con cambios a lo largo del desarrollo histórico y de los contextos en los que se produce. Entre estos intereses está también el dar respuesta a los varios antirracismos, en el sentido de potenciar un debate y una clarificación que pueda ser útil. El antirracismo es hoy un movimiento que rebasa el campo estricto del racismo y acomete otras fobias sociales además de las de las diferencias culturales y/o raciales, fobias contra los viejos o los homosexuales o los no-creyentes o los que no han nacido en los contornos de nuestro pueblo, aunque tengan una cultura similar.

Memmi pide también ese concepto amplio, y para él quiere un término que no sea «racismo», para escapar a su excesiva especificidad, buscando un concepto y un término que puedan resultar más inclusivos de toda la variedad de contenidos estigmatizantes para otros pueblos y del par agresión/justificación que está latente o activo en todos ellos[4]. Por su parte C. Guillaumin ha propuesto «raciación» como concepto que señala el proceso de creación de las razas por el racista. Y yo pienso que ese debe ser el camino del concepto, pero me resisto al término por las razones de su parcialidad y su manipulabilidad ya expuestas. Pero la construcción del concepto sí puede ir en el camino de señalar ese proceso de «hacer "razas"» con alusión a cualquier tipo de «racismo», tanto biologista como culturalista, a sus múltiples formas de legitimación y distintos recursos a la autoridad, a sus variaciones respecto a quién lo aplica y contra quién, a sus variaciones respecto a qué legitima en cada caso. Un concepto amplio, con un término adecuado y poco connotado, que pueda albergar los «racismos» conocidos y otros «racismos» olvidados con relativa comodidad, con posibilidades de un uso intrasocietal variado y un uso intercultural e histórico. El hecho de que la gente que es «racista» se reconozca a sí misma como tal o no, no me preo-

---

4. A. Memmi (1964), «Essai de définition», *La Nef*, 19-20: 42, citado por P. A. Taguieff (1991: 40), *op. cit.*, vol. 2.

cupa. No hay ninguna razón para que acuñemos nuestros conceptos de acuerdo con las expectativas personales de nadie.

Construimos un contenido conceptual que recibe, al menos en buena parte, su significado en el interior del esfuerzo teórico de conceptualización. El problema no puede ser de autorreconocimiento o identificación cotidiana de los sujetos, sino de categorización para atender a la construcción de un conocimiento sometido a reglas metodológicas y en un contexto teórico y un dominio empírico de ese contexto teórico.

Preferiría recuperar ahora en forma absolutamente esquemática, para evitar repeticiones, cosas que he ido señalando dispersamente en páginas anteriores, pero más específicamente, el contenido del apartado primero de esta misma parte del libro, «La multifocalidad de la raciación». Me refería entonces al proceso que un sujeto realiza de ALTERALIZACIÓN («raciación»), que supone una clasificación de los seres humanos y su división en órdenes identificados por uno o varios MARCADORES, físicos o de origen o culturales. Se connota en ellos una adjudicación de atributos, una determinación de su negociabilidad, un referente pragmático a todo ello en las relaciones efectivas que se tienen con distintos grupos humanos históricamente, en la actualidad o que se desean tener y que proporcionan modelos de relación entre relaciones sociales y atributos adjudicados. Tales vínculos se legitiman por medio de una síntesis ideológica construida en torno a una idea (alma, raza...) apoyada autoritariamente (Iglesia, ciencia...).

Esta alteralización de los seres humanos en órdenes valorados etnocéntricamente y referenciados a las relaciones efectivas respecto al orden en el que el sujeto se inscribe, supone síntesis ideológicas esencialistas o al menos de exclusividad de los órdenes de uno u otro tipo, y se implementan desde unos postulados INTEGRISTAS en el caso de la ALTEROFOBIA. Esta alterofobia no necesariamente implica fobia a los otros, aunque puede serlo, sino *fobia a la mezcla* de otros órdenes con el propio. Pero la alteralización puede implicar igualmente una ideología ALTEROFÍLICA en la que el postulado central es el aprecio por la otredad y el de la posibilidad de mezcla y negociación de lo propio con lo ajeno.

# Epílogo

Me doy ahora cuenta de que me he planteado este libro, desde su incipiente gestación, como un intento de clarificación personal en el preciso momento en el que había aceptado tomar parte en un programa de reflexión y experiencia sobre la interculturalidad dirigido a formadores. En aquellos últimos seis años de debate sobre el racismo, mientras estuve preparando mis clases en la Universidad, realizando pequeñas prospecciones de campo o estudiando, no fui del todo consciente, o quizá lo había llegado a olvidar, de que el mayor nivel de exigencia se presenta cuando sientes que te encuentras ante la responsabilidad de tener que añadir, necesariamente, a lo que sabes, aquello por lo que apuestas. Pude moverme con relativa soltura en una posible antinomia de proclamar la igualdad y fascinarme por la diferencia mientras no tuve la plena conciencia de todas las contradicciones y mientras el hacer no suponía la responsabilidad de realizar sino solo de debatir.

Después de estos meses creo haber llegado a semisaber dos cosas. La primera se trata, en resumen, de una filantropía sin razón y una piedad que orienta la dirección de una filantropía del porque sí. En último término, ni racistas ni antirracistas tendríamos argumentos científicos para serlo, si la comunicación se hace evidente, pero se valora insuficiente, si la similitud se hace evidente pero se valora insuficiente, si las diferencias se hacen evidentes y se valoran suficientes, si la igualdad se evidencia como no-universal pero se valora como bien para la humanidad o como mal para la nación. Si no tuviéramos ya ningún argumento en que basarnos, estaría dispuesta a afirmar que somos antirracistas sin lógica y sin apoyo empírico, que lo somos porque participamos del dolor ajeno por encima del progreso de la nación. Sin lógica y sin apoyo empírico, como tampoco los racistas tienen.

La otra es lo que sería tarea urgente desde una antropología entendida como institución alterófila; la necesidad que tenemos de conocer a los «otros» concretos, de aportar a ese conocimiento lo que como investigadores nos toca aportar específicamente, además de lo que podamos poner en ello como ciudadanos: la mayor coherencia posible en los planteamientos, la mayor contrastación posible en las afirmaciones, la mayor apertura posible ante la seguridad de tener que corregir errores y buscar explicaciones más satisfactorias, aproximaciones más potentes. He querido terminar hablando de conceptos y de términos porque es el comienzo de lo que me parece que como investigadores tendríamos que empezar por esclarecer.

*Riudarenes, septiembre de 1994*

# Bibliografía citada

ARANZADI, J. (1991), «Racismo y piedad. Reflexiones sobre un judío y un chimpancé», *Claves de Razón Práctica*, 13: 2-12.

BALIBAR, E. y WALLERSTEIN, I., eds. (1988), *Raza, nación y clase*, Iepala.

BANTON, M. (1967), *Race Relations*, London: Tavistock-Basic Books.

— (1987), *Racial Theories*, Cambridge: Cambridge U.P.

BARKAN, E. (1992), *The Retreat of Scientific Racism. Changing Concepts of Race in Britain and the United States between the World Wars*, Cambridge: Cambridge U.P.

BARKER, M. (1981), *The New Racism. Conservatives and the Ideology of the Tribe*, London: Function Books.

— (1984), «Racism: the new inheritors», *Radical Philosophy*, 21.

BARTH, F. (1970), *Ethnic Groups and Boundaries*, London: Allen & Unwin.

BIRNBAUM, P. (1991), «Citoyanneté et particularisme. L'example des juifs de France», P. A. TAGUIEFF, ed. (1991), *op. cit.*, vol. 2.

CASTAÑEDA, J. M. (1961), «El racismo ante la ciencia moderna», UNESCO (1961), Vizcaya: L. Ondarroa.

CERULLI, E. (1959), «Il diritto consuetudinario della Somalia Settentrionale (Migiurtini)», vol. 2 de *Somalia*, New Haven: HRAF.

CIS (1993), «Resultados de la encuesta CIS sobre xenofobia. Comentario», *El País*, 21 de abril.

COX, O. C. (1948), *Caste, Class, and Race*, London: Doubleday.

DE TAPIA, S. (1991), *La comunidad morisca de Ávila*, Ávila: Diputación Provincial de Ávila, Institución Gran Duque de Alba.

DELACAMPAGNE, Chr. (1983), *El racismo y Occidente*, Barcelona: Argos.

DELANNOI, G. (1993), «La teoría de la nación y sus ambivalencias», G. DELANNOI y P. A. TAGUIEFF, eds. (1993), *op. cit.*

DELANNOI, G. y TAGUIEFF, P. A., eds. (1993), *Teorías del Nacionalismo*, Barcelona: Paidós.

DUMMET, A. y NICOL, A. (1990), *Subjects, Citizens, Aliens and Others. Nationality and Immigration Law*, London: Weidenfeld y Nicholson.

EPSTEIN, I., ed. (1935), *Sanhedrin*, London: Soncino Press, 2 vols., 1960.

EVANS-PRITCHARD, E. E. (1937), *Witchcraft, Oracles, and Magic among the Azande*, Oxford: Clarendon Press.

FERRY, L., ed. (1978), *Théorie critique*, Paris: Payot.

FITZPATRICK, P. (1987), «Racism and the innocence of law», P. FITZPATRICK y A. HUNT, eds. (1987), *op. cit.*: 119-131.

FITZPATRICK, P. y HUNT, A., eds. (1987), *Critical Legal Studies*, Oxford: Basil Blackwell.

FONS, V. (1994), «Migración femenina y comportamiento en torno a la reproducción y a la fecundidad. El caso de los ndowe de Guinea Ecuatorial», manuscrito no publicado.

FORTES, M. (1947), «The Ashanti», *The Geographical Journal*, vol. 110: 149-179.

— (1948), «The Ashanti social survey», *Rhodes-Livingstone Journal*, 6: 1-36.

— (1950), «Kinship and marriage among the Ashanti», A. R. RADCLIFFE-BROWN y D. FORDE, eds. (1950).

FOX, R. G., ed. (1990), *Nationalist Ideologies and the Production of National Cultures*, Ethnological Society Monographs Series, 2.

FRAZER, Sir J. (1963), *The Golden Bough*, London: Macmillan.

FREEDMAN, H. y SIMON, M. (1939), *Midrash Rabbah*, London: Soncino Press.

GADAMER, H. G. (1982), «El arte de comprender», *Escritos* 1: *Hermenéutica y Tradición Filosófica*, Paris: Auber Montaigne.

GALLINI, C. (1991a), «Mises en scène du racisme italien», *Terrain*, 17: 105-119.

— (1991b), «Giochi pericolosi... razzismo...», F. ANGELI (1991).

— (1991c), «La barriere culturali», *Politica ed Economia*.

— (1992), «Scenari del razzismo in Italia», *Il razzismo e la sua storia*, Edit. Sa. It. Mepal.

GARAUDY, R. (1991), *Los integrismos. Ensayo sobre los fundamentalismos en el mundo*, Barcelona: Gedisa.

GEERTZ, C. (1986), «The uses of diversity», *Michigan Quarterly Review*.

GILROY, P. (1991), «La fin de l'antiracisme», *Les Temps Modernes*, 46.

GLAZER, N. y MOYNIHAN, D. P., eds. (1976), *Ethnicity. Theory and Experience*, Harvard U.P.

GOBINEAU, A. (1835), *L'Essai sur l'inégalité des races humaines*.

GONZÁLEZ ECHEVARRÍA, A. (1990), *Etnografía y comparación*, Barcelona: Publicacions de la Universitat Autònoma de Barcelona, Sèrie d'Antropologia Cultural.

GOSSELIN, G. (1992), «L'anthropologie et les antinomies de l'égalité des cultures», *Ethnologie Française*, 4.

GUILLAUMIN, C. (1972), *L'idéologie raciste. Genèse et language actuel*, Paris: Mouton.

— (1980), «The idea of race and its elevation to autonomous, scientific and legal status», *Sociological Theories: Race and Colonialism*, Unesco Press.

HABERMAS, J. (1987), *Teoría de la acción comunicativa*, Barcelona: Taurus.

— (1991), «Cittadinanza e identità nazionale», *Micromega*, 5.

HARRIS, M. y WAGLEY, C. (1970), *Six Case Studies: Minorities in the New World*, Columbia U.P.

HORKHEIMER, M. (1978), «La théorie critique hier et aujourd'hui», L. FERRY, ed. (1978), *op. cit.*

HUGUES, E. (1963), «Race relations and the sociological imagination», *American Sociological Review*, 28(6).

IOE (1992), *La inmigración extranjera en Cataluña: balance y perspectivas*, Barcelona: Institut Català d'Estudis Mediterranis.

IRVINE, J. T. (1974), *Caste and Communication in a Wolof Village*, Ann Arbor: University of Penn, Microfilms n.º 74-14, 082, Dissertation (Anthropology).

JANKÉLÉVITCH, V. (1942), «Psicho-analyse de l'antisemitisme», *Le Mesonge Raciste*, Toulouse: Mouvement National contre le Racisme.

JORDAN, W. D. (1976), «A sense of success: heredity, intelligence and race in American history and culture», S. P. REEVES, ed. (1976), *op. cit.*: 37-51.

KAPLAN, A. (1991), «Trabajo de campo en senegambia», *Revista de Trabajo Social*, 123.

— (1993a), *Aproximaciones descriptivas a la situación de origen de los inmigrantes de la región de Senegambia*, Memoria de Máster en Investigación Básica y Aplicada en Antropología, UAB.

— (1993b), «Movimientos migratorios, movimientos culturales», *Quaderns de Serveis Socials*, 5.

— (1995), *Variabilidad en los procesos de integración social, aculturación e identificación de los colectivos de inmigrantes senegambianos en Cataluña*, 2 vols., Tesis Doctoral no publicada, UAB.

KAPLAN, E. y MANNERS, A. (1979), *Introducción crítica a la teoría antropológica*, México: Nueva Imagen.

KNEZ, E. I. (1970 [1960]), *Sam-Jong-Dong. A South Korean Village*, Ann Arbor: Syracuse University, Microfilms n.º 59-6308, Dissertation.

KNIPMAYER, M. *et al.* (1980), *Escuelas, Pueblos y Barrios*, Madrid: Akal.

KOLAKOWSKI, L. (1985), *L'esprit révolutionnaire*, Paris: Denöel, 1972.

— (1986), *Le village introuvable*, Bruxelles: Ed. Complexe.

KROTZ, E. (1988), *Ensayos sobre el cooperativismo rural en México*, México: Universidad Autónoma Metropolitana Iztapalapa.

KUPER, A. (1973), *Antropología y antropólogos*, Barcelona: Anagrama.

LAACHER, S., ed. (1987), *Questions de nationalité: histoire et enjeux d'un code*, Paris: L'Harmattan.

LAPOUGE, G. (1899), *L'Aryen. Son rôle social*, Paris: A. Fontemoing.

— (1896), *Les selections sociales*, Paris: A. Fontemoing.

LE BAS CHOPPARD (1986), *De l'égalité dans la différence. Le socialisme de Pierre Leroux*, Paris: Press Fond. Nat. Scc. Politiques.

LE BOU, G. (1894), *Lois psychologiques de l'évolution des peuples*, Paris: Alcan.

LEACH, E. R. (1954), *Political Systems of Highland Burma*, London: Bell & Sons, Ltd.

— (1968 [1961]), *Pul-Eliya: A Village in Ceylon. A Study of Land Tenure and Kinship*, Cambridge: Cambridge U.P.

LECA, J. (1991), «La citoyenneté en question», P. A. TAGUIEFF, ed. (1991), *op. cit.*, vol. 2.

LEIRIS, M. (1950), «Raza y civilización», Unesco (1961).

LÉVY-BRUHL, L. (1949), *Les Carnets de Lévy-Bruhl*, Paris: PUF (obra póstuma).

— (1972), *La mentalidad primitiva*, Buenos Aires: La Pléyade.

— (1974), *El alma primitiva*, Madrid: Sarpe.

LÉVI-STRAUSS, C. (1958), *Anthropologie Structurale*, Paris: Plon.

— (1961), «Raza e historia», Unesco (1971), *op. cit.*: 232-275.

— (1971), «Race et culture», *Revue Internationale des Sciences Sociales*, 23(4).

— (1972), *El pensamiento salvaje*, México: Fondo de Cultura Económica.

— (1973), *Anthropologie Structurale Deux*, Paris: Plon.

— (1984), *La mirada distante*, Madrid: Argos.

— (1990), *De cerca y de lejos*, Madrid: Alianza.

LEWIS, I. M. (1961), *A Pastoral Democracy*, Oxford: Oxford University Press.

LIEBERSON, S. y WATERS, M. C. (1989), «The rise of a new ethnic group: the "unhyphenated american". A selection from the new census monograph on ethnicity», *Items*, 43(1).

LUMHOLTZ, C. (1902), *Unknown Mexico. A Record of Five Years Exploration of the Western Sierra Madre; in the Tierra Caliente of Tepic and Jalisco; and among the Tarascos of Michoacan*, New York: Charles Scribners' Sons', vol. 1.

MAIR, L. (1957), *Applied Anthropology*, London: Atholone.

— (1963), *New Nations*, London: Weidenfeld.

MAYER, H. (1916), *Die Barundi*, Leipzig: Spamer (traducción al inglés en HRAF, 1959).

MEILLASSOUX, C. (1975), *Mujeres, graneros y capitales*, Madrid: Siglo XXI.

— (1986), *Anthropologie de l'esclavage*, Paris: PUF.

MEMMI, A. (1964), «Essai de définition», *La Nef*, 19-20.

MILES, R. (1980), «Class, race, and ethnicity: a critique of Cox's theory», *Racial and Ethnic Studies*, 3: 169-187.

MORGAN, L. H. (1901), *League of the Ho-De-No-Sau-Nee o Iroquois*, New York: Herbert M. Lloyd, ed., 2 vols.

MORIN, E. (1980), «Identité ethnique et ethnicité. Analyse critique des travaux anglosaxons», P. TAPP, ed. (1980), *op. cit.*

MUKHERJEA, C. (1962), *The Santals*, Calcutta: A. Mukherjea & Co., Private Ltd., 2.ª ed.

NAKAMURA, Y. (1986), «El coneixement del sud com a antítesi del coneixement de la ciència clàssica i la societat industrial», Unesco (1986), *op. cit.*

PERRAULT, G. (1991), «Faut-il censurer à Le Pen?», P. A. TAGUIEFF, ed. (1991), vol. 1, *op. cit.*

PROVENZAL, D. (1993), «Migración, segregación y racismo», *Actas del VI Congreso de Antropología*, Tenerife.

PUTMAN, P. (1948), «The Pigmies of the Ituri forest», S. COON, ed. (1948).

REEVES, S. P., ed. (1976), *Anthropology and the Public Interest*, Academic Press.

RESNICK, S. (1966), *El concepto de participación en Lévy-Bruhl*, London: U.C.L, no publicado.

REX, J. (1986), *Race and Ethnicity*, Open U.P.

REX, J. y MASON, D., eds. (1986), *Theories of Race and Ethnic Relations*, Cambridge: Cambridge U.P.

ROSMAN, A. (1966), *Social Structure and Acculturation among the Kanuri of Northern Nigeria*, Ann Arbor: Yale University, Microfilms n.º 66-2677, Dissertation (Anthropology).

SAN ROMÁN, T. (1979), *El proyecto político del milenarismo. Memoria de proyecto de investigación*, Universidad Complutense de Madrid, no publicado.

— (1980), «La Celsa y la Escuela del Barrio», M. KNIPMAYER *et al.* (1980), *op. cit.*

— (1984a), *Gitanos de Madrid y Barcelona. Ensayos sobre aculturación y etnicidad*, Barcelona: UAB.

— (1984b), «Antropología aplicada y relaciones étnicas», *REIS*, 27.

— (1986), *Entre la marginación y el racismo: reflexiones sobre la vida de los gitanos*, Madrid: Alianza.

— (1988), *Hacia los límites del sistema. Propuesta teórica y metodológica para un proyecto de marginación*, 2 vols., Barcelona: UAB.

— (1990), *Vejez y Cultura: hacia los límites del sistema*, Barcelona: Fundació Caixa de Pensions.

— (1992), «Pluriculturalisme i minories ètniques», *Perspectiva Escolar*, abril y mayo de 1992.

— (1993a), «Retomando marginación y racismo. Hipótesis sobre el discurso y su génesis», *Perspectiva Social*, 33.

— (1993b), «La Universidad y el estado de bienestar», *Revista de Trabajo Social*, 132.

— (1994), *La diferència inquietant*, Barcelona: Serveis de Cultura Popular/Alta Fulla. *La diferencia inquietante*. Siglo XXI, en prensa.

SAN ROMÁN, T. y GARRIGA, C. (1975), «La imagen paya de los gitanos», *Revista de Trabajo Social*, 60: 38-41.

SAYAD, A. (1983), «Maghrébins en France, émigrés ou immigrés?», *Annuaire de l'Afrique du Nord*, Paris: CRESM-CNRS.

— (1984a), «Tendances et courants dans les publications en sciences sociaux sur l'immigration en France depuis 1960», *Current Sociology*, 32(3).

— (1984b), «État, nation et immigration: L'ordre national à l'épreuve de l'immigration», *Peuples Mediterranéens*, 27-28.

— (1987), «Les immigrés algériens et la nationalité française», S. LAACHER, ed. (1987), op. *cit.*

— (1991), *L'immigration ou les paradoxes de l'altérité*, Bruxelles: De Boeck-Wesmael.

SELIGMAN, C. y B. (1932), *Pagan Tribes of the Nilotic Sudan*, London: Routledge.

SMITH, A. y BULMER, M., eds. (1992), *Ethnic and Racial Studies*, London: Routledge.

SMITH, M. G. (1986), «Pluralism, race and ethnicity in selected African Countries», J.

REX y D. MASON, eds. (1986), op. *cit.*: 187-225.

SOLOMOS, J. (1991a), *Black Youth, Racism and the State. The Politics of Ideology and Policy*, Cambridge: Cambridge U.P.

— (1991b), «Les formes contemporaines de l'idéologie raciale dans la société britannique», *Les Temps Modernes*, 46: 540-541.

STOLCKE, V. (1989), *Marriage, Class and Colour in Nineteenth Century Cuba: A Study of Racial attitudes and Sexual values in a Slave Society*, Michigan U.P.

— (1995), «Talking cultures: new boundaries, new rhetorics of exclusion in Europe», *Current Anthropology*, 36(1).

TAGUIEFF, P. A. (1985), «Le néo-racisme différentialiste», *Langage et Société*, 34.

— (1987), *La force du préjugé. Essai sur le racisme et ses doubles*, Paris: La Découverte.

— (1989), «La nouvelle judeopholie», *Les Temps Modernes*, Novembre: 1-80.

— ed. (1991), *Face au Racisme*, 2 vols., Paris: La Découverte.

TAPP, P., ed. (1980), *Identités collectives et changements sociaux*, Toulouse: Privat.

THOMPSON, R. (1989), *Theories of Ethnicity: A Critical Appraisal*, New York: Greenwood.

TODOROV, T. (1988), *Cruce de culturas y mestizaje cultural*, Madrid: Júcar.

— (1989), *Nous et les autres. La réflexion française sur la diversité humaine*, Paris: Ed. du Seuil.

TURNBULL, C. M. (1965a), «Mbuti Pygmies: an ethnographic survey», *American Museum of Natural History of New York*, Anthropological Papers, 50: 139-282.

— (1965b), *Wayward Servants; the two Worlds of the African Pygmies*, New York: The Natural History Press.

— (1974 [1961]), *The Forest People*, London: Jonathan Cape.

Unesco (1961), *El racismo ante la ciencia moderna*, Vizcaya: Librería Ondarroa.

— (1986), *La Ciència i les fronteres del coneixement*, Barcelona: Centre Unesco de Catalunya.

VAN DER BERGUE, P. L. (1967), *Race and Racism*, London: Wiley.

— (1986), «Ethnicity and the Sociobiology debate», J. REX y D. MASON, eds. (1986), *op. cit.*

WALLERSTEIN, I. (1983), *Le capitalisme historique*, Paris: La Découverte.

— (1987), «La construcción de los pueblos: racismo, nacionalismo, etnicidad», *Actuel Marx*, 1(1): 25-26.

— (1988), «Universalismo, racismo y sexismo. Tensiones ideológicas del capitalismo», E. BALIBAR e I. WALLERSTEIN, eds. (1988), *op. cit.*

WILSON, E. O. (1975), *Sociobiology, the New Synthesis*, Harvard U.P.

WILLIAMS, B. (1990), «Nationalism, traditionalism and the problem of cultural inauthenticity», R. G. FOX, ed. (1990), *op. cit.*

WILLIAMS, P. (1991), «Le miracle et la nécessité: à propos du développement du pentecôtisme chez les tsiganes», *Archives des Sciences Sociales des Religions*, 73: 79-98.

WOLPE, A. (1986), «Class concepts, class struggle and racism», J. REX y D. MASON, eds. (1986), *op. cit.*: 110-130.

# Anexos

## 1. Anexo al capítulo 4: enunciados etnográficos de «hay»

El presente anexo al capítulo 4 incluye varias referencias etnográficas que me parecen de interés. En ningún caso pueden tomarse como aportaciones capaces de validar ninguno de los enunciados que iré planteando a lo largo del texto. Sí tienen, sin embargo, un triple valor: por una parte, ponen de manifiesto que afirmaciones rotundas sobre la existencia de un universal (por ejemplo, de aversión a los diferentes o de un presupuesto de igualdad) están lejos de poder mantenerse; por otra parte, muestran que otras afirmaciones, también rotundas, sobre la particularidad y especificidad occidental de otros enunciados (como, por ejemplo, los que sustentan la clasificación de los seres humanos por criterios biologistas en una escala jerárquica o los de existencia exclusiva de explotación o de etnocentrismo), no se mantienen, pero de ninguna forma se sigue de ello que sean, a su vez y por contra, universales. Por último, sugieren muchos más caminos posibles para el estudio de los fenómenos de alterofobia, que podrían permitir un análisis más comprehensivo e integrado que el que hasta ahora solemos venir haciendo. Por lo tanto, creo que se trata de referencias etnográficas que someten teorías y supuestos comunes a un enfrentamiento con *enunciados de «hay»*. Un ejercicio no concluyente pero insidioso.

Las generalizaciones que se pretende enfrentar a este puñado de casos etnográficos aparecen en el texto con un tipo de letra diferente, mientras que estos últimos se numeran para diferenciar distintos pueblos. Por otra parte, un mismo pueblo o incluso enunciados etnográficos similares pueden hacerse servir para enfrentarlos a distintas generalizaciones.

1

*Los rasgos físicos y las diferencias culturales son empleados con frecuencia como marcadores para la clasificación de las gentes y a veces para su jerarquización.*

### 1.1. *Sinhalese (Ceilán, Asia)*

La palabra *variga* denota diferentes categorías o tipos de personas. Algunas *variga* forman estratos sociales de escasa movilidad y se relacionan con actividades económicas específicas. Otras son categorías de personas como los *tamils* (lingüística) o los *mavakkal* (religiosa) o los *vadda* (grupo étnico con caracteres físicos diferenciales respecto al resto).

Datos para los años cincuenta. Fuente: E. Leach, 1968 (1961): 23.

## 1.2. *Brasileños de Bahía-Vila Reconcavo (Sudamérica)*

Las clases sociales se definen principalmente en términos de riqueza, educación y familia a la que se pertenece. La raza, aun desempeñando un papel en la posición de clase, es menos importante que la riqueza y la educación, sin llegar a establecerse grupos de estatus por ese criterio solamente. Sin embargo, hay una fuerte tendencia al matrimonio entre gente del mismo color, sobre todo en el campo.

Datos para 1950. Fuente: H. W. Hutchinson, 1963.

## 2

*Es extraordinariamente frecuente pensar en una similitud entre padres e hijos, incluso entre ciertas categorías de parientes, que con frecuencia se fundamentan en la transmisión biológica de caracteres físicos y a veces psíquicos. Estas ideas pueden en ciertas ocasiones cristalizar en una clasificación en distintos tipos de seres humanos a partir de su herencia biológica, a veces también jerarquizándose estos tipos y en ocasiones llegando a tener las características del racismo. Sin embargo, esto no es en absoluto general, ni siquiera muy frecuente por lo que he podido ver. Como ejemplo de pueblos que conectan la transmisión genética de caracteres y capacidades físicos y psíquicos podrían ponerse.*

## 2.1. *Azande (África Oriental)*

Es un caso bien conocido sobre el que volveré repetidamente. Las ideas sobre la aportación del hombre y la mujer en la procreación atribuyen un peso desigual a una y otro, pero por motivos anímicos y no influye en ello el sexo. Si el alma del hombre es más fuerte que la de la mujer, nacerá un niño y heredará de su padre más atributos psíquicos que de su madre. Lo contrario ocurre cuando la fortaleza del espíritu materno es mayor.

Fuente: E. E. Evans-Pritchard, 1965 (1937).

## 2.2. Bali (Asia)

Las ideas sobre procreación adjudican a padre y madre aportaciones específicas y bien diferenciadas: la mujer transmite la mayor parte de caracteres físicos y el hombre las habilidades y caracteres psíquicos. (A partir de este presupuesto parece más difícil que los balineses lleguen nunca a construir una ideología propiamente racista.)

Fuente: Baten, 1964 (1957).

## 3

*Sin embargo, sí existen otros casos en los que los intereses discriminatorios han encontrado en los atributos físicos y psíquicos, que se piensan biológicamente transmitidos, marcadores que facilitan una raciación indiscriminada, jerárquica y capaz de justificar el uso que algunos pueblos han llegado a hacer de otros.*

## 3.1. Ruanda (África Central)

La sociedad ruandesa, tal como nos la han descrito desde finales del siglo pasado (incluyendo referencias anteriores), se compone de tres grupos étnicos diferentes, los tres con características físicas discernibles en la mayoría de sus miembros: batutsi (que tienden a ser altos y esbeltos, de piel muy oscura y son menos robustos físicamente que sus conciudadanos); son una ínfima minoría (de uno a diez aproximadamente a principios de siglo) pero gobiernan duramente el país desde que tenemos noticia. Bahutu (más bajos y de una tonalidad distinta de la de aquellos, corpulentos y musculosos, como tendencia), que pueden considerarse siervos de los primeros y constituyen la gran masa de la población. Los batwa (que son pigmeos) forman una minoría marginada, viviendo en pésimas condiciones (según todas las informaciones), ignorados por todos, incluso los colonizadores (y los medios de comunicación actualmente, durante el conflicto de Ruanda en 1994) y profundamente despreciados por los bahutu e inexistentes para los batutsi.

Las diferencias de estatus se explican en términos de diferencias en cualidades físicas y psíquicas innatas y hereditarias para cada uno de los grupos. Piensan que un niño hutu puede desarrollar ciertas capacidades infrecuentes entre su gente si lo educan los tutsis, pero nunca llegará a dominarlas como aquellos, que las desarrollan a su vez de forma casi espontánea. Para los ruandeses parecía haber una correspondencia genética (como para nuestros racistas la hay) entre sus atributos físicos y sus capacidades psíquicas e incluso sus tendencias culturales. Un tutsi se concebía como alguien perteneciente a un grupo que posee más elegancia e inteligencia (en especial astucia y capacidad estratégica), y la prueba irrefutable la veían en el hecho de que siendo tan pocos dominaban por completo a una mayoría que además era más fuerte que ellos, haciéndoles trabajar en su beneficio sin necesidad de devolverles nada a cambio. R. Kandt, 1911 (citado por Mayer, 1916: 22), daba una cifra aproximada de medio millón de hutus supeditados a sus señores tutsis, y dice de estos que «se ven a sí mismos y a su grupo como la cúspide de la creación, sin parangón en inteligencia y en destreza como políticos y expresan un sentimiento de superioridad sobre los bahutu desmedido». Esta superioridad se piensa respecto a cualquier otro grupo del género humano.

La base de este sentimiento de superioridad está también potenciada por sus ideas respecto a la separación entre los seres humanos y los animales. Lo que define la especificidad humana es el lenguaje, la inteligencia y la voluntad (por eso dicen que un niño tiene que construirse como ser humano y mientras es pequeño es un ser cercano al mundo animal). Pues bien, los tutsis piensan en sí mismos como inteligentes y hábiles, oradores convincentes y refinados, y nacidos y educados para el autocontrol: se mueven suavemente, no deben expresar las emociones, deben controlar sus impulsos, perseverar en sus objetivos. Todo lo contrario que la idea de hutu: de escasa inteligencia, gran torpeza al hablar y corto vocabulario, impulsivos y sin perseverancia. En consecuencia, la raciación sitúa nítidamente separados y jerarquizados a tutsis y hutus, estos más cercanos a los animales, mientras que los twa no parece que ni siquiera entren a formar parte de la consideración de unos ni de otros cuando se comentan las diferentes atribuciones de ambos y su desigualdad.

La transmisión se piensa que se realiza por parte de los progenitores biológicos, y una férrea endogamia y prohibición de contacto sexual entre ambos hace de cada uno de los tres grupos una unidad estanca de características fijas. La madre aporta sobre todo rasgos físicos y el padre psicológicos, disposiciones y temperamento. Existe aquí una gran contradicción: el padre es siempre el marido de la madre, incluso aunque esta haya concebido al hijo estando su marido de viaje. Sin embargo, no parece que esta incoherencia les perturbe. Si se trata de una muchacha soltera que concibe un hijo de un no-tutsi, la casan con un hutu y la olvidan. Si es una mujer casada, mantienen que el hijo es de su marido y que él transmite sus propiedades, sin demasiado interés en cualquier cuestión accidental, de manera que si el hijo resulta ser bajo, corpulento y con otro tono de piel, carece de importancia porque su padre le ha transmitido todo lo que un tutsi tiene que transmitir y lo demás es una excepción, un asunto periférico. Me recuerda en esto a los payos racistas que cuando conocen a un gitano que no roba, se lava y estudia, despachan la posible refutación de su racismo por la cómoda vía de considerarlo un caso excepcional que no hace sino confirmar la regla.

Junto a estas separaciones hay formas de comportarse, normas de etiqueta, adornos y vestidos, instituciones y normas que afectan específicamente a uno u otro grupo. Ellos parecen concederle especial atención al tipo de alimentos y forma de tomarlos por parte de cada grupo, hasta el punto de ser parte de la cultura emblemática que los diferencia.

Fuentes: H. Mayer, 1916; J. J. Maquet, 1954 y 1961; G. Pagés, 1933 (1925); E. Albert, 1963.

### 3.2. *Ba mbuti (Zaire*, África)

Habitantes de la selva del río Ntuvi, estos pigmeos son prácticamente desconocidos hasta entrado el siglo xx, formando más bien parte de la mitología que tuvo su base en informaciones de exploradores portugueses del siglo xvi y del xvii. A mediados de este siglo vivían en una curiosa simbiosis con sus vecinos bantúes, de la que luego hablaré, aunque brevemente porque es sobradamente conocida por todos los antropólogos. Pigmeos y bantúes, a pesar de su estrecha relación, mantenían (ignoro si siguen manteniéndola) una visión muy poco agradable unos de otros, de manera que se superaba solo en la práctica, cuando se producía la relación de semiclientelismo que algunos pigmeos tenían con solo algunas familias bantúes, que hablaban de ellos como «mis pigmeos», a pesar de no controlarlos. Por lo demás, los pigmeos consideraban a los bantúes brutos y toscos, a sus instituciones, carentes de sentido y los despreciaban profundamente adjudicándoles un lugar entre los hombres y los animales: «son como animales» (C. M. Turnbull, 1961: 129). Los bantúes, por su parte, piensan que los pigmeos son inferiores y que en esto tiene que ver su pequeñez. Esta ideología esencialista, biologista, y peyorativa, llega, sin embargo, a configurar una verdadera jerarquización en términos racistas. Solo en algunos sectores, por parte de *algunos* bantúes se piensa que habría que esclavizar a los pigmeos. Por parte de algunos pigmeos se piensa que no pasa absolutamente nada si se roban o destruyen las propiedades de los bantúes e incluso a algunos de ellos.

No obstante, la práctica social y el interés mutuo por una convivencia restringida y acotada permite tener una relación muy aceptable pensando del «otro» francamente mal y sin remedio porque es un mal congénito.

No es exactamente así lo que ocurre entre pigmeos y vecinos distantes como los bo mbo y los ba bali, pueblos sudánicos ba lese, a quienes los pigmeos consideran brujos, antisociales y caníbales, sin que de estas ideas escape ninguno que pertenezca a esos grupos étnicos. Por eso procuran no acercarse a ellos más que cuando están seguros de que pueden robarles sin correr realmente peligro.

Ignoro si esas alterofobias son racismo o fundamentalismo. Podrían considerarse dentro de las definiciones de racismo las ideas respecto a bantúes, y de estos respecto a pigmeos, en la medida en que van unidas a una transmisión biológica de propiedades físicas y psíquicas, pero como tantas veces ocurre, solo algunos de los racistas ideológicos son racistas prácticos porque ni lo desean por ninguna razón especial ni les conviene por muchas razones. Sin embargo, su relación con los ba lese sudánicos supone una práctica social que priva realmente de cualquier derecho como ser humano, tal como los pigmeos los entienden (no robarles, matarlos ni destruir sus propiedades) a estos vecinos, a quienes ven como monstruos de perversidad y deshumanización. Ignoro, no obstante, si los pigmeos piensan que el ser caníbal o brujo se transmite genéticamente o si prefieren verlo como una característica cultural, es decir, algo que los mayores enseñan a hacer a los menores; de una u otra forma sí que esta visión es omnicomprensiva (todos los ba lese) y esencialista (necesaria e inmutable).

Fuente: C. M. Turnbull, 1974 (1961).

### 3.3. *Lugbara (Uganda,* África)

Especialmente bien conocidos por los estudiantes de la UAB[1] en los años en los que se escribió este libro, los lugbara deshumanizan, desculturalizan y despersonalizan a todos los seres humanos del presente o del pasado a quienes no conocen, con quienes no tienen relación. Los estereotipos cristalizan en figuras de atributos físicos y psíquicos invertidos respecto a lo que los lugbara consideran lo normal, y de esta forma la inversión de lo normal caracteriza a las figuras

---

1. El libro de J. MIDDLETON, *Los Lugbara de Uganda,* fue traducido en la Serie de Antropología Cultural del Servicio de Publicaciones de la Universidad Autónoma de Barcelona. La escasez de etnografías de otros continentes que no sean el europeo en el mercado del libro en España y en los fondos de nuestras bibliotecas nos ha llevado a utilizarlo reiteradamente y ha llegado a ser como alguien de la familia.

míticas, los brujos, los pueblos con quienes no tienen relación y los europeos (datos en todo caso para los años cincuenta y sesenta del siglo xx).

La diferencia entre los lugbara, los animales y los demás hombres, *parece* ser una cuestión evolutiva. Un héroe y una heroína creados por el Espíritu pro-crearon primero animales y después seres míticos con atributos monstruosos, como el canibalismo. De estos héroes míticos salieron con el tiempo los distintos pueblos. La saga de alguno de ellos, después de muchas generaciones, producía a los lugbara. Pero también se producía, en una evolución multilineal, a los europeos, a los vecinos de los lugbara y a otros pueblos. Solo los lugbara llegaron a ser plenamente humanos, seres sociales y convivientes. Europeos y pueblos vecinos, solo a medias, de manera que los poderes mágicos o las capacidades extraordinarias de desaparecer en el suelo en un lugar y reaparecer casi simultá-neamente en otro, son atributos no-humanos de estos no-lugbara, aun así y todo, conocidos, que tienen, además, por costumbre andar con los pies para arriba y la cabeza para abajo. Y lo hacen en cuanto los lugbara no los ven. Otros pueblos son simplemente brujos, caníbales, monstruos asociales y antisociales.

Esta tremenda alterofobia, apoyada por la enorme importancia de la filia-ción y el parentesco, no parece servir a los lugbara para otra cosa que para de-fenderse de posibles agresores extranjeros. Es decir, no parece que hayan desa-rrollado en absoluto una alterofobia genocida ni imperialista, pero sí una contundente xenofobia que solo se salva en la práctica, en casos concretos.

Fuente: J. Middleton, 1964 (1960) y 1984 (1965).

### 3.4. *Cuna (Panamá, Centroamérica), y nota sobre algunos gitanos españoles*

Parece que todas las fuentes que se refieren a los indios cuna desde principios de siglo hasta casi los años cincuenta, coinciden en señalar la obsesión cultural de este pueblo por mantener lo que en algunos informes se llama «la pureza de su raza» (y, en algunos de ellos, no sin cierta admiración; ver por ejemplo E. Nord-enskiöld, 1938 [1927]: 34). Con una ideología fuertemente biologista respecto a la transmisión filiativa de los atributos de las personas, los temores de los cunas van en dos direcciones: los muy negros y los muy blancos. La belleza, el patrón de normalidad, está en una piel tostada.

Me recuerda enormemente un mito de origen de algunos gitanos: Dios hizo al hombre como podía haberlo hecho un ceramista, tomando agua y arcilla, amasándola, dándole forma y metiéndola en el horno para cocerla. Estaba ilu-sionado con su tarea, pero era la primera vez que la realizaba. Y, por su inexperiencia, dejó el barro durante demasiado tiempo en el horno, de manera que cuando lo sacó el hombre que era producto de su obra se le había quemado. De ahí proceden los seres humanos de piel negra. Fastidiado, pero empeñado en su propósito, volvió a amasar, modelar y hornear. Pero tanto miedo tenía de que el hombre se le volviera a quemar, que abrió la puerta del horno y lo sacó antes de tiempo. Y resultó una pena: blanco y crudo como la leche. Se dijo entonces que a la tercera va la vencida, amasó, modeló y horneó. Esperó ni mucho ni poco y abrió el horno tomando en sus brazos a un hombre de piel tostada, en su punto. Entonces exclamó: «¡por fin me ha salido el hombre!». Y de ahí, los gitanos.

Nordenskiöld recoge (datos de la década de 1920) escasísimos casos de matrimonio exógamo de los cunas y siempre en condiciones excepcionales. En el caso de algún niño nacido de un hombre negro, lo habrían matado nada más nacer, a pesar de las ideas sobre contaminación que tienen respecto a dar muerte a gente negra. La misma aversión es consistentemente recogida por otros autores en otros momentos (ver, por ejemplo, Marshall, 1950) y en ellos se expresa esa misma ideología: «Sin duda alguna la fundamentación más poderosa para determinar la pureza de la raza radica en el carácter de la propia gente. Existe una historia de adhesión a las reglas de la herencia, simples pero inflexibles» (McKim, 1947 [1935]: 5).

D. B. Stout (1947) piensa que a mediados de siglo el peor racismo estaba, sin embargo, declinando. Los cunas seguían considerando inferiores a las personas negras, llevando en ocasiones su mixofobia hasta el extremo de dar muerte a los niños que nacían negros o mulatos. Pero indica también que a pesar de ser una práctica reciente había ya desaparecido en los últimos años (él recoge sus datos entre 1940 y 1941). Y adjudica esa aversión al hecho de que las poblaciones negras circundantes competían directamente con los cunas por productos y recursos como la tortuga, mientras que con cierta frecuencia habían hecho expediciones para apropiarse de las plantaciones de coco y banana de los cunas.

Según este autor el contacto entre poblaciones negras e indios cuna comenzó a principios del XVI provocado por la actividad de esclavistas españoles que situaron a un buen número de ellos en Panamá en torno a 1519. De ellos, a finales de siglo habían escapado muchos, formando verdaderas colonias a lo largo de la costa de San Blas y del tramo superior del río Cepo (otras veces llamado Bayano, nombre de un líder negro). Su número se incrementó a partir del naufragio de un navío cargado de esclavos, unos trescientos de los cuales alcanzaron la costa a nado y se unieron a los esclavos fugitivos. Fueron grupos rebeldes que atacaron (¡qué menos!) los asentamientos españoles, hasta que consiguieron su libertad, en 1579 en la costa de San Blas y dos años más tarde en los valles del río Cepo. Desde ese momento su enfrentamiento con los cunas y la competencia entre ambos parece creciente, hasta el punto de no conocerse alianza entre ellos para combatir a los españoles. Las cosas llegan al colmo durante la rebelión de 1925: los cunas deciden terminar con los negros y se produce una verdadera matanza. Ya antes de esa fecha, no parece que la mixofobia cuna y su empeño en matar a nacidos negros o mulatos (que siempre serían ilegítimos) favoreciera una convivencia pacífica. Algunos de estos niños habrían sido engendrados por miembros de la policía panameña, en la zona muchos de ellos negros. Esta matanza, como la muerte de estos niños, trajo consigo problemas místicos de polución, a los que luego me referiré.

Todo esto nos hace pensar que sobre todas estas bases se podía haber elaborado una ideología racista que justificara su derecho en una competencia descarnada y su superioridad ante unas prácticas poco recomendables. Sin embargo, para eso parecería necesario cierto substrato que permitiera tales elaboraciones. Y evidentemente lo había. Por una parte, su concepción, muy biologista como he indicado, de la herencia de atributos. Por otra parte (y de esto parece haber noticias desde la llegada de los primeros invasores europeos), otro racismo peculiar: el horror, no carente de ambivalencia, hacia los blancos.

Por alguna razón que ignoro y no he sido capaz de desentrañar, existen muchos albinos entre los cunas, y han existido desde que se sabe algo de ellos. Conquistadores, funcionarios, misioneros y viajeros hablan de «los indios blancos» como una sorprendente peculiaridad de la zona. Todos los informes coinciden en señalar que los cunas sienten pavor ante la idea de tener que pasar por el trago, amargo y más frecuente de lo que correspondería, de tener un hijo albino. A mediados de este siglo se indica, incluso, un incremento muy notable del albinismo cuna y paralelamente a él un incremento de la aversión y agresividad de los no-albinos para con ellos. Los cunas piensan en ellos como seres monstruosos, más inteligentes con mucho de lo normal, de grandes cualidades espirituales, pero son para ellos la cosa más fea del mundo, se les considera físicamente débiles e inútiles en cualquier tipo de esfuerzo y en todos estos aspectos, físicamente inferiores a los otros cunas. Sin embargo, existe ambivalencia. La memoria, la inteligencia, la habilidad mental, todo ello depende de su inscripción genética en lo que llaman «cumbres cerebrales», y que los albinos desarrollan más de forma congénita. Tienen un *kurgin* especial y eso supone un cerebro distinto y unas capacidades mentales distintas. Tienen, por ejemplo, escaso *kurgin* para cazar o pescar. Pero en esas «cumbres», extraordinariamente desarrolladas, no solo se localiza lo mejor de la mente sino también lo malo de ella. Muchos cunas, como muchos otros indios cercanos, los creen hijos de malos espíritus.

Quizá por todo esto, parece que los cunas preferían matarlos al nacer y existen testimonios antiguos de ello (como mataron después a los que les nacían negros). No planteaba un problema ético especial porque no solo su monstruosidad lo hacía conveniente, sino que pensaban que en el cielo tenían un lugar preferente, mucho mejor que cualquier otro mortal. No sabemos exactamente cuándo se abandonó esta práctica. Se formulaba explícitamente a los informadores, como Gasso, de principios de siglo, pero hacia los años treinta y cuarenta, otros como Stout o McKim señalan que solo rara vez se realiza ya. En 1950 Marshall indica que no se reconoce esa práctica y que se considera cosa de otros tiempos, a pesar de que ha conocido algún caso de hecho.

Una tercera fuente de soportes complementarios para la construcción del racismo antinegro puede haber sido la concepción del proceso procreativo y de las relaciones sexuales mantenidas por los cunas. La transmisión fundamental de los atributos corresponde a padre y madre. Los albinos se explican por la penetración en su vientre, junto al feto, de un espíritu. La sospecha de una relación sexual con un negro llevaba a forzar a la mujer a que abortara, y la aparición de un recién nacido negro, como hemos visto, a su muerte. Relacionado con todo esto está el puritanismo extremo de este pueblo, con cierto regocijo, parece, por parte de Marshall (1950: 12): «En términos de los estándares occidentales, los cunas son uno de los grupos más morales de los que tenemos noticia. Este grupo no solo se ha hecho notar a lo largo de la historia por su absoluta aversión a mezclarse con otros, sino que incluso en su propio interior, su código moral ostensible, y seguido en la práctica, satisfaría a los [occidentales] de mentalidad más puritana. No existe ni un solo registro de prostitución, tampoco en el pasado. La experiencia sexual premarital está prohibida, y las propias condiciones de las aldeas y de su actividad social son tales que los intentos a escondidas resultan prácticamente imposibles. La seducción o la violación son raras y se desestimulan por la antiquísima práctica de clavar la rama de un arbusto espinoso en el pene del ofensor, abandonándole hasta que muere. Y siempre que es posible incluso los actos sexuales de los animales se ocultan a los niños». Este contexto de puritanismo creo que puede muy bien haber contribuido a la formación de la ideología de los cunas respecto a los albinos, o mutuamente, y que puede haber sido especialmente conveniente su utilización en el racismo.

Ese racismo es mucho menor, parece ser, hacia los blancos que no son sus albinos, incluidos sus mestizos, que en ningún momento parecen haber corrido la misma suerte que los bebés negros y mulatos. El contacto con europeos blancos ha sido largo, y estrecho con franceses, que dejaron un buen número de mestizos desde finales del xvii. Sin embargo, en 1757 los cunas tomaron partido por los ingleses y terminaron con toda la colonia de padres y afines hugonotes franceses, pero respetaron a sus mestizos y a sus madres cunas. En todo caso aceptan mal a los blancos, pero les conceden un estatuto más ambiguo, menos claramente hostil que a los negros. Como pasa con los albinos, más ambivalente.

Fuentes: L. De Puydt, 1968; E. Nordenskiöld, 1930 y 1938; D. B. Stout, 1946, 1947 y 1948; F. McKim, 1947; D. S. Marshall, 1950.

### 3.5. *Wolof (Sahara y Sudán, Oriente Medio)*

Consideran que los grupos étnicos que configuran las castas son extraños entre sí y esa es la razón de su estratificación. «Los informantes generalmente describen las castas como diferentes "esencias" (*nekkin, nekkale*) o materias distintas, substancias físicas que mezclan mal. Se recurre también a nociones de pureza, impureza y contaminación» (J. T. Irvine, 1974: 111).

Datos para 1970-1971. Fuente: J. T. Irvine, 1974.

# 4

*En la península Ibérica, como en otras partes de Europa, la alterofobia y el racismo en concreto no me parece que sean un invento convenientemente construido a partir de 1492, aunque sin duda se reforzó y se reconstruyó, como se ha vuelto a proceder en el xviii o en el período nazi y como se reformula en la actualidad. Posiblemente el simple recuerdo de las maneras de los romanos respecto a los primeros cristianos, de los griegos respecto a algunos pueblos en los que hacían cautivos y tantas otras, nos acerca a nuestra propia historia remota de manías comunes. La podemos seguir con facilidad sin llegar al final del siglo xv y cada uno de nosotros puede ilustrarla a vuelapluma de mil maneras. Solo tres apuntes.*

### 4.1. *Visigodos y astures (Hispania, siglo vii, España, Europa)*

Miguel Barceló escribe un artículo en el que se pone de manifiesto algo de interés para este propósito: las ideas sobre transmisión de caracteres, atributos y *derechos* a través del semen paterno. Si pudiéramos seguir líneas de trabajo como esta, creo que encontraríamos bases importantísimas para la reflexión, respecto a la construcción racista de la alterofobia (y también de la ideología machista). Ervigio, hijo de un griego que llega a Hispania a mediados del VII, arrebata el trono a Wamba. Su padre, el griego Ardabasto, se había casado con una mujer que era *consubrina* de Kindasvinto, con lo que Ervigio carece de derecho para reinar, lo que se señala en un texto de la versión *ovetense* de la crónica de Alfonso III atribuyendo la invasión «sarracena» al origen irregular de Ervigio; «para el "ovetense" el origen de Ervigio sería la única causa y la decisiva de la invasión árabe y bereber y de la consiguiente desaparición del Estado visigodo [...]. Ervigio es solamente hijo de su padre, ostentando las marcas genealógicas exteriores a los linajes visigodos». Sin embargo, señala después que la mujer no transmite el poder pero que, además, si su origen es tan turbio como en este caso (el de su abuelo Ardabasto, en el caso de la hija de Ervigio), impide que los genes de un esposo real transmitan, a su vez, realeza.

Y así, aunque la hija de Ervigio, Cixilo, fue astutamente casada por su padre con el *consubrinus* de Wamba, no pudo evitar la torpeza genealógica en su hijo, Witiza, que a su vez produjo una prole de tres varones de los que las crónicas hablan de «fraude» al introducir a los bereberes y destruir el Estado. La hija de uno de ellos, Sara, llegará al colmo casándose con 'Isa b' Muzahim, abuelo de Bani al-Qutiyya.

Barceló insiste: «Toda la cuestión del semen regio se planteará abiertamente, de forma explícita y contundente en el "ovetense", en los textos en torno a la figura de Pelayo» y en su elección por parte de los astures como príncipe de Asturias «"*Sed qui ex semine regio remanserunt* [...]". [...] A partir de Pelayo, la transmisión del poder a través del semen, interrumpida por Ervigio, ha sido restaurada» (M. Barceló, 1994: 6).

Los problemas no cesan, porque, a su vez, persistía un procedimiento de transmisión del poder «matrilineal indígena y el otro [de semen] introducido por los refugiados visigodos» que al final acabaría por imponerse. Lo que el «ovetense» hace por tanto está ahora claro, dice Barceló, «pretende articular ejemplarmente la victoria de la patrilinealidad advirtiendo, de paso, lo que ocurre, y los castigos históricos que de ello se derivan, cuando el poder lo transmiten las mujeres y no el semen» (*ibid.*: 11). En uno u otro caso estamos hablando de que los derechos del poder se transmiten genéticamente, sin el menor principio de igualdad de oportunidades o de méritos exteriores a los genes. La contienda que Barceló describe con tanto rigor y a la vez ironía, no es pues una contienda entre algún principio de atribución de derechos y el genético. Este se da por sentado en el enfrentamiento que por esta causa mantenían indígenas astures y visigodos refugiados. Se está solamente (!) discutiendo el papel de la mujer en la sociedad y en el Estado.

Fuente: M. Barceló, 1994.

### 4.2. *Moriscos (Castilla la Vieja, siglo* XVI, *España, Europa)*

Dice Serafín de Tapia que la comunidad *morisca* de Castilla la Vieja, y de Ávila en concreto, estaba más integrada de lo que parecen haberlo estado en otras regiones. Había pasado de mudéjares a moriscos o «convertidos de moros» en 1502, y esa integración tan esforzada no parece que les librara de la orden de expulsión de 1611. La plataforma de la integración era claramente la actividad comercial, y hubiera llegado a ser más plena de no haber sido porque estaba frenada por el trato fiscal gravoso y discriminatorio al que se les había sometido y que siguió pesando sobre ellos a lo largo de todo el siglo XVI. La fundamentación más importante de su etnicidad seguía siendo la religión, pero esta, su condición de vencidos y su extranjería e inmigración reciente servirían como «pretexto para resolver favorablemente para los cristianos las relaciones económicas que se producían entre vencedores y vencidos». Esa misma característica religiosa les valió enfrentarse al fundamentalismo cristiano del Obispado de Ávila, a cuyas Constituciones Sinodales de 1481 y Ordenanzas de 1487 me refería en una cita anterior. Y dice también, explícitamente Tapia que se les consideraba «miembros de una raza *inferior* [el subrayado es suyo], lo que impedía su ascenso a los cargos de representación social, exceptuando el de Diputado del Común, a fin de facilitar el cobro de los impuestos entre ellos» (S. de Tapia, 1991: 284).

Por esas mismas razones los moriscos, como colectivo, tuvieron que soportar la intolerancia, agresión y explotación de gente que les consideraba diferentes cultural, histórica y religiosamente, la intransigencia del integrismo cristiano propio del momento, el que se les diera una igualdad de derechos que se les negaba sistemáticamente en la práctica y una visión negativa (traidores, mentirosos, inferiores en capacidades) por el hecho de pertenecer a ese grupo. En términos de Tapia (*ibid.*: 401), la intolerancia se exacerbaba por una «sensibilidad social por la pureza de la sangre», que sabemos muy bien que tardaría siglos en desaparecer y que de vez en cuando rebrotará, incluso hoy.

Fuente: S. de Tapia, 1991.

### 4.3. *Gitanos (península Ibérica, siglo xv, y Estado español, del siglo XVI al XX, Europa)*

Pienso que es muy difícil negar la existencia de una fobia racista en muchísimos casos contra los *gitanos* desde finales del siglo XV, que culmina no ya en su Holocausto a manos de los nazis sino del indiferente silencio respecto al mismo aún hoy. Precisamente porque es un tema que conozco bien, no quiero extenderme, pues lo haría demasiado, y solo expondré algún dato, remitiéndome sin embargo a las obras que cito al final de este epígrafe.

Constantemente, las disposiciones públicas, las crónicas y documentos, y la literatura desde poco tiempo después de su llegada en el primer cuarto del siglo XV, insisten sobre la extrañeza ante una gente de otro color, con otras costumbres, otra organización social y política, otras ideas, otra identidad y una lealtad en la que solo algunos de entre ellos cabían. Y la diferencia, también constantemente, se piensa de dos formas: como producto genético degenerado y transmitido («de raíz infecta» o «descendencia de Caín»), o como resultado de una cultura extraña, lejana, extranjera y monstruosa que no se desea de ninguna forma que conviva con las «nuestras» y de la que se les exige que se desprendan («no pronunciar el mismo nombre de *gitano*», «no usar sus vestidos y adornos», «no andar juntos», «no hablar nunca más su lengua»). Su imagen se perfila desde muy pronto como la de seres antisociales y malignos (caníbales, ladrones, asesinos, brujos, adivinos) y el trato a su diferencia pasa desde las órdenes de expulsión a las de asimilación por otras de presidio e intentos de genocidio. Quizá el arraigado prejuicio popular se sintetice mejor que en ningún otro sitio en una conocidísima cita de Cervantes: «Parece que los gitanos y gitanas solamente nacieron en el mundo para ser ladrones: nacen de padres ladrones, críanse con ladrones, estudian para ladrones, y, finalmente, salen con ser ladrones corrientes y molientes a todo ruedo, y la gana de hurtar y el hurtar son en ellos como accidentes inseparables, que no se quitan, sino con la muerte» (en *El Coloquio de los Perros*).

Fuentes: A. Gómez Alfaro, 1994; M. H. Sánchez Ortega, 1986; T. San Román, 1986 y 1994.

## 5

*La aversión a los extranjeros y la atribución de verdad, corrección o normalidad a los principios de la propia cultura y de la propia fracción de la propia*

*cultura no siempre requiere explicaciones basadas en la transmisión por heren-*
*cia biológica de ciertos caracteres físicos y psíquicos y de ciertos atributos de*
*capacidad para logros culturales.*

Lo que parece indudable es que la alterofobia, tanto biorracismo como
*xenofobia de muchos otros tipos, no es un invento occidental, no es un mero*
*producto de la colonización desde 1492, la xenofobia fundamentalista no es un*
*hallazgo cultural del XVIII europeo ni se vincula en exclusiva al Estado nación ni*
*se inicia a partir de ese momento, y que, por otra parte, ni racismo, ni xenofobia*
*ni el tipo fundamentalista de alterofobia son universales. De ninguna forma.*
*Pueden aparecer o no, se agudizan o decrecen, se formulan de distintas formas*
*y se revisten de diferentes manifestaciones culturales y sociales a lo largo de la*
*historia. No puedo de ninguna manera corroborar lo que estoy planteando. Sí*
*puedo afirmar serias dudas respecto a las afirmaciones contrarias.*

### 5.1. *Lugbara (Uganda, África). La brujería como vehículo de expresión xenófoba*

Podrían ponerse muchos ejemplos en los que el pueblo extranjero y desconocido, o escasamente relacionado, se piensa brujo. Es relativamente común en África, de manera que incluso se han llegado a formular teorías respecto a este hecho. Es conocida la propuesta de M. Douglas (1976 [1970]) que señala la idea
de una preponderancia del brujo extranjero, «exterior» a la comunidad cuando
esta es pequeña, mientras que la brujería «interior» sería una acusación más
propia de comunidades amplias y de organización más compleja. Y, aun así, en
este caso puede pensarse que el inculpado como brujo es un traidor, es decir,
alguien que utiliza sus contactos con grupos extranjeros, favoreciéndoles al
ejercitar su siniestra actividad en contra de su propia comunidad.

Yo diría que, por definición, es racista la atribución indiscriminada de brujería a otro grupo o bien a los extranjeros en general, cuando se piensa que su
transmisión es hereditaria, cosa bastante común en ese mismo continente.

Los lugbara son un caso bastante paradigmático. Dice J. Middleton que
«ciertamente [los forasteros] son por lo general los primeros sospechosos de
brujería». Esa sospecha se acompaña consistentemente de una actitud francamente poco positiva ante cualquier grupo extranjero: «¿Cómo podemos saber
de dónde vienen y qué cosas han hecho? Nos dan miedo y no los conocemos»
(J. Middleton, 1964 [1960]: 236). Más allá de sus fronteras viven brujos y
magos y aún más allá, detrás de ellos extranjeros invertidos (como ya indiqué

en el punto 3.3. de este mismo anexo, lo están físicamente y lo son moralmente), y señalan directamente a logo, mundu, lendu y keliko. Los pigmeos, makara, mangbetu, monvu y azande (a quienes llaman, quizá onomatopéyicamente, niam-niam) serían, encima, caníbales. Todos ellos y todos los demás, desconocidos, en conjunto andan cabeza abajo, tienen rojos los ojos, blancuzca la piel y viven con costumbres inmorales e incomprensibles (*ibid*.: 237). No parece que el contacto directo elimine la creencia xenófoba, a pesar de que Middleton mantiene que es la distancia social la que marca los límites de la normalidad. (Ciertamente en sus textos hay alguna ambigüedad en este punto, pero tiende a vincular cercanía social y cercanía genealógica. Así y todo, puede verse esa ambigüedad [*ibid*., p. 237, por ejemplo].) Y, así, los lugbara que han conocido y tratado a gente logo y keliko con los que han compartido el trabajo asalariado emigrando a los mismos puntos del sur de Uganda, afirman que son aparentemente normales, pero que cuando están entre los suyos y en su tierra mantienen sus caracteres propios, invertidos, y practican libremente su brujería. De la misma manera, tampoco los inmigrantes y transeúntes que reciben los lugbara se libran con facilidad del prejuicio. Ocurre, por ejemplo, con los inmigrantes ndu; suelen prestar servicios como herreros y parecen ser el blanco predilecto de las acusaciones de brujería entre vecinos. La razón suele ser la misma: ya les expulsaron de otros lugares por brujos. Por eso llegaron al país lugbara como inmigrantes.

Y de esta forma los extranjeros se temen y o bien son brujos o bien lo son en potencia (*ibid*.: 426). Un pariente puede ser brujo, pero un extranjero lo es de una u otra forma. Un inmigrante que regresa es asimismo sospechoso, porque puede haber pactado con gente de otros pueblos y traicionar ahora a su propia comunidad practicando malas artes. Esta peculiar xenofobia de los lugbara, que solo es jerárquica moralmente pero nunca impulsa su superioridad moral a la dominación, es especialmente transparente y esencialista en un punto: hay extranjeros que, excepcionalmente, llegan a ser clientes de algún lugbara, y se borra casi por completo su potencialidad como monstruo. En ese caso se dice de ellos que son «afa», cosas.

Fuente: J. Middleton, 1964 (1960) y 1984 (1965).

### 5.2. *Ruanda (África Central)*

La xenofobia se muestra a menudo como el límite del sistema moral, del imperativo ético, de la solidaridad entre personas. Puede ocurrir en potencias coloniales, en las que a un indígena en las colonias se le podía hacer lo que jamás se haría a un europeo. Puede ocurrir en vastas organizaciones políticas centralizadas, como la ruandesa o en pequeñas comunidades selváticas como los pigmeos. En Ruanda, si en algo había acuerdo entre tutsis y hutus era en dos cosas: en la marginación y desprecio por los twa y en la ausencia de principios éticos en relación con otros pueblos vecinos, lo que les permitía expoliarles en largas expediciones para este propósito, en especial para robarles el ganado, tan codiciado, hasta la obsesión, por los tutsis. Ellos organizaban estas razias y como clase de tropa permitían algún beneficio a los hutus en ciertas ocasiones.

Fuentes: J. J. Maquet, 1954 y 1961; H. Mayer, 1916.

### 5.3. *Ba mbuti (Zaire, África)*

Les ocurría algo similar que en el caso precedente. Una pigmea podía casarse con un bantú (algo nada frecuente) siguiendo el ritual propio de la cultura de su novio y después marcharse despreocupadamente, porque ni ella ni su gente concedían el menor valor ni reconocían compromiso alguno a aquella ceremonia (Turnbull, 1965a: 251). La expansión de las tribus agricultoras ocupó áreas que los ba mbuti consideraban suyas. Luego estos mismos agricultores compitieron y se enzarzaron en luchas entre sí. Los pigmeos cuentan que les cogieron en medio y que no tuvieron más remedio que ponerse de parte de unos y de otros, según la zona en la que cada cual vivía. A pesar de eso, ellos se ven a sí mismos como un solo pueblo y a los vecinos como extraños. Por esa razón, si no existe vinculación específica de clientelismo con alguno de ellos en particular, el robarles o engañarles no es nada malo. E incluso si son clientes, tampoco lo es el no devolver lo que se ha pedido prestado. Y estas conductas son impensables entre ba mbuti. El robar a los campesinos negros no es propiamente robar, porque, dicen, «son como animales» (C. Turnbull, 1974: 111). Ni que decir tiene que otros pueblos más lejanos, como los grupos ba lese, carecen de cualquier derecho en términos morales para un buti.

Fuente: C. M. Turnbull, 1965a y 1974.

### 5.4. *Israelitas bíblicos (Israel, Oriente Medio)*

Son muchos los pasajes que nos recuerdan que la emigración, sea o no producto del hambre y la desolación, no incidía en los receptores para ofrecer una acogida solidaria:

— «El señor de [aquel] país nos habló ásperamente y nos tomó por espías de su tierra» (Génesis, 42: 30).

— «Pero sobrevino una carestía en el país y, como el hambre apretaba, Abraham bajó a Egipto para residir ahí. Cuando estaba llegando a Egipto, dijo a Sara, su mujer: "mira, eres una mujer muy hermosa; cuando te vean los egipcios dirán: 'es su mujer'. Me matarán a mí y a ti te dejarán viva"» (Génesis, 12: 10-12).

En otros pasajes lo que se señala es la separación entre gentes de distinta cultura y país:

— «Le sirvieron a él [José] por un lado, a ellos [los hermanos] por otro y a los egipcios convidados por otro, pues los egipcios no pueden comer con los hebreos» (Génesis, 42: 43).

Aun en otros, la cultura como elemento no ya diferenciador sino separador, de aislamiento, resulta patente. Posiblemente hay textos tan claros como el relativo a la Torre de Babel en este sentido, abarcando los rasgos principales del fundamentalismo cultural tal como hoy se entendería, esto es, diferencia cultural, separación y peligro de la mezcla, mixofobia. Para ello conviene recordar que la Torre de Babel suponía un reto al poder divino y, por lo tanto, un peligro para los propios seres humanos que recibirían la ira de Dios. De esta forma, su dispersión aparece, a esta luz, a un tiempo como un castigo y como una garantía de supervivencia. Y no puedo dejar de recordar a Lévi-Strauss. Se trata de un discurso sobre la incomunicación e irreductibilidad de las culturas y la imposibilidad de compatibilidad y cooperación entre ellas:

— «El Señor bajó a ver la ciudad y la torre que estaban construyendo los hombres, y se dijo: "Son un solo pueblo con una sola lengua. Si esto no es más que el comienzo de su actividad, nada de lo que decidan hacer les resultará imposible. Vamos a bajar y a confundir sus lenguas, de modo que uno no entienda la lengua del prójimo". Y los dispersó después por la Tierra» (Génesis, 11: 5 y 6).

6

*Frente a lo que mantienen algunos autores actualmente, me parece que existen indicios suficientes que apoyarían la idea de que biorracismo y fundamentalismo cultural son configuraciones de alterofobia que surgen alternativamente y tienden a servir los mismos propósitos. Aún más, me atrevería a decir que pueden perfectamente convivir y mantenerse, simultáneamente o no, en las mismas culturas y sociedades, en los mismos momentos históricos y en las mismas o distintas personas, explicándose esa variación de forma contextual.*

## 6.1.  *Gitanos españoles (España, Europa)*

En otros lugares (T. San Román [1994] o el artículo que se recoge como anexo 3 en este libro), he procurado indagar en los principios que justifican la alterofobia contra los gitanos desde mediados del siglo XV, siguiendo su trayectoria, las orientaciones de la política étnica que la han acompañado y las estrategias que los gitanos adoptaban para enfrentarse a las exigencias de la vida y a las medidas públicas y las ideas y confrontamientos populares. Lo hacían, lo hacen, desde su constante construcción, deconstrucción y reconstrucción de lo que en cada momento y situación ven como su tradición. Como he hecho anteriormente, no me detengo en ello más que lo imprescindible y remito a esas y otras obras para un análisis más amplio y una exposición de los datos más extensa.

Me conformo ahora con hacer notar que en la actitud paya hacia los gitanos ha habido, igual que en su plasmación en medidas públicas y actos populares, tanto de una como de otra cosa, produciendo una virulencia constante que, según las circunstancias, iba de la aversión latente y esporádica al intento casi logrado de genocidio o de exclusión. Encontramos así ideas que corren del XVI al XVIII, en las que se atribuye a los gitanos, en bloque y como pueblo un origen que se remonta a los hijos de Caín, sin posibilidad por tanto de mejora ni de remisión o la transmisión biológica de características antisociales (robar, matar, vagabundear) o incluso monstruosas (canibalismo, brujería, rapto de niños). De estas ideas, algunas (bastantes) aparecen no solo en la literatura y en los documentos referentes a pleitos y a acusaciones ante el Santo Oficio, sino que aparecen también en informes públicos de funcionarios, de las Cortes y órganos de justicia, de políticos y notables (son muy conocidos los de Moncada y Quiñones a comienzos del siglo XVII en ambos casos). Estos mismos estereotipos racistas, se acompañaban a menudo con alusiones a los aspectos tangibles, tales como el color de la piel o la forma de vestir y adornarse. Y se recogen en fecha tan tardía como 1783 cuando en una pragmática que pretendía su asimilación Carlos III se ve forzado a declarar que «no proceden de raíz infecta alguna».

Las medidas fueron consistentes con las ideas racistas en muchos momentos, de manera que unas veces eran las autoridades quienes hacían uso de él para justificar sus intentos de asimilación, expulsión o genocidio (remito a las pragmáticas de los Reyes Católicos y Fernando VI en particular) y otras veces era el racismo popular el que actuaba (y remito aquí a algunas acusaciones formuladas contra ellos ante los tribunales civiles y eclesiásticos y en especial a la constante y consistente negativa de los gremios y corporaciones a aceptarlos entre sus miembros acogiéndose a los estatutos de *pureza de sangre*, unas veces en uso y otras desenterrados para este propósito).

Junto a este racismo, *al tiempo y en los mismos sitios*, florecía un fundamentalismo cultural (y religioso concretamente, también en ocasiones) que resulta a menudo transparente. Por ejemplo, hay documentos en los que se afirma que los gitanos no son seres especiales sino como todo el mundo, que todo es una trampa suya, en la medida en que se visten extrañamente, se pintan la cara y las manos y se tiñen el pelo con el propósito de hacerse pasar por tales para ocultar así su verdad, la de gente común con usos, costumbres, ideas y hechos repulsivos y perversos que son un peligro para el pueblo. Es decir, no había unanimidad y tengo la impresión de que simplemente se recurría a uno u otro argumento (ambos *compatibles de la manera más incoherente*, como es costumbre en nuestras ideas) en función del contexto.

Esa misma situación se ha observado en el pasado reciente. Los alemanes nazis masacraron gitanos al grito de que no eran la raza conveniente (cuando parece que eran los más arios, si se sigue su trayectoria histórica frente a la de los otros alemanes). Mientras tanto en España estaban sujetos a la legislación contra vagos, transeúntes indigentes y otros marginados, se les reconocía su estatuto como ciudadanos españoles de pleno derecho y se encargaba, casi al tiempo, a la Guardia Civil que los controlara estrechamente (a los gitanos; los que fuera). Y aún hoy, mientras que algunos grupos piden que desaparezcan del mapa (y borran a algunos de ellos) con justificaciones abiertas y apologéticamente racistas (neonazis, pero no solo), otros se preocupan sobre todo de que aprendan a hablar y a escribir el caló en escuelas exclusivas de guetos cerrados, junto a los vertederos, en las que lo de menos es que puedan convivir, tener derecho al desempleo, acceder al hospital del distrito, jugar en el equipo de fútbol de la zona, saber dividir, o leer a Delibes además de a García Lorca. Lo de más es que los del equipo de fútbol de la zona, los niños de las escuelas del distrito y los médicos y pacientes del hospital no tengan que ver a un gitano, a poder ser, en su vida, para que no se contaminen de la cultura ajena ni se perturbe el espíritu de la nación. Que se debe concebir como muy frágil y homogéneo, por cierto. Hay un fundamentalismo cultural muy claro y un racismo transparente que en sus extremos de intensidad superior e inferior se confunden y en las zonas intermedias se solapan.

Fuentes: T. San Román, 1986 y 1994; M. H. Sánchez Ortega, 1986 y 1991.

## 6.2. *Moriscos de Castilla la Vieja (España, Europa)*

Ana Giménez nos hace ver (al hablar de gitanos de Ávila), que gitanos y moriscos se han parecido históricamente en los aspectos que precisamente más interesan al tema que estoy tratando. Las medidas para su integración y las que se orientaban a su expulsión, se aplicaron alternativamente, simultáneamente a distintos niveles institucionales y ambas contaban con partidarios entre los cristianos a un tiempo. Los estatutos de pureza de sangre, desde su inicio, mezclaban ampliamente un fundamentalismo religioso, cristiano integrista, y un racismo nítido en la medida en que era el vínculo genealógico el que contaba para valorarlo. Lo mismo sucedía a los judíos. Hay algo más. Cito en el texto a C. Lévi-Strauss cuando indica que a falta de marcadores físicos congénitos se pueden usar otros igualmente físicos. Lo hicieron los nazis numerando en la piel a los cautivos de los campos de concentración. En 1408, la reina madre Doña Catalina, progenitora de Juan II, se enfrenta a un problema similar: un racismo que no acaba de estar cómodo porque el grupo racializado (judíos en un caso, moriscos en otro) son difícilmente detectables precisamente por el físico. Y en consecuencia ordena que lleven señales distintivas precisas que puedan identificarles con claridad. Y para que la genealogía, parece ser que no tan clara como quisieran, no confunda, ya señalé que en 1487 el Obispo ordena que ningún cristiano críe a ningún niño que sea hijo de mora o de judía. Fundamentalismo y racismo se confunden y mezclan. Por una parte, el Obispo, por otra el Santo Oficio, llegaban a recomendar que se casaran, por otra la exigencia de pureza de sangre y de «religión genealógicamente inscrita»; junto a todo esto una parte de la población les consideraba «miembros de una raza inferior» (S. de Tapia, 1991: 68, 174 y 284).

Fuentes: S. de Tapia, 1991; Ana Giménez Adelantado, 1994.

## 6.3. *Ruanda (África Central)*

Su ideología alterófoba, parece que extendida entre su población, se apoya en un principio que es la fórmula más clara posible de no-exclusividad de los principios de justificación racistas y fundamentalistas: las culturas son exclusivas, las propiedades centrales a ellas son innatas y las cosas se consolidan *educando a los individuos en el desarrollo de cualidades innatas.* Quizá sea Maquet el que expone este principio de forma más extensa y clara. Solo los tutsis, por ejemplo, nacen con capacidad de desarrollar un control adecuado (férreo) de sus emociones. Solo un hutu nace con capacidad física para poder mantenerse mucho tiempo dedicado al esfuerzo físico. Pero esas capacidades se desarrollan por la educación que cada grupo da a sus menores. Pero ningún tipo de educación es capaz de educar lo que no existe: «It was taken for granted that only [hutu y otros] vulgar person showed off all their emotions» (J. J. Maquet, 1961: 118). Y esa cualidad, por ejemplo, recibía un tratamiento educativo especial, recibiendo insultos, provocaciones, burlas, de manera que el joven aprendiera a aguantarse y a no dejar translucir su disgusto ni por un gesto ni por una palabra. De la misma forma, el entrenamiento de los hutus en el esfuerzo físico es patéticamente claro desde edad muy temprana.

Fuentes: H. Mayer, 1916; J. J. Maquet, 1954 y 1961; G. Pagés, 1933 (1925).

7

*Muchos de nosotros coincidimos en atribuir un papel central a la mixofobia en los fenómenos de alterofobia, sea racista o fundamentalista. Esa mixofobia tiene muchas y variadas manifestaciones, de las que el rechazo a los matrimonios interétnicos, por la importancia de sus consecuencias, y las barreras étnicas que se refuerzan y simbolizan a través de la polución, creo que son las dos manifestaciones por excelencia.*

### 7.1. *Ganda (Uganda,* África)

Tanto los ganda como sus vecinos busoga, buganda, nyoro y rundi declaran su firme oposición a cualquier tipo de matrimonio entre un individuo ganda (o de los otros grupos) y otro extranjero. Respecto a los rundi lo consideran especialmente reprochable, porque los ganda tienen nociones de impureza respecto a ellos. Sin embargo, la entrada de extranjeros en las redes de parientes ganda no es en absoluto frecuente pero sí se da en algún caso. La proporción sube en los contextos migratorios, pero ocurre excepcionalmente también en las comunidades locales. Unas veces se trata de algún extranjero que, conociendo la lengua luganda de forma absolutamente correcta, se hace pasar por un ganda en otra comunidad ganda. Para ello se dice miembro de algún clan gandu lejano del que ha aprendido la genealogía. Se conoce algún caso de este tipo de *passing*, tan estudiado en esta segunda mitad de siglo como fenómeno propio de las minorías étnicas en Europa o en los Estados Unidos. Parece, por tanto, que no se trata de un rasgo tan peculiar.

Hay algunas zonas que no participan de esa ideología, actitud y prácticas mixófobas. En ese caso los padres adoptivos hacen pasar al niño o niña como hijo biológico propio, después de un viaje o de alguna circunstancia que permita hacerlo. Así, «a man might practise a carefully calculated ruse for passing off another's child as his own», aunque esto es más común entre ganda de distintos clanes que entre ganda y otros grupos (A. I. Richards, 1954: 176). Pero parece lo habitual, en todo caso, que «in any case mutual contempt between ganda and foreigners makes intermarriage unusual» (M. Southwold, 1965: 117). Ese rechazo no es totalmente unánime y en especial se observan diferencias respecto a las actitudes ante grupos vecinos diferentes por parte de distintos segmentos ganda, en especial en función de variables como su nivel educativo, el del posible cónyuge, sus respectivas posiciones de estatus, nivel de aculturación a otros grupos con distintas ideas (como los kanuri), áreas rurales o zonas urbanas, etc. Así pues, las ideas respecto a la mixofobia son claras, las actitudes varían algo más en función de las condiciones de los individuos y en la práctica se dan pocos matrimonios mixtos, aunque algunos hay.

Fuentes: A. I. Richards, 1954; M. Southwold, 1965.

## 7.2. *Wolof (Sahara y Sudán, Oriente Medio)*

En este caso la mixofobia hace una especial referencia al rechazo de matrimonio entre gente de distintas castas, nobles, comunes y esclavos, recurriendo por norma a la situación de concubinato para solucionar los problemas particulares. Como en todo sistema de castas, los grupos étnicos están fuertemente estratificados, pero es el tipo de ocupaciones y de posición social lo que infunde mixofobia. De esta forma tigg y wode pueden casarse porque hacen los arreos de las caballerías juntos, por mucho que los primeros se especialicen en las partes de metal y los segundos en las de cuero. Sin embargo, no pueden contraer matrimonio con otras personas exteriores a ambos grupos. Así pues, puede concluirse que la mixofobia, aun cuando implique a grupos étnicos, apunta muchas veces a posiciones de *status* en el interior de la propia estratificación de una sociedad.

Fuente: J. T. Irvine (1974).

### 7.3. *Ruanda (África Central)*

Las mujeres tutsis son muy libres sexualmente, como los hombres, pero eso tiene poco que ver con las normas endogámicas y la preservación del grupo sin intromisión de miembros de origen hutu: «The Batutsi are very exclusive. In their scorn of others, they go so far as to avoid taking women and children from the subjugated Bahutu and limit themselves to women of their own tribe» (J. Czekanowski, 1917: 7). La asociación con europeos está también muy mal vista por los tutsis, ya se trate de su propio grupo o de cualquiera de los otros dos. A quien lo hace se le llama *inyanga Ruanda*, «alguien que odia a Ruanda». Esa misma palabra se emplea como un gran insulto.
Fuente: J. Czekanowski, 1917.

### 7.4. *Israelitas bíblicos (Israel, Oriente Medio)*

Así como el Nuevo Testamento hace hincapié en la desaparición de barreras de todo tipo entre los pueblos, el énfasis del Antiguo es, sin lugar a dudas, el de la mixofobia.

— «Rebeca dijo a Isaac, "estas mujeres hititas me hacen la vida imposible. Si también Jacob toma mujeres hititas del país como estas, ¿de qué me sirve vivir?"» (Génesis, 27: 46).

— «Isaac llamó a Jacob, lo bendijo y le dio instrucciones: "no tomes por mujer a una cananea. Vete a Padan Aram, a casa de Betuel, tu abuelo materno, toma allí por mujer a una de las hijas de Lebán, tu tío materno"» (Génesis, 28: 1-3).

### 7.5. *Cuna (Panamá, Centroamérica)*

Como comentaba con anterioridad, los cunas rechazan por completo la asociación con negros y tienen fuertes barreras, en la práctica más salvables, con blancos y con sus propios albinos, que son muchos más de lo que se podía esperar. Desde el punto de vista del derecho, los cunas prohíben el matrimonio a los albinos. Durante su trabajo de campo en 1927, E. Nordenskiöld encontró tan solo un caso de albino al que se le había tolerado que se casara, a pesar de que, según nos dice, buscó y prestó especial atención a estos matrimonios. Uno de esos casos se trataba de una mujer albina con un cuna anciano, mucho mayor que ella y deficiente mental. Sin embargo, este autor piensa que el contacto con gente blanca más bien ha agudizado la fobia hacia mezclar colores en el matrimonio, y que tales casos no eran frecuentes, pero sí algo más en el pasado.

No explica por qué piensa esto y qué datos tiene. Parecerían informaciones directas de los cunas. Ellos dicen que los albinos, aun siendo sus hijos, no deben reproducirse porque estropean su raza. Para las chicas albinas el matrimonio (excepto en casos tan extremos como el precedente) no es en la práctica nada fácil, porque a la prohibición se une la idea de que el albino no debe trabajar ni hacer esfuerzo físico alguno, con lo que no resulta una novia nada apetecible. Los chicos albinos parecen haber escapado algo más a la prohibición (y no mucho, según dicen los distintos autores), por la propia posición de los hombres cuna en su sociedad, más libre y con más prerrogativas que las mujeres[2]. Además, se les concede el privilegio de capacidades místicas anormales, pero especialmente respetadas: cuando la luna decrece es porque, en el cielo, un dragón la está mordiendo. Cuando todos temen ya su definitiva desaparición, un chico albino sale de su casa de noche (lo que ningún otro deberá hacer en tales circunstancias, pues el dragón podría devorarlos también a ellos) y lleva en sus manos una flecha. Ya fuera, apunta al lugar en el que el dragón está a punto de engullir lo que queda de luna, y lanza su flecha. La luna y el dragón están muy muy lejos, de manera que el chico, encima débil por ser albino, no podrá jamás alcanzar al monstruo. Pero sí lo hace el espíritu que el albino lanza al lanzar la flecha, espíritu de flecha que atraviesa al dragón y le obliga a soltar a su presa. La luna sale poco a poco de las fauces del dragón abiertas y reaparecerá completa en poco tiempo. El *sibu*, el albino, puede hacer esta maravilla (F. McKim, 1935). A pesar de lo cual, con total incoherencia con su propia mitología y sin mayor problema, se han pasado siglos matando a los albinos al nacer, y hasta hace unos años parece que algunos seguían corriendo esa suerte. ¿Desearían un *sibu* indefinidamente soltero que matara el dragón y ninguno más que amenazara la pureza tostada de los cunas? Lo ignoro.

Algunos autores (ver por ejemplo D. B. Stout) atribuyen el incremento de infanticidios de albinos al incremento de la frecuencia de sus nacimientos, y también la rigidización de las normas que prohíben su matrimonio, entre sí o con otros cunas, para evitar su reproducción. Más tarde, otros (por ejemplo, Leon De Smidt), hablan del debilitamiento de las normas y de las ideas respecto

---

2. La prohibición de matrimonio a los albinos y la prohibición general, en este caso muy firme, de relaciones sexuales pre y extramatrimoniales, hace pensar a Joana Calafell (comunicación personal) que, dado que seguían naciendo albinos, la fobia cultural contra ellos contaba con disidentes suficientes como para perpetuarlos al menos. Alterofilia, filantropía y amor se dan, por fortuna, con o sin normas a su favor.

a esta peculiar forma de mixofobia racista, pero sin embargo constata la excepcionalidad de las uniones; nadie quiere, dice, casarse con ellos, aunque le dejen.

Vimos ya que tampoco el matrimonio con blancos no-albinos no les hace muy felices, aunque parece que lo toleran más. En todo caso toleran mejor a sus mestizos y a las indias que los tuvieron, pero el propio blanco no parece que fuera un yerno o cuñado en posición muy segura, a juzgar por hechos como la facilidad con que los eliminaron al cambiar sus alianzas políticas. Por último, el matrimonio entre un o una cuna y un negro o negra está rechazado con pocas fisuras. A la mujer de quien se sospecha que ha podido quedar embarazada de un hombre negro se la obliga a abortar, y si la sorpresa se produce al nacer, se mata al bebé. Estos hechos, consistentemente informados en el primer tercio de siglo, no sabemos qué intensidad tienen hoy, ni si existen. Al menos yo lo desconozco. Sí tenemos, sin embargo, datos antiguos respecto a esta mixofobia paralela negro y blanco, y en datos de 1861 De Puydt recogía (1868: 99) que «no existe ni una sola india en las aldeas del Tuyra, y de la misma forma se puede añadir aquí que en las seis aldeas cuna [que visitó] no hay ni un solo habitante que sea blanco, negro ni mulato», a pesar de su cercanía y contacto.

Fuentes: E. Nordenskiöld, 1930; F. McKim, 1947 (1935); D. B. Stout, 1946; De Puydt, 1868.

## 8

*Es frecuente que las barreras entre grupos* étnicos *se delimiten simbólicamente mediante nociones de polución y pureza, cuando existan formas duras de alterofobia. Estos fenómenos están bien informados etnográficamente, y han sido motivo de análisis y han dado lugar a teorías en el marco de la discriminación étnica en repetidas ocasiones en ciencias sociales. Aquí solo pongo algunas ilustraciones etnográficas, como lo he hecho en todos los apartados precedentes y haré en los posteriores, que afirman tan solo su existencia, dentro de los límites comunes de las afirmaciones científicas.*

### 8.1. *Israelitas bíblicos (Israel, Oriente Medio)*

«El Señor dijo a Moisés y a Aarón: "Ningún extranjero la comerá [la comida preparada para la Pascua] [...]. Y si el emigrante que vive contigo quiere celebrar la Pascua del Señor, hará circuncidar a todos los varones, y solo entonces podrá tomar parte en ella"» (Éxodo, Rito de Pascua, 12: 43-51).

— «No os manchéis con nada de esto, porque es lo que hacen los pueblos que yo os voy a quitar de en medio de vosotros. La tierra está impura: le tomaré cuentas y ella vomitará a sus habitantes» (Levítico, 18: 24-29).

## 8.2. *Moriscos de Castilla la Vieja (España, Europa)*

En 1412, la reina Doña Catalina, madre de Juan II, les obliga mediante un Ordenamiento dictado en Valladolid a vivir «en logar aparte de la ciudad [...] e que sean cercados de una cerca en redor» (F. Fernández González, 1985: 397-399), prohibiéndoles cambiar de residencia. Se ven, por tanto, forzados a abandonar sus hogares, pero, como ocurría también con frecuencia en el caso de los judíos, nadie las ocupaba, a pesar de la gran necesidad que había de ellas, por «no aver quien quiera morar en las dichas casas después que los judíos e moros se pasaron a morar en los cercados, por quanto muchos de los dichos moros e judíos moraran en las dichas casas» (P. León Tello, 1963: 13).

Fuentes: P. León Tello, 1963 (recogido por S. de Tapia, 1991); S. de Tapia, 1991.

## 8.3. *Cuna (Panamá, Centroamérica)*

También en este caso estos indios pueden tomarse como ejemplo de aversión. Les repugna la gente de piel negra o blanca, y esto se aplica también a sus propios hijos albinos, a quienes se considera no solo místicamente anormales y peligrosos sino físicamente horrendos. Como hemos visto, las barreras físicas existen, en el sentido de la formación de asentamientos «racialmente puros» a los ojos de los cuna. Tienen albinos, llegan blancos, están rodeados de negros «por todos los flancos» (Stout, 1947: 51), que además acuden como comerciantes o como funcionarios. Pero ni conviven con ellos, ni se casan con ellos, ni siquiera llegaron a aliarse con ellos contra los españoles. El contacto es impuro en grado extremo, y esto llega al colmo si un cuna llega a mancharse las manos con la sangre de un negro al que ha rechazado de la forma más radical posible. Si un hombre llega a matar a un negro, se contamina y enferma, y contagia a su propia mujer que, aunque no padecerá la enfermedad, se convertirá en su transmisora. Esto no ocurre si el asunto es colectivo, es decir, si se trata de una guerra, de una batalla comunitaria. En la matanza perpetrada por los cunas contra los negros vecinos en 1925, se animaba a los guerreros recordándoles que si morían en la lucha alcanzarían en espíritu un estado que podríamos calificar como celeste. Acabada la masacre, terminada la guerra, los cunas evitaban acercarse a las casas vacías de aquellos negros porque tenían de nuevo una capacidad, ahora redoblada, de contaminarlos y enfermarlos.

Fuentes: E. Nordenskiöld, 1938; D. B. Stout, 1947; D. S. Marshall, 1950.

## 8.4. *Ba mbuti (Zaire, África)*

Las ideas nada amables que los ba mbuti tienen de sus vecinos bantúes (no digamos de los nilóticos), y las relaciones sociales restrictivas y territoriales separados de ellos, se pueden observar también a la luz de sus ideas sobre polución. En este caso se refieren especialmente a la comida, y los pigmeos son muy reticentes a aceptar un plato cocinado por sus vecinos, a quienes consideran gente extraña y torpe cuya cocina les resulta repulsiva.

Fuente: P. Putman, 1948; C. M. Turnbull, 1974 (1961).

## 8.5. *Lugbara (Uganda, África)*

Una de las formas en las que los lugbara conceptualizan su separación de pueblos vecinos como logo, mundu, lendu o keliko es atribuyéndoles una barrera de impureza: comen carroña y otros tipos de carne impura, contaminante. Con otros son aún más severos, y la impureza tiene connotaciones más graves: pigmeos, makaraka, mangbetu, monvu y azande, son caníbales.

En general cualquiera que sea de fuera, que no sea lugbara, es impuro, porque no observa las prohibiciones y recomendaciones de pureza que rigen entre los lugbara. Y así, cuando un lugbara vulnera las normas centrales de pureza (y algunas otras como las de no practicar la brujería), comiendo impurezas u observando las que rigen antes de hacer un sacrificio, se dice de esa persona que es *amue*, esto es, de fuera, extranjero. Dice J. Middleton que esta palabra tiene una connotación de diferencia física, aunque esta no sea de hecho nada obvia para el observador.

Fuente: J. Middleton, 1964 (1960) y 1984 (1965).

## 8.6. *Ruanda (África Central)*

Los ba tutsi, y en algún aspecto también los ba hutu, utilizan asimismo nociones de pureza, que en su caso son más que nada de limpieza y suciedad. Dice Czekanowski (1917: 6-14) que, si un tutsi «se aproxima a un europeo, cubre su boca y su nariz con la mano», y que ese mismo gesto «sitúa a los ba tutsi de inmediato separados de sus súbditos [ba hutu]». Ni los ba hutu ni los na twa hacen esto. De la misma manera, evitan que un no-tutsi les coja la pipa para fumar o simplemente verla, y si no llegan a evitarlo, entonces dejan de usarla ellos. Tanto este autor como algún otro da como una de las razones posibles la repulsión que dicen sentir los tutsis hacia aspectos de otros pueblos, tales como el olor que despedimos los europeos. Encuentran, además, que este olor se agrava por culpa de nuestros jabones y colonias, todos los cuales les recuerdan a los cadáveres tutsis perfumados para su desaparición final. Se cuenta de un jefe tutsi que, obsequiado por funcionarios europeos con productos de tocador, los puso en un lugar prominente de su cámara hasta que los más altos de los funcionarios no se fueron y después dio órdenes inmediatas para que se destruyeran lo más lejos posible. Además, ni ba tutsi ni ba hutu encuentran limpia la comida a base de pescado que se preparan los europeos y que les causa una terrible repugnancia.

Tampoco se libran de este asco los ba twa, y ninguno de los dos grupos quiere comer junto a ellos, cosa en la que los propios ba twa están de acuerdo. Solo algunos de ellos viven entre los ba hutu en las aldeas en vez de en los poblados de la selva con sus compañeros. Estos les desprecian, no comprenden cómo pueden estar allí haciendo recipientes de cerámica para ba tutsi y ba hutu y les llaman «hijos de la yerba». Aun así, tampoco con estos aldeanos ba twa están dispuestos a comer sus convecinos de los otros dos grupos.

Fuentes: J. Czekanowski, 1917; J. J. Maquet, 1961.

## 8.7. *Ganda (Uganda, África)*

Tienen también ideas de polución respecto a sus vecinos, en este caso conectadas al contagio de enfermedades producidas por el propio contacto con otras gentes; y estas tienen ideas similares en muchos casos. En opinión de A. Richards sobre la posibilidad, inimaginable, de matrimonio con otro grupo, rundi en este caso, las razones eran varias: «Ningún ganda puede casarse con un rundi porque eran sucios ["dirty" en el original inglés]», y así, en boca ya de su interlocutor rundi: «Ninguno de nosotros se casaría con una mujer ganda [como era el caso que se debatía]. Son todas rameras. Les gustan los hombres y la cerveza. No quieren tener hijos. Nosotros los extranjeros [para los ganda] tenemos más hijos que ellos. Y además los ganda son la enfermedad. A nadie se le ocurriría casarse con semejante mujer» (A. I. Richards, 1954: 176).

Fuente: A. I. Richards, 1954.

9

*La vinculación preferente del racismo a la explotación y los procesos colonialis-*
*tas e imperialistas y a la exclusión social difícilmente puede considerarse una*
*característica exclusiva de Occidente, aunque, obviamente, la capacidad, el po-*
*der, de Occidente para todo ello haya llevado a su extremo tales fenómenos.*
*Pero en tiempos anteriores a la expansión del neoimperialismo capitalista, del*
*colonialismo europeo e incluso del surgimiento del Estado en la Edad Moderna,*
*y en lugares distantes en su cultura y en su historia remota podemos encontrar*
*el fenómeno de la explotación, la expansión y la exclusión vinculado a ideolo-*
*gías, actitudes y prácticas alterófobas de distinto tipo, incluidas las racistas.*

### 9.1. *Atenas, Esparta. Grecia clásica (Grecia, Europa)*

Nos recuerda A. Sayad que en la Atenas de después de Solón desaparecieron los
esclavos atenienses, pero siguieron existiendo esclavos de otros países, extranjeros que se compraban y vendían. Se les negaba existencia colectiva de ningún
tipo, de manera que estaba vedado el nombrarles en su conjunto y solo se les
mencionaba por su nombre propio. Carecían por completo de personalidad
jurídica alguna y estaban corporal y sexualmente subordinados a la voluntad de
sus amos, para quienes eran una cosa de su propiedad o, si se prefiere, un animal (o ser vivo no-humano) de su propiedad, que no es sujeto de derechos y a
quien, por tanto, se puede usar libremente si se posee.

Esta situación contrasta con la de los esclavos hilotes conquistados por
Esparta entre otros pueblos de Grecia o en otros lugares. Estos, aun siendo esclavos, tenían algunos derechos y se les reconocía existencia colectiva. Incluso,
en ciertas circunstancias, podían llegar a ser ciudadanos. Mientras tanto, y
como norma habitual, eran explotados por sus amos de forma algo más limitada que los propietarios atenienses.

Fuentes: M. I. Finley, 1981 (recogido en A. Sayad, 1991: 297).

### 9.2. *Israelitas bíblicos (Israel, Oriente Medio)*

— «Muerto José y sus hermanos y todas aquellas generaciones, los israelitas crecían y se propagaban, se multiplicaban y se hacían fuertes en extremo e
iban llenando todo el país. Subió al trono en Egipto un faraón nuevo, que no
había conocido a José, y dijo a su pueblo: "Mirad, los israelitas se están volvien-
do más numerosos y fuertes que nosotros; vamos a vencerlos con astucia, pues,

si no, crecerán [...]". Así pues, nombraron capataces que los explotaron como cargadores en la construcción de las ciudades-granero Pitón y Ramsés, pero cuanto más les oprimían, ellos crecían y se propagaban más» (Éxodo, 1: 6-12).

— «Los esclavos y esclavas de vuestra propiedad los adquiriréis entre los pueblos circundantes. O bien entre los hijos de los criados emigrantes que viven con vosotros, entre sus familias nacidas en vuestro territorio. Serán propiedad vuestra. Se los dejaréis en propiedad hereditaria a los hijos que os sucedan. Os podéis servir de ellos siempre, pero a vuestros hermanos israelitas no los tratéis con dureza» (Levítico, 25: 44-46).

— «El Señor dijo a Abraham: "Has de saber que tu descendencia vivirá como forastera en tierra ajena, tendrá que servir y sufrir opresión durante cuatrocientos años"» (Génesis, 15: 13-14).

### 9.3. *Azande (Zaire,* África)

Distinguen entre clanes zande gobernantes o *avongara*, zande comunes o *ambomu* y extranjeros o *auro*, tanto vivan entre ellos como no. Pero de hecho los clanes mezclan un cierto número de gentes que en principio no corresponderían a él y no parece que les perturbe en exceso y, especialmente si se trata de zande, los orígenes nobles o comunes acaban por estar poco claros en el interior del clan para ciertas líneas. Dice Evans Pritchard (1971: 158) que los azande son «una amalgama étnica y cultural [que él parece separar] a la que han contribuido más de cincuenta pueblos diferentes».

En las áreas de expansión del imperio, lejos de la corte central del rey azande, practicaban un gobierno indirecto con cierta autonomía por parte de los pueblos conquistados para gobernarse, siempre y cuando no se tratara de cuestiones que eran de verdadero interés para los gobernantes zande, en cuyo caso se ocupaba de ello el gobernador, noble o común, zande de la zona. De hecho, los jefes colonizados rara vez llegaban a mantener una posición de importancia política, aunque esta cuestión fue perdiendo importancia conforme los zande se mezclaron con sus colonizados, cosa que ocurría ya en la época en que los estudia Evans-Pritchard (hizo trabajo de campo en 1926 y 1930). Sin embargo, W. Junker, cuarenta años antes afirmaba que solo conocía el caso de un solo hombre extranjero, miembro de un pueblo supeditado a los zande, que había conseguido acceder a un cargo político de cierta relevancia local (1891: 193). En todo caso, incluso en el tiempo de Evans-Pritchard la situación política es de supeditación y pocos que no fueran nobles, fueran comunes zande, fueran *auro* o colonizados recientes, llegaban a esas posiciones (Evans-Pritchard, 1971: 160). Algo antes, en los años 1926-1929, Seligman notaba que, aun siendo muchos los clanes no-zande por su origen, estaban asimilados como zande, a pesar de lo cual se les sabía *auro* y estaban separados de la sección azande autodenominada *ambamu*: «Quizá, gente del río Mbomu, de donde emigraron al principio hacia el sur, a la zona del río Uelle y después hacia el norte, adentrándose en la sabana del Sudán». Algunos *auro* se habían asimilado, pero otros «como los bukuru, todavía mantienen su lengua y muchas de sus antiguas costumbres, mientras que otros como los bangbinda y los amiangba son hoy prácticamente imposibles de distinguir de los verdaderos azande, a pesar de que su origen extranjero se recuerda» (Seligman, 1932: 500).

Bajo el gobierno de los Arongara, los azande «se extendieron por la sabana del Sudán desde el área del río Mbomu, colonizando y asimilando las tribus que viven en el vasto territorio hoy caracterizado por la lengua y las instituciones políticas azande. Hijos y hermanos ambiciosos de los jefes supremos construyeron reinos independientes para sí, conquistando nuevos territorios y sometiendo a pueblos extranjeros. Esto a veces se conseguía mediante la guerra, en la que los azande solían salir victoriosos, pero en algunas ocasiones los habitantes eran inducidos a aceptar a sus nuevos gobernantes de forma pacífica» (Seligman, 1932: 502-503). Parece que, desde el comienzo, cada vez que se producía una nueva expansión se imponía ese tipo de gobierno indirecto que he mencionado, se infiltraba la región conquistada con colonos zande y se imponía un tributo que todos los súbditos extranjeros debían aportar a sus gobernantes. En algunos casos la colonización fue suave y asimiladora o tolerante. En otros fue violenta y drástica; por ejemplo, «los gobernantes zande [de la zona sur del río Mbomu donde habitaban los a-kahle] siguieron pronto el ejemplo de los árabo-nubios, y Ziber y su sucesor, Soliman, impusieron un sistema de tributos y un estatuto de trabajo (forzoso) a sus súbditos a-kahle» (Junker, 1892: 176-177).

Los impuestos a los súbditos colonizados, más o menos gravosos según regiones y momentos, incluyeron esclavos hasta comienzos del siglo xx, que compraban entre gentes vecinas de los pueblos sometidos por los zande, contra quienes organizaban razias. Evans-Pritchard los describe cargados de bienes codiciados, como los colmillos de elefante y de esclavos extranjeros no-*auro* (colonizados), siendo los porteadores habituales de estas caravanas y de las que recaudaban impuestos los siervos *auro* de los azande (refiriéndose a finales del siglo pasado, Evans-Pritchard, 1957: 59). Así pues, el nivel de explotación en este sistema de colonización y expansión zande no es uniforme, yendo de la guerra y la opresión en unas zonas y momentos a la invasión lenta y pacífica y el tributo moderado en otros.

Fuentes: W. Junker, 1892 y 1992; E. E. Evans-Pritchard, 1929, 1937, 1957 y 1971; Ch. y B. Seligman, 1932.

### 9.4. *Moriscos de Castilla la Vieja (España, Europa)*

La comunidad morisca de Ávila, y en general la de Castilla la Vieja, estaba más integrada socialmente de lo que parece que ocurría a otros asentados en otras zonas como Granada, Valencia o Aragón. Su plataforma de integración, como señalé ya antes, fue el comercio y su criterio de diferenciación, la historia y la fe religiosa. Sin embargo (y me sigo apoyando en los datos de S. de Tapia), esa integración económica se frenaba constantemente por la discriminación de que eran objeto en los aspectos fiscales, desproporcionadamente gravosos para ellos a lo largo de todo el XVI. La explotación corría a cargo especialmente de «elite local pechera [...] actuación que [...] entraba en contradicción con las orientaciones que, tendentes a la integración de la minoría, las altas instancias del poder central —en sus manifestaciones políticas y religiosas— fueron dictando en numerosas ocasiones» (S. de Tapia, 1991: 15).

Desde el 1565 pagan un impuesto especial, a pesar de su igualdad nominal con el resto de los súbditos, llamado «el situado», con el que, además de cualesquiera otros que tuvieran que pagar, se intenta compensar al Santo Oficio de su disgusto por no poderles confiscar ya sus haciendas aunque los encontraran culpables de delitos. Para ello se nombra una especie de gobierno indirecto, favoreciendo a ciertos moriscos de entre ellos que tenían como misión especial el velar por el cumplimiento del pago de tales impuestos. Se les llamó «repartidores». Y para que no hubiera tentaciones de ocultar nada, y en vista a proporcionar al Santo Oficio una renta perpetua a costa de un sudor extra por parte de los exinfieles, se hizo un apeo de todos los bienes raíces de todos los afectados.

Desde el tiempo de los mudéjares, en los siglos XIII y XIV, ya «el elemento religioso servía como pretexto para resolver favorablemente para los cristianos las relaciones económicas que se producían entre vencedores y vencidos». «Su condición de vencidos y de recién llegados les hizo asentarse en los arrabales de las ciudades» y «queda bastante patente la discriminación que soportaban...» (*ibid.*: 51-52).

Fuentes: S. de Tapia, 1991; F. Fernández González, 1985 (1866) (citado por Tapia, *op. cit.*: 397-399).

### 9.5. *Gitanos españoles (España, Europa)*

La exclusión está bien representada por pueblos como los barakunin en Japón o como los gitanos en España. A las órdenes ininterrumpidas de asimilación desde finales del siglo xv, se superponen, muchas veces en los mismos documentos, órdenes de exclusión social que van desde la prohibición de dedicarse a multitud de oficios (solo permitida la labranza en tiempos de Carlos III; prohibida la trata de equinos hasta Isabel II), vivir en ciertas zonas (solo en ciudades de más de mil vecinos, por orden de Felipe III; prohibidos solo los sitios reales con Carlos III; chabolas de hecho tanto franquistas como democráticas), hasta la expulsión, que se ordena intermitentemente a lo largo de su historia con nosotros hasta Carlos III y el presidio en tiempos de Fernando VI. No parece que a los payos de distintos niveles de poder les haya resultado nada fácil hacer pasar por la explotación a los gitanos en su conjunto, si se dejan de lado tareas agrícolas de temporada y momentos y situaciones muy limitadas de empleo. El prejuicio alterófobo parece cubrir las espaldas sobre todo a la exclusión.

Fuentes: A. Gómez Alfaro, 1994; M. H. Sánchez Ortega, 1977, 1986 y 1991; T. San Román, 1986 y 1994.

### 9.6. *Ruanda (África Central)*

Como ya indiqué, la gran mayoría de la población era a mediados de este siglo ba hutu (90 por l00) y la minoría numérica tutsi era en realidad la mayoría en términos político-económicos. Este hecho es para los ba tutsi la prueba de su superioridad intelectual y su capacidad política, «prueba de que son de una naturaleza diferente que les da derecho a gobernar y garantiza que no haya movilidad social» (J. J. Maquet, 1961: 146). A esto se suma que las características físicas, con tendencia hacia una fuerte diferenciación entre ba tutsi, ba hutu y ba twa, da pie solo muy esporádicamente a la posibilidad de un *passing*, si es que por otras razones fuera posible. De la misma forma, los otros dos grupos no pueden revolverse contra la violencia que los ba tutsi ejercen sobre ellos (sobre todo en el caso de los siervos, ba hutu, mientras que los ba twa están en una posición de exclusión y de segregación espacial). De hecho, «la violencia física es el privilegio del superior [tutsi sobre hutu]», en palabras de E. M. Albert (1963: 190). Esta misma autora hace hincapié en que durante su estancia los ba hutu trabajaban duramente para los ba tutsi sin que estos se tomaran muchas molestias en darles nada por su trabajo, solo la oportunidad de su autoabastecimiento. Esta relación, dice, se esgrimía como la prueba de la estulticia de los siervos (*ibid.*: 186).

Mayer habla directamente de «explotación» «egoísta» y «asombrosa» de que daban gala los ba tutsi a comienzos de este siglo, cuando los conoció, y explica que, a su juicio, conseguían este poder sobre los ba hutu a base de una férrea solidaridad y mixofobia tutsi mientras que enfrentaban consciente y constantemente los clanes ba hutu uno contra otro, dividiéndoles y enfrentándoles sobre la base de su división en grupos de filiación con escasa solidaridad a cualquier nivel superior (Mayer, 1916: 25).

La situación twa es diferente, como indicaba antes. Despreciados y olvidados de todos, se han visto empujados y comprimidos hacia lugares cada vez más marginales de la selva por los ba hutu, que no les conceden el menor derecho sobre las áreas de bosque selvático que ocupan. Toleran con paciencia, eso sí, que les roben los ba twa cuando los encuentran perdidos en la foresta, ya que, como reconocen, en esas circunstancias solo un twa es capaz de indicarles el camino de vuelta (Czekanowski, 1917: 14).

En todo caso, pensando ahora en los pueblos vecinos, no se puede decir que fuera una suerte vivir cerca de los ruandeses. «Su historia está hecha de numerosas guerras de anexión», que se han extendido violentamente de manera paulatina a partir de su actual centro geográfico. En palabras de Maquet (1961: 116), «Nunca estuvieron permanentemente en paz con ninguno de sus vecinos, y cuando se aliaban con alguno de ellos, solo era para tener las manos libres para concentrar sus fuerzas contra otro. Utilizaron todos los medios a su alcance para asegurar su dominación. Además de realizar ataques directos, interfirieron en las guerras que tenían entre sí vecinos más débiles, ayudando a uno a derrotar al otro para después aplastar a ambos; llegaron incluso a asesinar a jefes y a los reyes de pequeños estados [y cita el trabajo de G. Pagés (1933) en este punto]. Y además de las anexiones territoriales, llevaron a cabo razias contra países vecinos para tomar su ganado y para hacer cautivos. Desde el punto de vista ruandés, esta política imperialista y de saqueo no necesitaba ninguna racionalización. Sus obligaciones éticas se circunscribían al endogrupo [de manera que] [...] el forastero era una caza sin veda [...]. La gente de Ruanda se pensaba a sí misma muy diferente a la de otras tribus, su tierra era la más importante del mundo y su país el lugar al que Imana, el Dios supremo, acudía cada atardecer como a su hogar para pasar la noche. Era coherente con estas creencias el usar a gente de otros grupos para satisfacer los propios propósitos sin necesidad de justificación alguna».

Fuentes: H. Mayer, 1916; J. J. Maquet, 1961; E. Albert, 1963; J. Czekanowski, 1917; G. Pagés, 1933.

## 10

*El etnocentrismo, entendido como aceptación autocomplaciente de los propios cánones, creencias y principios culturales y su utilización para la valoración no solo de «nosotros» sino de los «otros», parece ser un fenómeno bastante frecuente, aunque ese componente de universalización de lo propio y menosprecio de lo ajeno, como veremos, no es en absoluto general ni inevitable. Como en ocasiones precedentes, pondré algunos ejemplos que ilustren esta afirmación (la de su existencia, no de su universalidad). Por otra parte, el «otro», a pesar de su inocencia histórica respecto a Occidente, a pesar de ser sus víctimas, no necesariamente es «bueno», ni un etnocentrismo no-occidental es necesariamente inocente. Pero puede muy bien ser ambas cosas como hemos visto en el capítulo 6, especialmente.*

### 10.1. *Hausa (África Occidental)*

Seguros de sus propios cánones culturales, dominados secularmente por pastores fulani, muchos de los cuales se han asentado entre ellos, parecen aprovechar las oportunidades que se les brindan para poner de manifiesto su superioridad moral respecto a estos últimos: los fulani, incluso los sedentarios, «no dan sus hijos [huérfanos de madre] a nadie y los dejan ahí en la choza de su madre muerta para que los cuide su padre; incluso si se trata de niños muy pequeños no se los dan a una mujer pariente suya. El niño mayor se encarga de cuidar a los más pequeños. Las otras esposas de su padre no hacen nada por cuidarles y su padre se niega a que una pariente lo haga. Como puedes ver, los fulani carecen de humanidad» (*cf.* P. Hill, 1972: 24, sobre Batagarawa, durante una estancia de campo en 1967).
Fuente: P. Hill, 1972.

### 10.2. *Ruanda (África Central)*

Siguiendo el punto anterior, la cuestión resulta bastante transparente si consideramos que «ciertamente carecen de reglas de comportamiento aplicables a todos los hombres en virtud de su común humanidad» (Maquet, 1954: 185), y puede decirse que los ruandeses son tan distintos y superiores a otros pueblos por su propia naturaleza, como lo son sus grupos étnicos componentes entre sí. No hay preceptos ni derechos de aplicación universal. Y así, por ejemplo, el quitar la vida a un ruandés es para otro un delito que no comete si mata a un extranjero.
Fuente: Maquet, 1954 (en D. Forde, 1954).

## 10.3. *Ba mbuti (Zaire, África)*

Cerca de los pigmeos, como ya indicaba, viven pueblos a los que atribuyen canibalismo y les acusan de comer carroña. Por su parte, estos pueblos tampoco piensan muy bien de los ba mbuti, a quienes consideran esquivos, engañosos y creen que solo se acercan a ellos para robarles.

Nuestro miedo a nuestro propio prejuicio nos pone aquí (como en tantos otros casos) entre la espada y la pared: o bien nosotros también creemos que sus vecinos son caníbales y carroñeros sin mayor averiguación, y así podemos liberar de prejuicio a los pigmeos, o bien pensamos de ellos que son etnocéntricos y xenófobos, y entonces renunciamos a una bondad universal excepto nosotros mismos. Podemos entonces buscar pueblos que no lo son y, aún más, pigmeos y occidentales que tampoco lo son.

Fuente: M. Turnbull, 1974 (1961).

## 10.4. *Cuna (Panamá, Centroamérica)*

La fobia cuna hacia los que tienen otro color de piel, en especial negros, más ambivalentemente blancos, les ha llevado a matar recién nacidos, masacrar vecinos y abortar albinos, hasta 1971 que sepamos (*cf.* Marshall). Si algún cuna se casa (rara vez) con un vecino misquito, abandona su tierra y no vuelve. Dice Nordenskiöld que, en el primer cuarto de siglo, cuando él estaba allí, «en las secciones en las que los cunas han conseguido mantener su independencia, no hay ni un solo cuna casado con una mujer de otra tribu y aún menos de otra raza [...] tampoco hay niños de otras razas nacidos de mujeres cuna, y cuando los ha habido los han matado [...] para preservar su pureza racial» (E. Nordenskiöld, 1938: 34). Stout apoya su versión durante una estancia casi veinte años después. No es un etnocentrismo nada pacífico.

Fuentes: D. S. Marshall, 1950; E. Nordenskiöld, 1930 y 1938.

## 10.5. *Yanoama (Sudamérica)*

Dice Napoleon A. Chagnon que «de acuerdo con el mito yanomamo de la luna, Uhudima, el espíritu, disparó una flecha a la luna. Cayó sobre la tierra una gota de su sangre inundando su superficie y siendo la causante de la fiereza de los yanomamo. Desde entonces los yanomamo se han comportado ferozmente, porque nacieron en la sangre. Los yanomamo se ven a sí mismos violentos, coercitivos, habilidosos y rápidos en utilizar su agresividad; valoran este comportamiento. El contacto de los yanomamo con otras tribus y con los extranjeros civilizados ha sido hostil de manera consistente hasta aproximadamente 1955. Han conseguido *exterminar* (énfasis mío) una tribu y han sido los causantes de que varias aldeas de otra tribu más se hayan tenido que cambiar de emplazamiento para evitar los ataques de que eran objeto» (Chagnon, 1967: 109; datos para el período 1964-1966; la cursiva es mía).

Fuente: N. A. Chagnon, 1960 y 1970.

## 11

*La variación de las ideas, prácticas y actitudes tanto alterófobas como tolerantes y respetuosas es evidente incluso en las mismas sociedades y no solo temporalmente, sino también si se considera a distintos niveles de integración de la sociedad en cuestión y en función de contextos y condiciones sociales, políticas y económicas diferentes. Así, aunque el racismo y la alterofobia en general suele ser la ideología legitimadora del uso del prójimo, de su explotación y su exclusión, hay veces en que esos mismos intereses subyacentes pueden provocar un discurso y unas prácticas de tolerancia y respeto cultural. Es decir, las cosas no son tan lineales y claras como se pretende. He tomado tres ejemplos de lo que acabo de decir que son sorprendentemente coincidentes a pesar del tiempo y de la distancia y a pesar de la enorme disimilitud de contextos a los que refieren. Los tres apuntan al factor población como una de las causas que puede incitar a la tolerancia con el propósito de favorecer el uso de los diferentes en beneficio propio. Estos y otros ejemplos ponen de manifiesto la existencia de variaciones importantes a distintos niveles de integración social, como acabo de indicar, y en diferentes contextos sociales, económicos, demográficos y políticos.*

### 11.1. *Gitanos españoles (España, Europa)*

A pesar de las constantes órdenes de expulsión desde los Reyes Católicos, y en 1633, Felipe IV, contra todo pronóstico, preconiza su incorporación total y decide la abolición de la orden de expulsión. El motivo parece que vuelve a ser el mismo, si nos atenemos a lo que aconsejan al rey en la Consulta del Consejo del mes de marzo: «No parece conveniente expedirlos porque la *despoblación* en que se hallan estos Reinos después que salieron los moriscos, y la que causan las necesidades presentes, no puede sufrir ninguna evacuación por ligera que sea» (Archivo Histórico Nacional, Consejos, leg. 7133; citado por Domínguez Ortiz, 1978).

Ver también el anexo al capítulo 7 para un análisis de la fluctuación de la alterofobia, tolerancia e integración social de los gitanos españoles en el cambio de los años de expansión en los sesenta a los de crisis de empleo y otros recursos desde 1978. Ver también T. San Román, 1994.

### 11.2. *Mudéjares y moriscos en Castilla la Vieja (España, Europa)*

En el último cuarto del siglo XIV, las disposiciones legislativas y administrativas y las actitudes hacia los mudéjares se crispan y toda su situación se endurece. A los impuestos comunes se añadieron otros específicos para ellos, que dañaban aún más sus difíciles condiciones. La «crisis económica secular, unida a la alta presión fiscal exigida por Juan I para financiar el enfrentamiento con Portugal y sus aliados ingleses, estuvo en la base de este nuevo período de discriminación de las minorías», período de intolerancia ante mudéjares y, aún más, judíos (S. de Tapia, 1991: 56). El rechazo en los niveles más bajos de integración social, en especial a nivel local, y entre sectores populares cristianos que los veían como vencidos y como comerciantes competidores, se alterna desde el XIII hasta la expulsión de los mismos en 1609 con la tendencia contraria, leyes y órdenes de exclusión y explotación que no siempre se siguen de hecho cuando llegan al nivel local, como ocurrió con las disposiciones de aislamiento, inmovilización y restricciones múltiples de las actividades económicas a las que intentó someterles la Reina Madre Doña Catalina en 1408 y en 1412, y que chocaron con mucha frecuencia con la oposición unas veces y el desinterés en cumplirlas otras, a nivel local, y en función de las variaciones locales y el papel que en ellas cumplían los mudéjares.

La tolerancia hacia mudéjares primero y moriscos después, parece que puede vincularse, en forma de leyes y en aumento de su estima, a situaciones en las que el rey o la nobleza precisan de ellos para engrosar el número de sus soldados o para trabajar sus tierras, pero también y es este punto el que me interesa más señalar ahora, cuando son necesarios como colonos, tanto para abrir nuevos espacios como para apoyar lugares poco productivos o inseguros por su escasa población. En 1418 se abre un período de apertura tanto hacia estos como hacia los judíos, que coincide con el interés en una repoblación que posibilitara la recuperación de los precios agrarios, y que empujará a muchos mudéjares hacia el campo. Pasan así a soportar simultáneamente una explotación económica y una amable y oportuna tolerancia cultural por parte de los señores de las tierras. Esa apertura étnicamente respetuosa no parece ser muy compartida por otros pobladores de esas zonas rurales, sin interés por tanto en la tolerancia cultural, de forma que constan intervenciones repetidas por parte de los señores para proteger a los mudéjares primero y moriscos después e incluso por parte del mismísimo Juan II, que se ve obligado a ampararlos de vejaciones, abusos y malos tratos. Ya en 1611, el Consejo de Ávila solicitaría al rey «que los convertidos [moriscos] sean excluidos de los bandos de expulsión, ya que de otra manera Ávila quedará *"tan falta de tratos y de jente [...] y tan despoblada [...] sin posibles para pagar los arbitrios y pechos"*» (AHPv, Actas Consistoriales, libro 30, fol. 136-137, 23-iv-1611, en S. de Tapia, 1991: 58 y 284; la cursiva es mía).

### 11.3. *Israelitas bíblicos (Israel, Oriente Medio)*

Existen muchos pasajes bíblicos que hablan del hambre, la emigración, la mala recepción de los inmigrantes por los receptores y la explotación de las minorías étnicas por las mayorías en el poder. Hay uno, sin embargo, que señala esa «tolerancia por despoblamiento» que hemos visto tanto en el caso de los moriscos como en el de los gitanos: «Enviaré por delante al pánico, que espantará delante de ti a heveos, cananeos y heteos. Pero *no los echaré a todos en un año, no vaya a quedar desierta la tierra* y se multipliquen las fieras» (Éxodo, 23: 28-30; la cursiva es mía).

### OBSERVACIÓN FINAL

*Lo que estos textos e informes plantean yo creo que no es otra cosa que el propio contenido de la polémica sobre alterofobia y filantropía, sobre desigualdad y exclusión en la línea de fractura de la etnicidad. Solo definiendo todo ello como europeo puede sostenerse su exclusividad occidental. Solo ignorando sus contrarios, de los que también hay y hemos hablado, puede afirmarse su universalidad. Solo desde una perspectiva histórica del poder tendría en verdad sentido identificar extranjero no-occidental y víctima, pero nunca en cada caso e individuo concretos sin otras cláusulas. Y, así, puede leerse en el Éxodo una frase irónica que hace guiños desde los siglos al racismo y la xenofobia de nuestra Europa del Sur, y dice así: «No oprimáis ni vejéis al emigrante, porque emigrantes fuisteis vosotros en Egipto» (Éxodo, 22: 20). Lástima que no se separen las aguas en Algeciras.*

## 2. Anexo al capítulo 7: el proceso de antagonismo étnico en Taiwán, una referencia etnográfica provocativa

Quien conoce la historia de los gitanos en Europa sabe que no se hicieron diferentes con la Revolución Industrial, que no vivieron marginados solo desde la implantación del Estado nación, que se les aplicó una ideología racista antes de la colonización del siglo XVI y que padecieron el fundamentalismo cultural y religioso antes de las Luces, que no han servido como ejército de reserva, que no han pactado con el capital frente a la lucha de los trabajadores y que han padecido a unos y otros por razones distintas en diferentes lugares y momentos. Es, por tanto, una referencia etnográfica insidiosa. Pero mi propio apego a los gitanos me ha inclinado a no detenerme más en ellos, a buscar otra que estuviera bien documentada históricamente e informada etnográficamente, de entre las muchas que hay, seleccionándola como *enunciado de hay* especialmente provocativo, no por ser el caso más claro, sino por ser el primero con el que me encontré exactamente al tercer día de buscar insidias a las tesis en uso del racismo. Hay muchos más, y algo de ello vimos ya en el capítulo 4.

Se trata de un desarrollo de confrontación étnica, xenófobo, racista en algunos aspectos, vinculado a la estratificación social, que no tiene nada que ver con el Occidente, que tiene algo, pero poco, que ver con el imperio chino, que comienza en el siglo IX y que no afecta simplemente a colonizadores y colonizados (chinos y aborígenes de Formosa) sino, sobre todo, a los propios colonizadores entre sí, que alternan a lo largo de la historia la violencia con la cooperación económica para construir riqueza y desigualdad, por una parte, y para construir, deconstruir y reconstruir de diversas formas la etnicidad en alineamientos cambiantes. Trataré de ser breve, por lo que a veces puede resultar excesivamente esquemática una descripción que permitiría sutilezas, perfiles y contrastes. Pero el propósito actual y el espacio adecuado a ello, me lo van a impedir.

Los primeros colonizadores de Taiwán llegan desde el continente chino en el siglo IX (Lamley, 1981: 283) pero su presencia empieza a notarse desde el siglo XII (Crissman, 1983: 98). Formosa estaba habitada por varios grupos aborígenes de diversas lenguas de tronco malayo-polinesio y con diferencias culturales notables entre sí, de los cuales actualmente quedan siete grupos, muy diezmados según parece. La mayor parte de estos grupos (los autores hablan de tribus) practicaban una agricultura de rozas con cultivos de mijo, taro y yam, que complementaban con pesca y caza. Estaban asentados en las zonas llanas costeras y de ahí se extendían hasta los montes centrales de la isla, a cuyas áreas más altas se verían después recluidos por la presión y persecución de los colonos chinos.

Los portugueses descubren desde sus barcos la isla en 1590 y la llaman Formosa, «bella». Pero aparte de un pequeño puesto al norte que duró escaso tiempo, el impacto portugués se ha reducido históricamente al nombre amable que le dieron. En 1624 los holandeses establecen un asentamiento más estable en torno a lo que hoy es Taiwán. Cuando llegan, la isla contaba ya con una fuerte población china colonizadora y la población aborigen había sido desplazada de los mejores emplazamientos.

Durante el breve período holandés y el gobierno de Koxinga, seguirán llegando chinos, muchos de ellos escapando de su país por su oposición política a los Manchú. Entre 1662 y 1683 Taiwán cae bajo cierto control chino a través del gobierno de la familia Cheng, leal a la dinastía Ming. Ya en ese período sabemos que existen fuertes encontronazos entre inmigrantes colonizadores chinos de distintas etnicidades (área de origen cultural, diferencias de lengua o de dialecto e identidad). En 1683 el nieto de Koxinga se rindió ante el gobierno Manchú y Taiwán pasó entonces a ser gobernado por el imperio por primera vez, extendiéndose esta situación entre 1684 y 1895 al terminar por la invasión japonesa. Como veremos, el gobierno imperial Ch'ing llegó de forma extremadamente tenue, ineficaz y débil a Formosa y, si algo caracteriza el período, es el alto nivel de conflictos interétnicos, entre chinos y entre chinos y aborígenes, y la espectacular, a pesar de todo, expansión de tecnología económica y del comercio y las exportaciones que culminaría en el XVIII y el XIX.

Los primeros chinos inmigrantes en Taiwán fueron gentes del grupo lingüístico hokkien o hoklo, procedentes de dos prefecturas diferentes de la zona sur de Fukien. Pertenecían a dos áreas con diferencias dialectales, ch'üanchou y chang-chou, que luego darían nombre a los dos grupos étnicos que se formaron en Taiwán en mutua competencia. Junto a las diferencias dialectales existían algunas costumbres y, sobre todo, prácticas religiosas y deidades locales diferentes. Bastante más tarde llegaron otros grupos hakka, procedentes también de China, pero de la zona de Kwangtung. He podido saber que llegan cuando hay ya muchos hokkien asentados y que su inmigración se incrementa a comienzos del XVIII, pero ignoro cuándo exactamente se inicia. En todo caso, cuando llegan los hakka las mejores posiciones estaban ya ocupadas por hoklo o hokkien, quienes controlaban la situación en puntos importantes de la isla.

Hakka y hokkien son ambos chinos con un contexto Han común, pero formaban ya grupos étnicos muy distintos, tanto por sus áreas de origen como por su cultura y porque hablaban lenguas mutuamente ininteligibles.

Los hakka constituían una minoría y se van asentando en las zonas que los hokkien habían dejado libres, expulsando de ellas a los pobladores aborígenes como hicieron los hoklo. Hokkien y hakka se asientan en Taiwán básicamente separados, manteniendo una identidad, lengua y costumbres diferentes en muchos aspectos. En algunas ocasiones, conforme los hokkien van creciendo (de forma natural y por la continuidad de la inmigración durante todo el período ch'ing), desplazan a los hakka de los lugares a los que se les había relegado y estos y aquellos, a su vez, a los aborígenes, cada vez más estrictamente circunscritos a las zonas de montaña.

La diferencia de posición entre hokkien y hakka se fragua por lo tanto desde el principio, propiciando unas mayores posibilidades económicas a los hokkien que hicieron jugar de varias formas: atrayendo a más hokkien a Formosa, controlando los recursos y medios cada vez con mayor poder y, por fin, estableciendo un vínculo directo con el gobierno, al que pagaban impuestos y en el que con el tiempo consiguieron colocar a algunos funcionarios; por su parte los hakka solo en algunos momentos consiguen tal cosa y, por lo general, carentes de propiedad o con propiedades menores o poco productivas, eran más bien trabajadores que servían a los hokkien. Había otros hokkien también trabajadores y desposeídos, pero nunca llegaban a la situación de los hakka, a quienes se discriminaba, y podían relacionarse directamente con las autoridades. Esta situación alcanzaría su configuración más clara y más dura en la primera mitad del XVIII (Wang Sung-hsing, 1975: 9-10).

A su vez, los grupos ch'üan-chou y chang-chou, ambos hokkien, compiten desde el primer momento entre sí por hacerse con el dominio de la colonización, y se van configurando como enemigos irreconciliables que desarrollan paralelamente tanta animosidad mutua como fortaleza identitaria y cultivo de cultura emblemática diferencial por separado. Así, durante el período Ch'ing se construyen tres grupos chinos enfrentados entre sí, étnicamente plurales en cultura, identidad, origen y diferencias lingüísticas y religiosas (hakka, ch'üan-chou hokkien y chang-chou hokkien) y un conglomerado de grupos aborígenes preexistentes, a veces enfrentados entre sí, pero sobre todo enfrentados a los chinos. Cada uno de los grupos chinos categorizaba igualmente, y con diferentes resultados, a las personas: en la zona más alta, el Emperador y lo que de él se derivaba; en segundo plano, los mandarines que lo representaban; después la gente del propio grupo familiar y su cabeza y la gente del mismo apellido, que se supone pariente; en quinto lugar la gente del propio grupo étnico; por último, «los extranjeros», esto es, los chinos de otros grupos étnicos, seguidos, incluso de lejos, por los aborígenes (Wolf, 1974: 174-176).

La situación entre los hakka fue muy distinta. En posición más baja que los hokkien, llegaron más pobres, por lo general, pero, sobre todo, tuvieron que conformarse con lo que les dejaron, que no fue gran cosa. Se asientan, más dispersos, más inseguros, son homogéneamente pobres, porque las diferencias de riqueza se dieron entre quienes podían, los hokkien, y entre estos y los hakka. Parece que, en general, tienen un enemigo común, menos por lo que diferenciarse internamente, cuatro lenguas mutuamente muy inteligibles y una identidad común en el origen que se hace ahora especialmente útil y se fortalece: se unen, se apoyan mutuamente y llegan a conseguir, entrado el xviii, tierras de propiedad y explotación corporativas y fundan asociaciones religiosas y templos que les unen y que les representan. No se conoce ningún enfrentamiento interno de mención entre ellos.

La mayor oleada china hacia Taiwán tiene lugar a lo largo del siglo xviii. A comienzos de siglo la isla empieza a recibir sobre todo inmigrantes jóvenes, varones y solteros con ánimo de aventura, atraídos por el incipiente éxito económico de Formosa, que tenían que enfrentarse a varios problemas: la prohibición oficial de esa emigración, la violenta autodefensa de las tribus aborígenes ante los colonizadores, el enfrentamiento entre distintas etnias chinas, la turbulencia causada por bandas de mendigos y bandoleros, marginales procedentes de todos los grupos que casi nunca encontraron una vía posible de escape a la marginación y, por último, la malaria (Meskill, 1979: 44, y Lamley, 1981: 308). Poco a poco llegaban también empresarios deseosos de hacer dinero, se quedaban en Formosa militares y funcionarios de alto grado atraídos por las buenas perspectivas económicas del mercado de frontera y de la especulación de la tierra. Pero la mayoría, y en especial conforme avanzamos hacia la segunda mitad de siglo, eran personas de origen modesto que buscaban una oportunidad en la aventura de la emigración. De ellos, un contingente importante era hakka, en especial en el movimiento que en 1760 pobló la zona de Taipéi (Gould-Martin, 1983).

Al principio la tierra se le había arrebatado por la fuerza a los aborígenes y en el xviii se les compraba por cantidades muy pequeñas. Los colonizadores, organizados por etnia y estatus, consiguieron hacer fortuna en buena proporción. Más tarde la tierra empezó a escasear (los aborígenes, arrinconados) y los inmigrantes no eran ya negociantes, jóvenes aventureros o funcionarios y militares atraídos por los negocios, sino gente pobre. Ellos pasaron a configurar el bloque central de una clase baja y se situaron mucho peor que los inmigrantes llegados en la primera oleada del XVIII, a comienzos de siglo (Meskill, 1979: 47). El período Ch'ing fue, sin embargo, una época crecientemente próspera para Formosa. Se inició a través del mercado de productos locales controlado por los hokkien de uno u otro grupo según el área, que enviaban al continente arroz, maderas valiosas, sulfuro, oro y plata, aceites vegetales y otros bienes, aumentando aún más las exportaciones al agrandarse y perfeccionarse el puerto de Lu-Kang al que llegaban, junto a otros más pequeños que se construyeron, todas las mercancías por transporte fluvial.

La estratificación se construyó sobre tres criterios: el del grupo étnico (ch'üan-chou hokkien, chang-chou hokkien, hakka y tribus aborígenes, que no contaban a ningún efecto), el criterio de la antigüedad en la colonización, que daba prioridad a distintos hoklo (sinónimo de hokkien) en diferentes lugares al haber ocupado inicialmente las mejores posiciones, y el criterio de la desigualdad económica inicial en el proceso migratorio de las personas y grupos y, por tanto, las diferentes posibilidades de una buena instalación en las áreas de inmigración, de manera que se hicieron con más tierras y controlaron a más colonos los que contaban ya con liquidez para comprar tierras, adquirir equipo y *stocks*, realizar préstamos iniciales que los colonos precisaban para instalarse y para acometer obras de roturación y sobre todo de irrigación. Este criterio colocaba en principio en el mismo lado a hakka y muchos hokkien, pero los otros dos criterios impidieron no ya su unión, sino que su situación fuera realmente igual de precaria, estableciendo tendencias de mayor comodidad para los hokkien. Una de las razones principales fue la selección de los colonos que hacían los propietarios hokkien, y que solo recaía en hakka cuando no había otros hokkien (especialmente de su propio grupo) o cuando se trataba de los peores puestos.

Taiwán pasó a ser una provincia con entidad propia en 1886 y Taipéi se constituyó en su capital. La colonización había desplazado ya a los aborígenes y supeditado en buena medida a los hakka. Los hokkien eran una enorme mayoría que atraía incesantemente a otros hokkien. En 1683 se habían contado unos 100.000 chinos en Taiwán, casi dos millones en 1811 y en 1895 eran casi tres millones. De ellos, el 98 por 100 de los inmigrantes chinos eran o hakka o hokkien, 82 por 100 hokkien de las dos etnias y 16 por 100 hakka (Lamley, 1981: 291). A lo largo del XVIII y el XIX, grupos chinos con lenguas iguales o distintas, formando grupos étnicos diferentes culturalmente y con cierta tendencia ya a estratificarse, hicieron de Taiwán una tierra turbulenta en la que unos grupos desplazaban a otros por la fuerza y competían entre sí. Hasta finales del XIX en que comenzaron a florecer las ciudades multiétnicas y una elite taiwanesa, las cosas no cambiaron mucho y solo entonces la etnicidad, aun manteniéndose, pasa a ser un principio de organización social menor (De Glopper, 1983: 260).

Hasta entonces el aislamiento étnico, la concentración y la mutua animosidad eran la tónica general. Villas monoétnicas con templos monoétnicos a deidades monoétnicas con poblaciones exclusivas o en todo caso con agregados étnicos supeditados o asimilados; esto parece haber sido muy frecuente. Solo excepcionalmente desposeídos hokkien y hakka se unieron para poseer corporativamente unas tierras. Pero aun en estos casos se trabajaban por separado las parcelas y con partidas formadas por trabajadores de solo uno u otro de los grupos. Los asentamientos se iniciaban con una dotación de tierra a un número de tres hombres, uno de los cuales se tenía por «propietario principal» y pagaba los impuestos al gobierno y recibía y distribuía las rentas. Era un sistema importado de Fukien, la tierra de origen de los hokkien. Las relaciones propietario-colono en un principio estaban guiadas por el mutuo interés y producían una relación escasamente desigual, pero con el tiempo se formó una minoría de propietarios que se instalaban en la ciudad, dejaban administradores y capataces en la tierra, a la que no volvían sino para cobrar las rentas. Las relaciones se tornaron estrictamente económicas y desiguales.

El asentamiento de los chinos colonizadores, desde las primeras noticias, se realiza sobre todo sobre la base del origen común en la zona de procedencia y de la identidad y homogeneidad cultural. El grupo inicial se expandía a partir de nuevos miembros de su propio grupo y muchos pueblos, e incluso ciudades, continúan siendo monoétnicos. Cuando convive un grupo inicial (generalmente hokkien) y otro llegado más tarde (con frecuencia hakka, pero no siempre), el primero se dice que ocupa «la cabeza» de la villa y el último su «cola». Los fuertes y numerosos linajes hokkien de Fukien desaparecen en el proceso migratorio, individual o de pequeñas familias, en Taiwán, de manera que las agrupaciones lineales son substituidas por gentes del mismo grupo étnico que comparten un apellido y se supone por eso que descienden del mismo ancestro. Estos apellidos, al principio poco importantes, van configurando el núcleo de muchas poblaciones al acercarnos a finales del XVIII y adquieren relevancia, erigiendo templos independientes para cada apellido. El núcleo formado por uno o varios apellidos asociados absorbía en los arrabales a gentes diversas en pequeños grupos. Estas villas llegan a ser «grupos comunales» (Meskill, 1979: 53) solidarios, aunque desiguales. Esta configuración perdura hoy en día en muchas poblaciones e incluso ciudades.

También en el asentamiento, como hemos visto, se discriminaba a los hakka, a quienes rara vez se permitió ocupar un lugar, ni suburbial, en las ciudades amuralladas donde se instalaban militares, funcionarios, propietarios y que llegaron a tener cierto tono cosmopolita, pasando a un segundo plano las violencias entre ch'üan-chou y chang-chou. Dice Lamley (1981: 302) que los hokkien trataron siempre a los hakka como inmigrantes extranjeros y que con frecuencia se les escatimaban los derechos «de la pertenencia a la ciudad o al suburbio». Todo este panorama en el asentamiento produjo una distribución espacial en el que la isla quedó dividida en múltiples áreas hegemónicas, si no exclusivamente, pobladas por ch'üan-chou, chang-chou y hakka separadamente y donde la riqueza de esas zonas situaba a ch'üan-chou por encima de chang-chou, porque llegaron algo antes y se hicieron con puertos, áreas más fértiles y desembocaduras de ríos, situando a chang-chou en desventaja pero en competencia con los otros hokkien y a los hakka por debajo de ambos. A pesar de todo, los constantes enfrentamientos, realineamientos, desplazamientos y confrontaciones étnicas a lo largo de los dos siglos, y antes, hacen esta distribución menos nítida, más esquemática, y se dan demasiados casos distintos como para ser excepciones.

Las actividades económicas son coherentes con este panorama. Los aborígenes no cuentan. Los hakka son en el tiempo ch'ing cultivadores y acarreadores de té desde las zonas montañosas donde sufren constantes enfrentamientos con las tribus aborígenes, son trabajadores para los hokkien o pequeños propietarios de tierras poco fructíferas, en especial formando grupos corporativos de propietarios, solos o, menos frecuentemente, con hoklo pobres. Los hokkien copan los puestos de atractivo comercial y portuario, poseen las tierras mejores y algunos son funcionarios de cierta importancia a nivel local, bien situados a los ojos de la corte. Los ch'üan-chou monopolizaron durante mucho tiempo el tráfico fluvial más importante, siendo propietarios de los medios de transporte, e impedían la intromisión no ya de hakka sino de otros hokkien. Y es extraordinario cómo fue posible semejante despliegue económico en el contexto de guerra y violencia constante y generalizada en la isla hasta el XIX, «como resultado de una inmigración y asentamiento heterogéneo entre chinos» (Lamley, 1981: 314).

El período de mayor virulencia se extiende desde 1782 a 1862. Ch'üan-chou y chang-chou competían y se enfrentaban violentísimamente, ambos hokkien atacaban a los hakka que combatían con ellos por hacerse un sitio algo más propicio, y unos y otros reaccionaban brutalmente ante los intentos aborígenes por sobrevivir y ante las bandas de cuatreros marginales. Los dos grupos hokkien basaban su odio en la competencia y lo explicaban en términos de superioridad por origen por diferencias religiosas, lingüísticas y culturales en general (tipo de arquitectura, costumbres, cultura alimentaria, ceremonias, vestidos, adornos, etc.). La unidad de los hakka, como antes decía, contrastaba con los antagonismos hokkien. Pero también los hokkien se unían ante intereses comunes, como por ejemplo combatir a los hakka, de manera que en las zonas donde la presencia hakka, aun minoritaria, es mayor, los hokkien aparecen más unidos entre sí que donde no hay hakka o tienen escasa incidencia. Las luchas encarnizadas en todas estas direcciones convierten «las agrupaciones territoriales en enclaves beligerantes con fronteras duras [y] [...] forzaron a las comunidades "culturales" a alinearse con unos u otros [...] buscando protección entre su propia gente» (Lamley, 1981: 30).

Los aborígenes, desplazados hacía tiempo de los valles y zonas fértiles, continuaron instigando ininterrumpidamente a los invasores por pura necesidad de subsistir. Los colonos se veían así obligados a hacerles frente a ellos, a sus vecinos y a la malaria a un tiempo. Hacia 1885 la creciente demanda de alcanfor hace que los colonos chinos empujen a los aborígenes cada vez más hacia las cumbres de las montañas. Y en ese año las tribus aborígenes pactan una unión para declarar la guerra a los chinos invasores. Guerrean fieramente alcanzando el enfrentamiento «tal magnitud, que se extendió de norte a sur en la isla [...] atacando los aborígenes con gran agresividad, abandonando sus cumbres y atacando a los campesinos de la llanura, a lo que los chinos contestaban quemando grandes extensiones de bosque, destruyendo las aldeas [de los aborígenes]». Estos emprendían acciones por sorpresa, matando a algunos aldeanos y huyendo con sus cabezas cortadas a las montañas. Hacia 1887, momento de mayor crudeza, la carne de los aborígenes se estaba vendiendo en los mercados chinos de aldeas y ciudades (Wolf y Hang, 1980: 40).

He señalado que el gobierno chino fue inoperante en extremo en Taiwán, que vivía su turbulenta vida política y social y su asombrosa prosperidad económica en semejante ambiente. El ejército y los funcionarios imperiales no solo no apaciguaban, sino que echaban leña al fuego: siendo ellos mismos durante todo el XVIII enrolados en Fukien, eran ch'üan-chou o chang-chou, con lo que siempre discriminaban a los hakka, perseguían a los aborígenes y se alineaban junto a los de su propio grupo en sus enfrentamientos. Solo cuando las milicias hakka se pusieron del lado de la dinastía en una de las muchas rebeliones del sur de la China se animaron a reconocerlas como armada legítima. De hecho, mientras que el alineamiento con unos u otros se producía por las líneas de fractura étnicas en Taiwán, unos y otros recurrían oportunistamente a los hakka o a los aborígenes para buscar alianzas contra su principal oponente.

También ocurrió lo contrario, es decir, a veces las luchas interétnicas daban paso a las rebeliones o incluso las producían; otras veces, más frecuentemente las rebeliones, dependientes para su triunfo de las alianzas étnicas, acrecentaban los antagonismos étnicos. Así, en la década de 1780 los chang-chou se alinearon junto a los rebeldes y los ch'üan-chou a los leales a la dinastía. Y antes, a mediados de siglo, los chang-chou de Formosa se enrolan en la rebelión de Tien-ti-hui contra la dinastía reinante como consecuencia del apoyo gubernamental que los ch'üan-chou habían recibido en un enfrentamiento entre ambos grupos poco antes. Por esta vía, algunos líderes étnicos llegaron a ser líderes de los movimientos rebeldes o de las milicias gubernamentales alternativamente. Esto es lo que está detrás de la afirmación de Meskill (1979: 64): «[Hay un] nexo estrecho subyacente entre las luchas comunales [en Taiwán] y las rebeliones [contra la dinastía]». Los hakka participaban de esta situación y podían encontrarse tan pronto defendiendo como atacando a los hokkien. Pero todo ello es aquí diferente; dice Meskill que cuando la ayuda provenía de los hakka, los propios hokkien ayudados desconfiaban de ellos y surgían roces. Por ejemplo (y en momento tan tardío como la invasión japonesa): «Cuando los voluntarios hakka descendieron al llano desde sus posiciones en las zonas montañosas para salvar la ciudad de Hsin-chu, sus habitantes [hokkien] se negaron a darles alimentos y provisiones. Entonces los hakka tomaron lo que les vino en gana, abandonando en manos de sus mutuos enemigos japoneses a muchos de los habitantes» (1979: 196).

Resulta asombroso que este clima violento y la ausencia prolongadísima de paz que se extenderán al siglo XIX, pudiera coexistir con un rapidísimo crecimiento económico y un mercado cada vez más próspero. En opinión, y creo que acertada, de Wolf y de Hang (1980: 41), fue precisamente ese crecimiento tan acelerado lo que constantemente provocaba la competencia y el enfrentamiento entre grupos étnicos. Marcados en cierta medida por posiciones iniciales, su estatus se cimienta en el momento de su llegada, sobre todo, y las oportunidades tan desiguales que cada momento ofrecía, siendo cada vez peores conforme la densidad crecía y los recursos mejores se iban copando y, finalmente, atrayendo ya solo un tipo de inmigrantes que buscan trabajo en cualesquiera condiciones, más que una inmigración de aventureros, como fue en principio o de inversores, que los siguieron. Pero habría que ser justos respecto a una capacidad de los invasores enfrentados que causa, al menos en mí, estupefacción. Son varios los autores que señalan que los distintos grupos étnicos, odiándose entre sí, luchando despiadadamente, sin embargo, encontraban oportunidad para cooperar en tareas de interés común, tanto económico como político, hasta el punto de establecer treguas acordadas para realizar alguna tarea que consideraban importante para el desarrollo económico o para una autonomía del desarrollo que les afectaban por igual. Y, así, en medio de los terremotos alterófobos las partes odiantes construyeron grandes sistemas de regadío y grandes ciudades, puertos, construcciones navales, obras de navegabilidad de los ríos y otras muchas. Así interrumpían sus aversiones violentas para expoliar en conjunto un poco más a los pobres aborígenes o para conseguir, con total éxito, la estrepitosa ineficacia del poder político central. Y, por último, los propios enfrentamientos producían a veces desplazamientos enormes de población que terminaban en la roturación de nuevas tierras y la creación de nuevos asentamientos, ciudades, riegos y brazos del sistema de mercado y transporte. Sin embargo, ese desarrollo no logró una articulación político-económica única y común en Taiwán, donde todos parecían simultáneamente decididos a cooperar calculadamente en la mejora de sus intereses y a aborrecerse, vivir por separado todo lo que fuera posible, que era mucho y arrebatar al otro cuanto fuera posible.

En el cambio de siglo (XVIII-XIX) se incrementa de nuevo la inmigración a Formosa. En este momento se trata ya de población hakka casi exclusivamente. La presión por la escasez de tierra y de trabajo levanta nuevamente tensiones étnicas ahora con un carácter de estratos económicos muy marcado. La población invade finalmente las montañas y los bosques en los que habían encontrado refugio los grupos aborígenes, que quedan definitivamente diezmados y recluidos en los riscos.

La adscripción étnica, el desarrollo económico, la ausencia de unidad política, la competencia, fueron decisivas en la configuración social y política de Taiwán. Cada uno de los tres grupos chinos había desarrollado una identidad mucho más fuerte que la que tenían al llegar y habían cultivado diferencias y marcadores étnicos. Taiwán nunca llegaría a ser una sociedad realmente intercultural, porque a la diferencia se unió la competencia, a esta la desigualdad y a todo ello el arma del rechazo mutuo. Sin embargo, a comienzos del XIX se forma una clase de la que participan los tecnócratas, los funcionarios y administradores, los políticos y dirigentes. Su base es principalmente hokkien, y vimos cómo apuntaba ya en el período anterior sirviendo a la dinastía china mientras jugaba sus cartas étnicas en la competencia económica. Esta es ahora una clase cultivada capaz de reorganizar la administración, de diseñar nuevos sistemas de control. Las autoridades ch'ing habían establecido con ellos una especie no declarada de gobierno indirecto a final del período, que la elite aprovechó tanto para enriquecerse como para ganar poder sirviendo de intermediarios no tanto entre la dinastía y Taiwán como entre los grupos chinos rivales taiwaneses, a los que representaban, además, conjuntamente. Sus intereses van paulatinamente desvinculándose de las fracturas étnicas, constituyendo intereses sólidos de clase y poco a poco inmovilizan el potencial político étnico. En los años sesenta del siglo XIX se producen las últimas contiendas étnicas en Formosa.

La «pacificación» que esa elite gestionó inteligentemente se asentaba no obstante en otras cuestiones. Se iba perfilando una supraidentidad taiwanesa que se oponía a los aborígenes y a los militares chinos que ya no provenían de las provincias y prefecturas de los grupos étnicos beligerantes en Formosa en el período anterior, sino de otros lugares, y que eran considerados extranjeros unánimemente por todas las partes. Los nuevos inmigrantes de la última oleada son, lo he indicado, de otro tipo social, y suponen los peones hakka posibles para los hokkien y unos hakka indeseables para los hakka, hakka inmigrantes extranjeros en todo caso. La nueva elite se apoya en todo ello para la formación de Formosa. Los dos grupos hoklo, ch'üan-chou y chang-chou, comienzan a difuminarse, unidos cada vez más por los intereses comunes bien gestionados y por la incipiente identidad taiwanesa. Hoklo y hakka, evidentemente, se mantienen separados por las mismas razones. A finales de siglo el gobierno permite la existencia de una milicia mantenida por cada uno de los dos grandes grupos que mantuviera el orden. La desigualdad entre ambos mantiene la incipiente unidad y el reconocimiento de las áreas hakka protegidas por su milicia, calma los ánimos.

Sin embargo, las bases para la competencia económica no desaparecen por eso. Lo que ocurre es que resulta poco productivo ya el enfrentamiento interno hokkien y una situación de estratificación étnica, la que hay entre hokkien y hakka. Pero unos por arriba y otros por abajo compiten cada uno consigo mismo. Lo alucinante resulta ser la recuperación de las viejas rencillas y los antagonismos y luchas entre *apellidos*, calcadas a las que ocurrían en los siglos XIV y XV en las áreas sur de China de donde procedían los grupos taiwaneses. Si se recuerda ahora, la agrupación en apellidos se reconstruyó desde el principio en Taiwán por parte de los tres grupos colonizadores, formando los núcleos de los asentamientos, sus poblaciones mayoritarias y estampando su impronta y recordando su solidaridad existencial en templos, dioses y actividades de culto. Los linajes de Fukien se habían perdido para siempre. Pero los grupos comunales formados por los apellidos se transforman, ahora que la competencia interétnica se ha reducido a la estratificación en un solo sistema, en las líneas de fractura en las que estallan, tan violentamente como de costumbre, las luchas por acaparar tierras, controlar áreas comerciales, agua, instalaciones, transportes y empleo a muy distintos niveles (Meskill, 1979: 52 ss., y Lamley, 1981: 312 ss.). Sobre la base de fracturas más apropiadas para las luchas político-económicas del XIX, apellidos y sus áreas territoriales locales sustituyen a unos grupos étnicos que en parte se han difuminado (los dos hokkien), en parte se mantienen en posiciones de clase (hokkien/hakka) y en parte han perdido todas las guerras ya posibles y quedan relegados a la marginación, donde solo se les visita para reprimir sus cada vez más esporádicas y débiles protestas (las siete últimas tribus aborígenes). Japón agudiza aún más esta situación porque supone el enemigo común (que evidentemente lo era) que fortalece la incipiente identidad taiwanesa, reduciendo por fin todos los enfrentamientos, incluso los de apellido. Pero el antagonismo y recelo mutuo, los estereotipos y las barreras, incluidas las matrimoniales, hokkien/hakka subsistirán apoyadas en el recuerdo, en la historia y en sus resultados político-económicos contemporáneos.

Había sin embargo novedades en todos estos aspectos. Los japoneses trasladaron a Formosa muchos chinos continentales para trabajar en las minas durante su dominación, y sobre todo en el tiempo de la Segunda Guerra Mundial. Los propios japoneses los clasificaron como «chinos extranjeros» frente a «taiwaneses» y se les prohibió adquirir propiedad y alquilar tierras o comercios, por lo que, una vez terminada la contienda, mantuvieron su estatuto, siendo trabajadores pobres oprimidos tanto por hokkien (más) como por hakka (también). Solo la Reforma Agraria de 1953 permitió cambiar su posición, pero era ya tarde para el conjunto de estos chinos, por mucho que algunos pudieran beneficiarse realmente de ello (Barnett, 1971: 63 y Hnang, 1983: 118). A pesar de los cincuenta años de colonización y dominio japonés, seguramente gracias a ello, los taiwaneses vivieron como liberación la vuelta de Formosa a China. Pero las expectativas se frustraron pronto y los malentendidos, intransigencias, traiciones, abusos y roces terminaron por avivar el prejuicio y rechazo alterófobo: no ya solo entre hokkien y hakka. También entre ambos y cualquier otro chino, y en especial los continentales («mainlanders» en los textos en inglés), como se llamaba y se llama hoy a los inmigrantes chinos de las últimas oleadas, del siglo xix y sobre todo del xx, que tienen lenguas diferentes a las de los «taiwaneses» y distintas culturas.

La etnografía realizada entre los años sesenta y la última a la que he podido tener acceso, de mediados de los ochenta, ofrece un panorama consistente con la historia. Los continentales se han configurado como un segmento, formado por grupos chinos distintos, minoritario y que ocupa posiciones en las capas más bajas o bien están simplemente marginados. En los años setenta los hokkien suponían el 80 por 100 de la población y han conseguido convencer a algunos autores y a mucha otra gente de que son los «taiwaneses» frente a los hakka, a quienes a veces se atribuye (confusamente o malintencionadamente) una ascendencia aborigen absolutamente inexacta. Estos forman el grupo con mucho más amplio del 20 por 100 restante y muy mayoritariamente pertenecen a las clases trabajadoras menos cualificadas, pero en mucha mejor posición, a pesar de todo, que los continentales o chinos inmigrantes del último período. La identidad étnica hakka o hokkien es con mucho más fuerte que la común taiwanesa, pero las diferencias internas, ya débiles en los hakka desde el comienzo, son hoy entre hokkien una cuestión ya menor, propia del recuerdo histórico pero todavía de interés en la actualidad.

«Las diferencias étnicas [culturales, lingüísticas y de origen] (que a veces se han señalado erróneamente como de clan o dialectales) persisten como divisiones sociales importantes en el Taiwán actual» (Sangren, 1983: 33). Su división es clara en varios aspectos, en particular en el espacial, el económico, el lingüístico y el religioso, y se marca por fuertes estereotipos mutuos y una sólida alterofobia. Hokkien y hakka se asientan y distribuyen en áreas territoriales y pueblos y ciudades básicamente diferentes, de manera que cualquier persona de uno y otro grupo tiende a instalarse donde están los suyos. De la misma forma, el mercado y pequeño comercio local se divide, resultando básicamente monoétnicos coincidiendo con las áreas urbanas de unos y otros. Incluso, como dice Sangren (1983: 26), una «cadena de colinas separa el sistema de mercado de Ta-ch'i y los de San-hsia y Yin-ko, al norte. Y separa también las áreas habitadas principalmente por gente chang-chou (en Ta-ch'i) de las habitadas por gente ch'üan-chou (en San-hsia y Yin-ko). Aunque ambos hablan la misma lengua (lo hacen con un acento ligeramente diferente) y provienen de prefecturas [...] adyacentes en Fukien [...] han pasado ya los tiempos de luchas y facciones, pero la distinción entre gente ch'üan-chou y chang-chou sigue siendo importante en Taiwán. Y aún lo es más entre ellos y los hakka parlantes [...] que forman la mayoría en las áreas del sur y oeste de Ta-ch'i». Aunque suele darse cierto nivel de mezcla en las poblaciones urbanas, en especial en las ciudades, sin embargo, algunas se mantienen «taiwanesas puras», en palabras de Jordan, es decir, en este autor, hokkien puras, sin aborígenes, hakka ni inmigrantes «continentales» (Jordan, 1972: 4).

Por otra parte, la etnicidad no es suficiente por sí misma para definir el estatus socioeconómico, «sin embargo, el número de miembros de los dos grupos étnicos que hay en cada clase no es proporcional al número de sus respectivas poblaciones totales. Por tanto, la etnicidad es relevante para la cuestión de la estratificación social» (Rohsenow, 1983: 10). El acceso de hakka a puestos de responsabilidad o de interés económico es difícil mientras lo contrario pasa si buscamos hokkien en los lugares más desfavorecidos. Incluso en la organización política y administrativa puede verse una clara distinción entre hokkien y hakka a favor de los primeros, aunque en la carrera militar y policial, no encontramos «ni un taiwanés»: los sueldos son bajísimos, el peligro potencial es considerable y carecen de prestigio, dado el prejuicio en Taiwán contra todo lo que suene a militar a pesar de ofrecer puestos seguros aunque mal retribuidos (quizá por identificarse con los gobiernos imperiales chinos o con la dominación japonesa) (Rohsenow, 1983: 189). De todas formas, las mayores distancias y antagonismos étnicos se sitúan en las clases medias. En la clase alta los pocos continentales que hay son gente con poder (funcionarios, militares de altísimo rango) mientras los taiwaneses tienen dinero. En la clase más baja la pobreza rebasa el interés por la etnicidad y los problemas mayores son homogéneos (*ibid.*: 17).

Los prejuicios y estereotipos mutuos contribuyen a consolidar esta situación. Los que separan a hokkien y hakka son profundos y unos y otros se conciben como carentes de humanidad. Cuenta Wolf (1964: 42) que los hokkien tienen costumbres muy diferentes que ven como normales y adecuadas, la carencia de las cuales se podría entonces entender como inoportunidad y anormalidad. Describe, por ejemplo, cómo una procesión funeraria va parándose en las barreras naturales tales como ríos o cruces de calles o carreteras, invitándose al difunto en cada parada a que la cruce y la salve porque, dicen, «así su espíritu siempre sabrá encontrar su camino para volver a casa». Sin embargo, sus interlocutores hokkien insistían en que el hecho de que los hakka no hicieran esto se debía a que «les importa poco si sus antepasados pueden encontrar el camino de regreso o no». Estos prejuicios no solo tienen una función de aislamiento y mantenimiento de la animadversión mutua entre grupos, sino también de solidaridad interna a cada grupo. Sangren pone un ejemplo que ilumina muy bien este punto: «si un tendero local decide añadir una nueva línea de productos a su inventario, es tan probable que utilice un proveedor que le sea familiar [étnicamente, por el contexto y como se entenderá a continuación], como que haga una inspección "racional" en busca del precio más bajo [...] [hay] una preferencia en la mayor parte de la gente de Ta-ch'i por hacer los tratos con gente de su propio grupo étnico. Los habitantes chang-chou de Ta-ch'i describen a los ch'üan-chou como [...] unos negociantes de poco fiar. Piensan que es mejor tratar con gente chang-chou, incluso aunque te cobren un precio más alto» (*ibid.*: 194). El rechazo más profundo y extendido se dirige contra los «continentales», sobre los que pesa un estereotipo extensamente compartido por los tres grupos «taiwaneses» que los describen como «inmorales, irresponsables y carentes de las cualidades humanas», por lo que no solo se espantan ante la idea de casarse con ellos, sino que aceptan de buen grado el trato vejatorio y abusivo que los «continentales» reciben de la policía y del ejército (en muchas ocasiones también continentales, aunque no necesariamente del mismo origen étnico) (Wolf, 1964: 43).

Con todo esto, las ideas entre taiwaneses no son nada amables y las ideas respecto a los extranjeros tienen como referencia cualquiera que no sea del propio grupo y aún peor si proviene de fuera de Formosa. Estos extranjeros han sido históricamente los militares y funcionarios chinos, los invasores japoneses, las partidas de bandoleros cargados de miseria que cruzaban desde China y se instalaban en las montañas o mendigaban en pueblos y ciudades y, por fin, los «continentales». Wolf (1974: 175) advierte que un extranjero nunca es recibido realmente bien a no ser que pueda exhibir credenciales que garanticen parentesco con sus receptores. El parentesco es lo opuesto a la extranjería. La extranjería es cercana al peligro. Lo primero tiene su expresión no ya en la importancia fraternal dada a la unidad de apellido, sino en la propia palabra *kwei* (en mandarín; *kwai, kuei* o *kui*, en otros). Inicialmente hace referencia a un extraño antropoide o simio; denota también desde tiempos muy remotos un alma peligrosa de un muerto desconocido. Después ha dado nombre a «pueblo o raza de origen extranjero» (Wolf, 1974: 174, citando a Sen Chien-Shih, 1936: 19, sin referencia bibliográfica). Y Wolf hace notar que «el fantasma de un muerto [no antepasado o pariente] es el equivalente sobrenatural al temido, al extranjero» y, sigue, «el significado de *kuei* no ha cambiado en absoluto». Y el alma de un extranjero, aunque se trate de un vecino histórico de la casa adyacente, se convierte en un peligroso *kwei* (Wolf, 1974: 170 ss.).

El parentesco es, por tanto, lo contrario. Y esto tiene también su plasmación física y sus implicaciones mixófobas, porque quien participa de una línea ancestral participa de una misma substancia. Una persona es «la parte del cuerpo de sus padres que resta» (Baity, 1975: 93). La concepción de la persona y del propio cuerpo está especialmente ligada a una concepción de la filiación como vínculo social, religioso y biológico: «la piedad filial requiere, como deber ineludible, que cada uno cuide escrupulosamente su propio cuerpo, de manera que se mantenga intacta la substancia corporal recibida de los padres». En palabras de un hokkien: «el cuerpo [...] es un legado de los padres [...] una rama de los padres, y quien abusa de su propio cuerpo ultraja y hiere a sus padres; hiere el tronco del que ha crecido, y cuando el tronco está herido la rama muere». Y añade el etnógrafo Jordan: «Tales teorías siguen hoy vigentes y pueden verse en costumbres como la de castigar a un niño que se ha hecho daño antes de consolarlo [...] el castigo llega antes [que el consuelo] para enseñarle a no dañar su cuerpo» (Jordan, 1972: 83).

Que entre unas ideas tan adversas a los extranjeros, incluso «extranjeros taiwaneses» (hakka y hoklo, por ejemplo), y unas ideas tan substancialistas y biologistas de la filiación, por otro, haya una consistente mixofobia especialmente (no solo) dirigida hacia la consecución de la endogamia étnica, no puede extrañar. El matrimonio mezcla sustancias que pueden mezclar mal, relaciona «otros» y «nosotros» y merma, pone en peligro el cuidado de las tablas mortuorias de los antepasados que los descendientes deben tener. En esas tablas mortuorias se fija una de las tres almas de un antepasado muerto, y lo hace para proporcionar ventura y favores a sus descendientes. Tienen que conocerse, saber las relaciones entre ellas, cuidarse y venerarse, hay que tratar que nadie las robe y que nadie usurpe sus frutos beneficiosos. Un matrimonio mixto es un matrimonio desviado que pone en peligro ritual el vínculo entre los antepasados y la familia (Baity, 1975: 93), por lo que constituye un argumento mixófobo de peso.

El matrimonio entre grupos étnicos diferentes está por tanto muy mal considerado y en eso coinciden todos los etnógrafos. A comienzos de siglo era inconcebible. Los primeros matrimonios chang-chou/ch'üan-chou no se han encontrado en los registros hasta entrados los años veinte, aunque la gente joven hoy da mucha menos importancia a estas uniones entre hokkien y atribuye la oposición a ellos a cosas del pasado y propias de los viejos (Wolf, 1964: 41). A pesar de eso el matrimonio entre hokkien y hakka y aún más entre estos y «continentales» cuenta con una oposición muy consistente aún hoy. En general todos los grupos piensan que en el mejor de los casos es peligroso y una fuente de problemas y conflictos. De hecho, la tendencia general es o que cada hokkien se case prioritariamente dentro de su propio grupo, uno u otro, y muy infrecuentemente aparecen matrimonios entre hokkien y hakka. El matrimonio mixto entre grandes grupos es aún más escandaloso en las poblaciones monoétnicas, como algunas hokkien, en las que el cónyuge «extranjero» nunca llega a ser totalmente aceptado, e incluso puede suponer un grave quebranto para el cónyuge residente, de manera que para un comerciante hokkien el casarse con una mujer hakka implica una pérdida segura de clientela (Barnett, 1971: 64).

La mixofobia es aún mayor cuando se dirige hacia los continentales chinos, inmigrantes de la última época. Esta afirmación es etnográficamente consistente y bien documentada. Pueden dar idea de la magnitud de los prejuicios mayoritarios hacia los inmigrantes recientes un par de ejemplos. Dice A. Wolf que conoció una chica que se casó con un policía cantonés («continental»). Ella le explicaba: «Todo el mundo me dice: "¿no te da miedo que te venda? ¿No temes que pasado un poco de tiempo no te quiera ya? ¿No estás preocupada por si te estará siempre pegando?"». Y por su parte M. Wolf describe con detalle la historia de una familia en la que la única hija se enamoró de un chino continental y acabó casándose con él a pesar de la férrea oposición familiar. El padre de la muchacha explicaba: «Durante toda mi vida he tenido mucho cuidado con el nombre de mi familia y he criticado a la gente que hacía cosas como esta. Nunca hubiera podido pensar que mi propia hija se casaría con uno de ellos» (M. Wolf, 1968: 57).

Por último, este resistente entramado de prejuicios étnicos, competencia económica y política, estratificación social marcadamente étnica y competencia por el empleo, tiene también su expresión y su forma adyacente de organización en el terreno religioso. Sangren (1980) ha dedicado una especial atención, realizando un trabajo notable, a este aspecto de la etnicidad y la mixofobia en Formosa. Habla de una fuerte tendencia a asociar los dioses y los templos a ellos dedicados a un solo grupo étnico de los tres taiwaneses. En un barrio o en un pueblo o ciudad concretos, el templo más antiguo marca aún, por lo general, la primacía y antigüedad de un grupo sobre los otros, y solo cuando las relaciones interétnicas son especialmente buenas (cosa que también alguna vez ocurre, aunque no sean muchas) acuden todos los grupos a un templo principal que pertenece a uno solo de ellos. En otras ocasiones existen áreas pobladas muy diversificadas desde el punto de vista de su etnicidad, y en algunos casos de estos los grupos están fuertemente vinculados con relaciones de interdependencia e intereses comunes. En estos casos, pocos realmente, la gente ha llegado a lo que yo llamaría soluciones negociadas a nivel religioso, erigiendo un templo que abraza a todos y dedicándoselo a una deidad anodina e imparcial (*cf.* Sangren, 1980: 348 ss.) para una detallada distribución de templos y advocaciones en Ta-ch'i en los que se evidencia tanto su carácter monoétnico como los arreglos plurales). Pero incluso en los casos en los que, por cualquiera de estas dos vías, se llega a mantener un templo común interétnico, parece que siempre queda alguna gente marginada del culto y sin poder entrar en él, y que tal exclusión suele recaer invariablemente en «continentales» y aborígenes.

Las soluciones buscadas por aborígenes y «continentales» solo son parcialmente las mismas. Algunos de estos segundos han optado por separarse de cualquier culto esperando su regreso a China, su retorno, relegando la religiosidad al ámbito doméstico. Otros, como los aborígenes que viven en pueblos y ciudades, han encontrado refugio en el budismo ortodoxo. Los templos budistas suponen un lugar religioso de acogida y de consuelo para ambos. El templo budista separa la religión de cualquier contenido étnico taiwanés y por esa misma razón de cabida fraternal «a los estructuralmente anómalos [...] [lo que explica] la popularidad de los budistas ortodoxos entre los continentales [...]. Podemos incluso especular sobre si la popularidad de los dioses budistas y los cultos sectarios entre los hakka o "huéspedes" [en términos hokkien] [...] no será una consecuencia de su estatuto de extranjero» (Sangren, 1980: 347).

Creo que esta breve síntesis que he tratado de exponer habla suficientemente por sí misma, cuestiona suficientemente por sí misma, sugiere dudas y preguntas. Hace avanzar. El pasado y la historia que pasa y sigue pasando en Formosa ha configurado fuertes diferencias de culto y religión entre grupos étnicos, fuertes desigualdades, adscripciones desproporcionadas de clase, gentes marginadas. Un proceso migratorio y colonizador desigual que crea unos grupos marginales y una estratificación en la que la etnicidad es uno de los factores, pero lo es poderosamente. Unos prejuicios mutuos apoyados en la lengua, costumbres dispares, distribuciones espaciales, tendencias a posiciones relativas distintas y desiguales, unos prejuicios codificados en estereotipos que buscan sus fuentes en ideas sobre la creación de vida humana, la noción de extranjero y de cuerpo, la normalización y naturalización de lo propio sobre lo ajeno, relaciones prejuiciosas en las que la desigualdad se formula en el lenguaje de la superioridad étnica. Mixofobia y prejuicio que vemos construirse desde el siglo IX, con independencia de las ideas y prácticas de los portugueses y holandeses y con bastante lejanía respecto al imperio chino. Y ahí mismo vemos hakka que se empeñan en amar por encima de todo a hokkien y monjes budistas que acogen inmigrantes y tienen amigos hakka aunque ellos mismos son hoklo. Templos que se han deseado exclusivos y templos que se han querido fraternales. Gente.

Fuentes: E. M. Arhern y H. G. Rohsenow, 1981; P. C. Baity, 1975; W. K. Barnett, 1971; L. W. Crissman, 1974; D. R. De Golpper, 1974 y 1978; L. De Puydt, 1868; N. J. Diamond, 1969; K. Gould-Martin, 1977; Huang, 1983; D. K. Jordan, 1972; H. J. Lamley, 1981; J. M. M. Meskill, 1979; B. Pasternak, 1972; H. G. Rohsenow, 1974; P. S. Sangren, 1980; Shih-ch'ing Wang, 1974; Sung-hsing Wang, 1974; A. P. Wolf, 1964a, 1974b y 1978; A. P. Wolf y Huang, 1980; M. Wolf, 1968 y 1972.

## 3. Anexo al capítulo 7: retomando marginación y racismo: hipótesis sobre el discurso y su génesis[3]

La inclusión de este texto pretende solamente señalar la dirección de mis propios intereses en torno a este tema. Como indicaba páginas atrás, supone un paso, que exige los siguientes, en una línea de investigación iniciada hace muchos años pero que se ha ido concretando desde 1984 con *Gitanos de Madrid y Barcelona. Ensayos sobre aculturación y etnicidad*, o en 1986 con *Entre la marginación y el racismo*. El texto que reproduzco en este anexo fue publicado en *Perspectiva Social*, n.º 33, Barcelona, en 1993. He retocado ahora muy levemente el texto original.

* * *

Existen hoy posturas distantes y muchas veces enfrentadas en la interpretación de los fenómenos del racismo xenófobo de nuestros días. Y no acabo de encontrarme cómoda en el interior de ninguna de ellas. Desde hace años trabajo en el ámbito de la marginación y la alterofobia y poco a poco me he inclinado a pensar que las variaciones en el discurso, en concreto las variaciones en sus bases de legitimación, habría que buscarlas más bien en los *criterios* de autoridad de cada momento histórico y de cada situación concreta de cada uno de esos momentos. Que en la Edad Moderna esa base sea el alma, que desde el siglo XVIII el énfasis esté en los factores biológicos y en la identidad cultural de la nación y la pertenencia, y que en la década de los ochenta se reproduzcan y dramaticen estos últimos, parece coherente y lógico. En Occidente las afirmaciones tienen prestigio, sobre todo, en función de la autoridad que se otorga a su origen. Durante la Edad Media europea y la Edad Moderna la autoridad de la calificación de verdad o de falsedad de las afirmaciones la tenía la Iglesia. Galileo Galilei necesitaba validar por medio del dictamen eclesiástico la verdad de sus afirmaciones, y la tozudez en afirmar la verdad de lo que la Iglesia decía que era falso conducía a los tribunales de la Inquisición.

---

3. Este texto se presentó como ponencia al simposio sobre xenofobia y racismo organizado por la Asociación para las Naciones Unidas, en Barcelona, abril de 1993. Posteriormente fue publicado en *Perspectiva Social*, 33, diciembre de 1993.

El pensamiento moderno de la Ilustración se inclinó por otorgarle un cierto nivel de autoridad a la ciencia y otro a las ideas revolucionarias de la afirmación del individuo en el seno de una humanidad compartida, pero que se pensaba con arrojo, valor y espíritu de innovación desigual, y a la idea del Estado nación al que estos individuos se adscribían por identificación étnica. Paulatinamente, «verdades» científicas y convicciones se separan, pero solo hasta cierto punto: las convicciones debían apoyarse en todo caso en la «demostración científica». A mediados de este siglo se baraja la teoría de que la ciencia no produce verdades, sino que es parte de una visión del mundo orientada por otros aspectos del conjunto de la cultura y de la vida social. Y creo que en ese punto estamos. Ideología política o religiosa y ciencia se penetran y se trascienden. Por una parte, eso tiene sus ventajas, esto es, sabemos que la ciencia *no* produce verdades, sino propuestas teóricas que se postulan como capaces de interpretar los fenómenos, respondiendo a problemas que nos planteamos sobre ellos; además, tenemos más cuidado (¿sí?) en apoyar nuestras argumentaciones, sobre los proyectos políticos o religiosos para la humanidad, en cuestiones que científicamente se pueden sostener. Pero es solo una apariencia. Las desventajas llegan enseguida y son manifiestas y patentes. El que la ideología política o religiosa infunda sentido al discurso científico impide plantearse cosas tales como si existe xenofobia contra los ricos, que lo mismo sí, pero no queremos ni pensarlo. El que las convicciones tengan que sustentarse en «verdades» científicas es quizá peor, porque la ciencia no tiene respuesta para la mayor parte de los problemas de convicción: la libertad, la igualdad, la solidaridad, el respeto mutuo, o bien, en el otro extremo, el derecho al éxito, la justicia de la competencia, no son cosas que puedan «demostrarse científicamente» de ninguna manera posible. No son enunciados que pretendan dar cuenta de los hechos, son creencias que dirigen la acción, que diseñan la vida, son lo que quisiéramos que las cosas fueran, no lo que nos parece que son. No pueden contrastarse porque no hay nada que contrastar. Y «la ciencia» nada puede decir al respecto. La «demostración científica» de la igualdad humana solo puede ser la de su diferencia, porque lo que se asume es la convicción de que cualquiera que sea la diferencia los seres humanos son iguales. Se puede decir, científicamente hablando, que los ciudadanos deficientes mentales existen, especificando los referentes, las deficiencias y contrastando su existencia en esos términos. Vale. Y ahora ¿qué? Es al contrario. Aunque todos los sabios del mundo tuvieran la capacidad de demostrarnos que los gitanos carecían de sentido de la perspectiva, defenderíamos exactamente igual su derecho a vivir en una casa decente, tener un trabajo y a desarrollar hasta el límite de su voluntad y de su esfuerzo su sentido de la perspectiva. Simplemente, no tiene nada que ver.

De esta manera, el juego es peligroso porque entorpece el que cada uno asumamos nuestras convicciones y el que reclamemos información contrastada y contrastable científicamente de cómo y por qué podría entenderse que ocurre lo que ocurre. Pero el hecho es que las convicciones buscan apoyos de autoridad, que varían con el tiempo histórico. Visto desde esta perspectiva, cuando el criterio legitimador de la explotación y/o la negación de acceso a la ciudadanía plena fuera el tener o no tener alma, el ser o no ser creyente, estaríamos en momentos y situaciones en los que el criterio de autoridad es religioso; el que se adopte una fundamentación biologista de la transmisión del motivo de la descalificación en un momento histórico en el que el desarrollo de las ciencias naturales, y de la biología en particular, es espectacular y novedoso, tampoco es de extrañar. Y es cuando desde la propia biología se empieza a negar valor científico a ese concepto de raza y de herencia genética de la diferencia cultural, cuando se produce el deslizamiento más claro y decisivo hacia la cultura y, evidentemente, utilizando de nuevo el criterio de autoridad de la Academia para apoyar el discurso. En este caso, de las ciencias sociales, a quienes competía, y de la antropología concretamente, porque es quien se ocupaba de la diversidad cultural, el sentido globalizador de la cultura y el etnocentrismo procurado por el proceso de enculturación.

Lo que ahora no podemos hacer es caer en la misma trampa. Para negar la igualdad a los inmigrantes extranjeros no podemos fundamentarlo más que en las convicciones. Es para argumentar en contra de la incompatibilidad e inalterabilidad tanto de las culturas como de los procesos de socialización sobre los que sí podemos argumentar «con criterio de autoridad», desde el conocimiento del que dispone la teoría antropológica.

Racismo y xenofobia serían versiones del mismo discurso, como los mitos y los cuentos cambian sus imágenes de forma *ad hoc* para mantener la moraleja. Si no tienen alma, no son hijos de Dios y por tanto ni pertenecen a este pueblo ni son iguales a sus gentes. Si son el eslabón perdido, todavía no son seres humanos y, por tanto, ni son iguales ni se les puede convertir en ciudadanos. Si su cultura es incompatible e irreductible, que vuelvan con ella a su casa, y que la cuiden, porque ni son de este pueblo ni se les puede dar acceso a lo que solo a este pueblo le pertenece.

El discurso crea, cambia y abandona constantemente imágenes culturales a tenor de los tiempos y de cada una de las condiciones concretas en esos tiempos.

Cada imagen creada es un elemento *disponible culturalmente*, reutilizable[4].
Martin Barker señalaba, y casi todos estamos de acuerdo, que la Segunda Guerra Mundial desprestigió el uso de «raza», de manera que el discurso anti-otro
tenía que encontrar un sustituto menos cargado de connotaciones peyorativas[5].
Y más apoyado por el criterio de autoridad, añadiría yo. Pero cabría preguntarse por qué hasta los años ochenta no se consolida esa sustitución. La respuesta
podría ser tan sencilla como que comienza a haber inmigrantes del Tercer Mundo donde antes no los había o había pocos. Pero no es suficiente, porque sigue
sin explicarnos por qué se los rechaza. Pienso que otro cambio fundamental
está en que en los años ochenta una acusación de nazi no es ya un improperio
como podía serlo en los sesenta. Es una posibilidad real. Y a esto podían unirse
los argumentos actualmente en juego en esta polémica, la explosión actual de
los nacionalismos con su corolario de exaltación de la etnicidad propia, con
tanta frecuencia a costa de alguna ajena. Esto podría contrastarse poniendo a
prueba la existencia de más rechazo de las diferencias culturales, biologizadas o
no, donde el nacionalismo estatalizado o estatalizante es mayor, menos cuanto
menor o si simplemente no se vinculan. En principio, en lo relativo a Europa,
parecería, efectivamente, ser esta la situación.

Biologismo y argumentación cultural del rechazo me parecen dos componentes alternantes o compatibles del discurso de legitimación de la exclusión, de
la discriminación o de la explotación. Creo que, tal como se viene definiendo en
el debate, existían mucho antes y mucho más lejos de aquí y ahora. Y su aplicación variaría en función de su oportunidad en los términos expuestos. Pero
ambos, y esto es lo que me interesa hacer constar, ambos son constructos ideológicos *disponibles con anterioridad y extensos*. Ni son una constante humana
ni mucho menos «naturales». Pero sí podrían darse con frecuencia; y como
ocurre con el matrimonio o con la herencia, el problema no es descartar su
universalidad, que ya está, que se sepa, descartada, sino explicar la extensión
del fenómeno. A esto habría que añadir que también son extensas las preconcepciones *positivas* de «los otros», las formas de XENOFILIA, porque conocemos
hechos de este tipo y porque nada hace suponer que la crítica sea (¡también!)
una exclusiva de Occidente; una nueva exclusiva, que vuelve a atribuir a Occi-

---

4. C. Lévi-Strauss crea aquella preciosa imagen del *bricoleur*, reutilizador de recuerdos y
materiales almacenados en un rincón, esperando un uso posible. Ver C. LÉVI-STRAUSS (1962), *El
Pensamiento Salvaje*, Fondo de Cultura Económica, 1972: 35.

5. M. BARKER (1979), «Racism, the new inheritors», *Radical Philosophy*, 21: 2-17.

dente cualquier capacidad humanamente disponible, cualquier ideal humanamente imaginable. El concepto de xenofilia podía abarcar fenómenos de preconcepciones y comportamientos solidarios, justificados por la identificación igualitaria y universalista con «el otro», con otros grupos, segmentos y categorías de personas. Otras personas diferentes.

*Identificación solidaria, biologización de las diferencias, rechazo de la alteridad cultural, fundamentalismo religioso, todos ellos pueden ser por tanto posibilidades abiertas a cualquier colectivo humano que se elaborarían o no y se activarían o no en función de condiciones históricas y estructurales concretas, cambiando el contenido simbólico y el criterio de autoridad del discurso a tenor de los tiempos y a tenor de la tradición cultural disponible en cada momento.*

Llegados a este punto, haría una propuesta en tres direcciones: la de las víctimas, la de los recursos ideológicos y la de las causas. Creo que podría decirse que se están mezclando cosas distintas y que si se separaran resultaría clarificador. Por una parte, estaría el objeto de la actitud anti-otro. Y ese objeto puede ser el extranjero, pero puede ser también otro «otro», porque la variabilidad cultural no atañe solo a culturas distintas y específicamente separadas, al menos por origen, sino que afecta igualmente al interior de los pueblos ya que sabemos bien que no puede de ninguna forma suponérseles homogeneidad. Por otra parte, existirían los componentes legitimadores contenidos en el discurso, también variables. Por último, las causas por las que a ciertos «otros» y no a todos, se les hace víctimas de comportamientos y actitudes que por su brutalidad precisan de discursos legitimadores.

Respecto al primer aspecto, al *objeto de la anti-alteridad, las víctimas*, propondría entender por XENOFOBIA solamente el fenómeno de estas características que se dirige contra los extranjeros, es decir, contra cualquier otro grupo humano que exhiba una etnicidad distinta, identidad como pueblo, contenido cultural disponible, sea activado o no, y aquella parte del contenido cultural que cristaliza como significante de la identidad, sus elementos culturales emblemáticos. Xenofobia sería, por lo tanto, la que se practica y esgrime contra pueblos oprimidos del Tercer Mundo, contra sus emigrantes que se han venido con nosotros, contra los gitanos, contra los andaluces en Cataluña, contra los catalanes en Madrid, contra bretones en Francia, contra lapones en Noruega, contra los pobladores de la Tierra de Fuego, contra los pueblos germánicos de la época clásica, contra judíos en Egipto y samaritanos en Israel. Por CLASISMO entendería el fenómeno de estas características que se dirige contra cualquier estrato social desde cualquier otro de la misma polis o de otra de estructura y poder similar, siempre que los estratos sean identificables e identificados como clases sociales transnacionalmente. Hablaría de SECTARISMO para referirme a este fenómeno cuando se dirige a un grupo o categoría de personas por razones socioculturales más restringidas que su pertenencia a un grupo étnico o a un estrato social. En espera de realizar una elaboración más precisa, de la que me ocupo, recogería los fenómenos de anti-alteridad que enfrentan, en estos términos, a hombres frente a mujeres o cristianos frente a musulmanes, en un contexto sociocultural dado.

La posibilidad de oscurecimiento del análisis por el hecho de que las personas concretas participen de todas estas categorías pienso que es salvable, porque son categorías relacionadas, pero no idénticas. La xenofobia contra los gitanos está relacionada, evidentemente, con el hecho de su mayoritaria pobreza, lo que les hace víctimas también del clasismo y, por su laxa vinculación con la Iglesia católica, lo son asimismo del sectarismo. Pero gitanos católicos apostólicos y romanos padecen discriminaciones y son víctimas del prejuicio y gitanos en buena posición también; es decir, *hay un referente étnico* preciso. Y, al revés, el sectarismo religioso no solo ataca a los gitanos, de manera que es posible delimitar sus contornos, sus víctimas. Una persona podría ser víctima de las tres categorías de prejuicio simultáneamente, pero las víctimas de cada una de ellas pueden perfilarse separadamente.

Por otra parte, respecto al segundo aspecto, el de los *recursos ideológicos*, tendría que considerar *los componentes variables del discurso de legitimación, el fundamento supuestamente explicativo del perjuicio causado*. En este sentido, preferiría reservar RACISMO para la utilización de criterios biologistas y de herencia genética de las supuestas incapacidades del «otro», y FUNDAMENTALISMO para cualquier tipo de afirmación irreductible de la diferencia en términos culturales. Verena Stolcke llama, haciendo un guiño irónico a la nueva derecha, FUNDAMENTALISMO CULTURAL[6] al que se refiere a la etnicidad de un pueblo, en concreto a su identidad, sus símbolos étnicos y el conjunto de su cultura. Podríamos también reservar entonces FUNDAMENTALISMO RELIGIOSO, POLÍTICO, o de cualquier otra índole, a las formas específicas que extraen de esos aspectos concretos sus respectivos criterios de legitimación, los universaliza y los hace inmutables, irreductibles y reprobables.

6. Agradezco a la profesora Verena Stolcke que me haya permitido utilizar aquí este concepto, que propone en un texto todavía inédito en el que revisa, sintetiza y critica creativamente la polémica actual sobre el racismo y la xenofobia.

Así, la xenofobia contra los emigrantes del Tercer Mundo o contra los gitanos de nuestro vecindario, puede ser simultánea o alternativamente fundamentalista o racista, y habrá que explicar el cambio y la alternancia de esos recursos ideológicos en el discurso. Y todo esto sigue siendo compatible con el análisis actual de la xenofobia circunscrito a la Europa moderna y contemporánea. Y creo también que puede ampliar ese análisis y trascender las angostas barreras de la occidentalización de todo, para bien o, como en este caso, para mal.

Parece claro, al hablar tanto de *racismo* como de *fundamentalismo cultural* que, en cualquier caso, son instrumentos de categorización del principio de legitimación del discurso de anti-alteridad que se dirige contra un conjunto de personas que comparten una identidad y unas características sociales y culturales en parte adscritas (y no establemente) a esa identidad y en parte atribuidas a ella por quienes realizan la categorización al conceptualizar las diferencias. Esa identidad y esos atributos se piensan inalterables, irreductibles e incompatibles con otros, y están evaluados negativamente, en términos de valores y otros contenidos culturales propios de quienes emiten el juicio (comunes en su cultura y sociedad o restringidos a su medio sociocultural específico dentro de esa cultura y sociedad). Esta identidad negativamente valorada se vincula con carácter de necesidad a los individuos que la ostentan, ya sea por medio de su inscripción genética, ya sea por entender que la enculturación es una y definitiva o por estar adjudicada su identidad y atributos étnicos por designación divina o por cualquier otro criterio de inevitabilidad. Y, de esta forma, la diferencia convertida en desviación inevitable y permanente justifica la explotación, la opresión, la discriminación o la exclusión. Y, aún más, después de atribuir carácter de necesidad a la diferencia se le atribuye también carácter de necesidad a la xenofobia cuando se considera que es consecuencia inevitable del etnocentrismo y de la enculturación, o cuando se sostiene que es instintivo el defender, incluso con violencia, la propia cultura frente a «otros».

En cualquier caso, *la naturalización o la biologización de la diferencia sería solo una versión, extensa y variable, de este tipo de categorizaciones que adscriben a la gente inevitablemente, permanentemente e inalterablemente a una identidad, al conjunto de las características emblemáticas de esta, sean adscritas culturalmente o atribuidas desde la posición de quien hace la valoración.* Podemos, si nos parece conveniente, utilizar otras voces diferentes a las que he propuesto. Posiblemente haya otras más adecuadas y eso tiene importancia. Pero de momento me preocupa menos.

Me interesa más abordar el tercer aspecto, las *causas*.

¿Por qué echarlos? En uno de los planteamientos de la polémica actual, se consideraría que las víctimas de la xenofobia en estos dos, tres últimos siglos serían los extranjeros, la comunidad extranjera, en el contexto de un Estado nación que proclama su unidad cultural y su identidad. Pero también desde esta perspectiva, como desde la de todos los participantes en el debate, se trata del extranjero *pobre*. ¿Cómo se puede entonces justificar este hecho teóricamente? El mayor peligro tendría, por lógica, que suponerlo el extranjero rico, mejor, la comunidad de extranjeros ricos y poderosos (pensemos en Marbella, por ejemplo) que es la que tiene mayor capacidad tanto para intentar imponer su cultura, como para crear un discurso de legitimación del atropello en términos de la eficacia práctica que tal cultura ha demostrado tener. Cosa que también Occidente ha argumentado profusamente. Entonces, ¿por qué pobres?, y, además, ¿por qué se les echa?

En definitiva, si son pocos, débiles y pobres y ocupan los puestos no deseados por la población receptora, ¿qué es lo que amenazan?, ¿cuáles son las razones por las que se les quiere echar, marginar, negar? Si la causa realmente estuviera tan solo en la forma en la que se conceptualiza la nación, la cultura, la identidad y su relación con el Estado[7], las razones serían *estrictamente* mitológicas; porque entonces, si son débiles y son pocos, no se justifica ningún tipo de medida ante ningún tipo de amenaza. El discurso fundamentalista y racista legitimaría su expulsión por constituir un peligro para la identidad cultural-nacional-estatal, de no ser que no tienen capacidad para ser tal peligro. ¿Es ese argumento coherente o, al menos, suficiente?

Existe una conciencia colectiva del perjuicio apocalíptico causado al Tercer Mundo, conciencia que se refresca en cada periódico y en cada informativo. Consciencia clara de que su situación es desesperada. En realidad, a nadie puede extrañar que, aunque sea muy a su pesar y con grandes sufrimientos, deseen salir de la ratonera en la que el expolio de Occidente les ha metido. Por mucho que esa consciencia no parece mover la solidaridad humana en este lado del mundo en el que estamos.

Por otro lado, la mayor parte de la población occidental, de ninguna forma toda ella, estamos acostumbrados a vivir muy por encima de las posibilidades del universo y a su costa. Y este es un momento histórico particularmente fasti-

---

7. Ver P. A. Taguieff, dir. (1991), en especial las contribuciones de P. A. Taguieff, P. P. Birnbaum y J. Leca, «Face au racisme», *La Découverte*, vol. 2, Paris. (Otros autores han sido citados para este tema en el capítulo 1 de la Primera Parte de este libro.)

dioso respecto a esa costumbre. Hay escasez de empleo y de recursos sociales, aunque la riqueza siga siendo descomunal desde una perspectiva de humanidad. En este sentido, escribía hace ya tiempo[8] que es en estos momentos en los que la competencia interétnica se acentúa. Me refería entonces a los gitanos de los años ochenta de un barrio marginado barcelonés. La escasez general de trabajo les afectó de manera especial, destruyendo, desde el año 75, no solo la tendencia creciente al trabajo integrado y más estable del período anterior, sino el mejor nivel de vida alcanzado en el conjunto de su población en ese mismo período, y que habría creado nuevas necesidades y nuevas expectativas. Por otra parte, la minoría no solo pierde el escaso terreno en el que se le había permitido entrar durante los tiempos mejores. Es que, además, el sector de la población mayoritaria más dañado por la crisis económica es expulsado, marginado, y entra frontalmente en competencia para obtener recursos marginales que habitualmente estaban en manos de la minoría étnica. Así pues, la vuelta a las alternativas y estrategias marginales se hacía en los ochenta sobre unas bases cada vez más difíciles.

Había, además, otras razones para el enfrentamiento interétnico. Ya desde comienzos de los años sesenta, y crecientemente hasta la segunda mitad de los ochenta, a los gitanos se les había ido concentrando, en contra de su voluntad, en grandes barriadas de chabolas e infraviviendas de todas clases. Para ello, con frecuencia, la Administración había elegido enclaves no-edificables, especialmente en los últimos traslados, dejando así paulatinamente disponible todo suelo urbanizable de la periferia no solo para situar fábricas y empresas, sino también para alojar en viviendas sociales o con apoyo administrativo a la población no-gitana trabajadora procedente de la emigración interna a los grandes centros urbanos. Esos emplazamientos en suelo en el que no podían edificarse viviendas estaban a menudo situados en los bordes de una barriada nueva, a veces en su corazón, y suponían lugares reservados para zonas ajardinadas o para instalación de servicios sociales, culturales o deportivos. Pues bien, explicaba entonces que la concentración tuvo dos resultados terroríficos entrados ya los años ochenta[9]. Por una parte, los vecinos payos de las barriadas, ahora muy empobrecidos, reclamaban aquellos servicios y zonas verdes que constituían el

---

8. T. San Román (1984a), *Gitanos de Madrid y Barcelona. Ensayos sobre aculturación y etnicidad*, Bellaterra: Publicaciones de la Universidad Autónoma de Barcelona.

9. T. San Román, comp. (1986), *Entre la marginación y el racismo*, Madrid: Alianza, pp. 212-216.

suelo de la ciudad marginal. Por otro lado, la concentración forzosa de los gitanos dificultaba enormemente el desempeño de actividades laborales y estrategias económicas tales como la recuperación de desechos o la venta callejera, llegando a ser en realidad impracticables por la gran densidad de participantes en estas ocupaciones en relación con el medio urbano disponible. Y a ellos se unían además los no-gitanos ahora marginados.

Hacía notar, por tanto, que los gitanos, sin trabajo, con excesiva concentración para hacer viables las actividades y estrategias marginales, sin recursos sociales, con necesidades dilatadas durante el período inmediatamente anterior y bajo mínimos, se enfrentaban desesperadamente a un vecindario de población perteneciente a la mayoría que también, aunque a un nivel más elevado, empobrecido, reclamaba trabajo y recursos sociales. Proponiendo una imagen de exclusas de marginación, apuntaba que cuando la sociedad abre alguna puerta a una minoría marginada, la pone en competencia con las capas más pobres de la mayoría y, en un período de escasez, son estas las que son empujadas hacia abajo, inundando el escaso campo vital de la minoría. Y es esto lo que, de una u otra manera, produce la impresión de que el brote racista es propio de las capas más deprimidas de la población mayoritaria. Decía entonces que así las otras capas pueden incluso llegar a creerse que no son racistas.

Se trata de una imagen que hace fluir a la población pobre a través de dos esclusas. Una está constituida por los recursos sociales más deprimidos, que van de las pensiones más bajas a las viviendas sociales, y por puestos de trabajo contractuales y legalizados de escaso atractivo por su ridícula precariedad y por su desprestigio social. Otra está constituida por un área de recursos marginales que van de la mendicidad a la beneficencia y la chabola, y por una serie de actividades laborales no contempladas por el sistema de roles laborales ni integradas por contratos y estipulaciones previstos en la ley, estrategias de adquisición de recursos económicos y ocupaciones marginales.

Lo que ahora me interesa señalar es que las capas más desfavorecidas de las etnias mayoritarias de este país oscilan entre la ocupación de puestos de trabajo competitivos y recursos sociales estandarizados y el naufragio en la esclusa integrada por miserables e incluso en algunos casos en función, básicamente, de la coyuntura económica; la población de ciudadanos de grupos étnicos marginados se mueve entre el área de recursos integrada, pero mísera y desprestigiada, cuando presenta una oferta posible por el ascenso de los pobres de la mayoría, y el área marginal, o el vacío que desemboca en las drogas a finales de los ochenta; la población de inmigrantes extranjeros procedentes del Tercer Mundo oscila entre sus lugares de origen, lo que cada vez es una alternativa más agotada, nadar en las aguas de la esclusa integrada-miserable y de la marginal, o naufragar definitivamente en el genocidio o en las pateras del Mediterráneo.

Desde el punto de vista de las administraciones públicas, también hay que considerar varios problemas además del discurso y las prácticas xenófobas. Por una parte, pueden presentir que el rechazo de inmigrantes y marginados quizá va a ser entendido como una defensa de *sus* ciudadanos más desfavorecidos y, desgraciadamente, así es entendido por muchos de ellos. Por otra parte, el coste del trabajo de un inmigrante no es lo que le puede pagar un *pagès* del Vallès Occidental. Se calcula también en demanda de viviendas sociales, prestaciones de la Seguridad Social (recuérdese la resistencia de las autoridades de inmigración a la reunificación familiar en el país receptor), asistencia sanitaria (siempre costosa, porque los pobres tienen el hábito de enfermar con más asiduidad), atención social especializada (aulas y/o profesionales de adaptación escolar, centros de atención sanitaria especiales, ¡estudios sociológicos y antropológicos!), etc. Es decir, sería una población «cara» en prestaciones sociales específicas en el caso de que la Administración cumpliera con sus obligaciones si los integrara y los nacionalizara, cosa a la que se resiste. Y me temo que también es una población insidiosa para los usuarios competidores miembros de la mayoría. Además, colocan a las administraciones en una posición comprometida. Si les atienden, protestan los «ciudadanos» (recuérdense las manifestaciones vecinales por dotar de viviendas a los gitanos en la Comunidad de Madrid a finales de los ochenta o en la Verneda de Barcelona mucho antes). Si no les atienden, protestamos los antirracistas. *Y así en el trabajo como en los recursos sociales, quizá el inmigrante, como el marginado de la población receptora, representa una competencia indirecta y potencial en la medida en que compiten con la población mayoritaria integrada en el último peldaño de la escala social. A veces, más arriba, pero menos veces.*

En el caso de las minorías étnicas y los trabajadores inmigrados en el Estado español, y quizá en Europa en este momento, la xenofobia, sea racista o fundamentalista cultural o ambas cosas a la vez, como creo, parece tener la meta no ya de agredirles sino de excluirles. De EXCLUSIÓN en el verdadero y pleno sentido de la palabra y no en el, a mi juicio, subvertido y restringido que estamos dando a este término en ciencias sociales actualmente. Exclusión con las tres variantes de genocidio, expulsión y marginación, siempre disponibles y latentes, siempre enfatizadas una u otra en función del momento histórico y sus circunstancias, ninguna de ellas totalmente abandonada en un momento dado.

Y así a la marginación puede unírsele el genocidio solapado de la infraalimentación o las condiciones insalubres, el homicidio abierto de una paliza en una comisaría francesa de este mes de abril, o de los niños abrasados en una chabola gitana hace poco en un pueblo de España; la expulsión solapada en una ley de extranjería, en las barreras administrativas para la legalización de las condiciones de los inmigrantes, en los muros a la reunificación familiar en el país receptor; la expulsión abierta y directa en las arenas de las playas de Andalucía.

La meta de la xenofobia no es solo la explotación sino la exclusión en cualquiera de sus formas o, si no es posible o no es conveniente, en esa forma híbrida que representa la marginación social en la que viviendo dentro de, se les empuja constantemente fuera de, quedando la gente asida a los bordes interiores del sistema, recibiendo los últimos tenues y debilitados pálpitos del sistema, mientras bucean entre sus aguas más tenebrosas y trepan a las islas interiores no organizadas, no pensadas, no consideradas por el sistema pero bañadas por sus aguas. Marginación latente en todas y cada una de las ignorancias, desintereses, omisiones. Marginación directa de la negación explícita a la entrada, de los traslados de población a punta de ametralladora hace años o de orden de desalojo hoy. Nunca está sola una de las alternativas posibles del objetivo de la xenofobia. Se enfatiza una de ellas.

Creo que se trata de *eliminar y marginar*, tal como lo he entendido esta y otras veces, de la esfera económica, fundamentalmente, aunque no solo, a quien puede estar más cerca de la puerta inferior de la esclusa o empujar, para que acaben de llegar a ella, también a muchos ciudadanos pobres junto a los extranjeros. Y dentro de esta lógica cabe que a estos no se les dé entrada como ciudadanos si ya a los que son ciudadanos se les excluye. Una noticia en el diario *El País* de este mes de septiembre pasado es esclarecedora en este sentido. Hablaba de la agresión de unos *skinheads* a los vendedores de periódicos en Gran Bretaña, además de sus conocidas acciones violentas contra la «gente de color». A los vendedores de periódicos de Londres, fueran o no «de color», también a viejos y chavales pobres incoloros de los márgenes londinenses.

Es decir, la pura y simple utilización de los extranjeros pobres está regulada por una demanda concreta y muy específica. Esto ya lo sabemos. Pero esa demanda se concreta en ámbitos de actividad que en unos momentos quedan vacantes porque la población mayoritaria, la ciudadanía, está emplazada más arriba o más compensada por prestaciones sociales públicas. *Lo que ocurre es que estos ámbitos miserables disponibles lo están siempre efímeramente, porque las capas ciudadanas del último peldaño de la escala social caen de él y suben a él con una sensibilidad económica brutal ante las condiciones generales. Por eso son sobre todo pobres los inmigrantes y por eso son competidores potenciales permanentes de los pobres nacionales.* Y por eso son extranjeros, por eso no son ni serán, al menos muchísimos de ellos, ciudadanos. Porque la regulación de las esclusas de la marginación en el sistema social en el que vivimos exige una constante medida de entradas y salidas, cupos, proporciones.

Por eso resulta más rentable importar un pobre extranjero, pero ni uno más de los precisos, al que se puede expulsar con facilidad si llega el caso, que no emplear a un gitano que, siendo ya ciudadano de derecho, nunca lo llega a ser de hecho. Si se emplea a un marginado «nacional», ni se le expulsa por completo ni se puede evitar que adquiera derechos duraderos, ni se puede ignorar a su familia, sus hijos, sus dependientes. Al marginado étnico «nacional» que es un gitano, no merece la pena siquiera meterlo en la cárcel, porque cuesta dinero al erario público y crea heterogeneidad cultural y protestas entre los reclusos. Los barrios de chabolas, la negación práctica de empleo y de acceso a recursos sociales básicos, los mantienen como una población barata, aunque molesta a la «sensibilidad cultural» mayoritaria. Su inclusión parcial es más peligrosa para el sistema porque es más irreversible que la de un extranjero. Y así, mientras tanto, es el extranjero diferente y pobre el que entra y sale de la oferta de empleo miserable y desprestigiada en función de la necesidad que de ella tiene una población mayoritaria. Y es también este extranjero pobre quien se encuentra al borde del gran faldón del sistema, subiendo y bajando de él como un *fleco* aferrado pero móvil, mientras que las minorías étnicas ciudadanas, «nacionales» y marginadas, las que podrían engrosar la densidad de ese fleco si se las utilizara, porque quedarían también de alguna forma aferradas al faldón al ser ciudadanos de derecho, esas minorías étnicas quedan enjauladas en cualquiera de los muchos márgenes interiores del sistema[10], sin mayor coste social que la incomodidad que produce su ira, que se justifica por la incomodidad de su diferencia. Evidentemente, el discurso de la ciudadanía y la xenofobia es acertado. Pero está en juego algo más importante que el espíritu de la nación, la identidad y la cultura.

Se trata de ideas, acciones, que se dirigen a producir un ENCAPSULAMIENTO de ciertas poblaciones en el límite de las estipulaciones normativas, políticas y económicas de cada Estado, o en el límite de la ordenación político-económica

---

10. Para estas distinciones ver «Sobre el concepto de marginación», en T. SAN ROMÁN (1990: 11 ss.), *op. cit.*

mundial. Es un encapsulamiento que impide o dosifica el flujo de estas poblaciones hacia los recursos, las posiciones y las formas de acceso instauradas en el diseño regulador del sistema. Un encapsulamiento en los límites estrechos de la periferia del Estado español o un encapsulamiento en el espacio transitable y desértico del Tercer Mundo.

El problema no es tan solo de explotación, es también de expulsión. En este momento hay amplias posibilidades de explotar a los nativos. Pero no es esa la clave. No se trata, en cada caso, de «hacer la vista gorda» si un patrón está pagando unas pocas pesetas diarias a un sarahole. Se trata de estar en condiciones de echarlo, de repatriarlo, de negarle la residencia y la ciudadanía. No se trata de pedir que los gitanos se pongan a trabajar como peones de una vez por todas, cobrando lo que un payo ya no quiere cobrar y ocupando un puesto que aquel ya no quiere ocupar. Se trata de encapsularlo, de quemar sus chabolas, de echarles del barrio, de impedir la entrada de sus hijos en la escuela. Se trata, fundamentalmente, más que de ninguna otra cosa (aunque casos de otra cosa también se den) de marginar y de eliminar.

Cuando la expulsión no es posible, porque son ciudadanos, aunque culturalmente diferentes, tendría sentido, entonces, encapsularlos en un reducto y no permitir que salgan de él. Una alternativa es la expulsión, otra la marginación. Puede verse así la marginación como un mecanismo de encapsulamiento, internamiento, en un área lo suficientemente carente de atractivo por parte de la población indígena mayoritaria (nosotros) como para no representar una amenaza a puestos de trabajo y recursos y prestaciones sociales por los que hay competencia entre las capas más bajas de la escala social, y para los que supondría un perjuicio no solo esta nueva competencia sino el supuesto abaratamiento de la mano de obra.

Los mecanismos de este encapsulamiento serían múltiples. Por una parte, algunos, solo algunos, son mecanismos que niegan el acceso a un estatus jurídico de pleno derecho. Lo decía antes, son barreras incontables para obtener un permiso de residencia, un permiso de trabajo, un contrato legal, la inclusión en la Seguridad Social y, en último término, la ciudadanía, la nacionalización. Por otra parte, habría mecanismos de aislamiento espacial, de aislamiento social, de potenciación de asociaciones étnicas solamente, por encima de o *en vez de* la potenciación de su inserción en la sociedad civil. Todos son, y otros muchos más, mecanismos de marginación.

La diferencia entre los años sesenta y los ochenta es clara. Los años sesenta produjeron la ilusión de un pleno empleo y un crecimiento permanente y ha sido uno de los pocos momentos en nuestra historia en el que se ha abierto la puerta trasera a los marginados de nuestras minorías étnicas. Los años ochenta y noventa que contamos no engañan a nadie: una buena coyuntura ahora, puede, y seguida, seguro que va seguida de una mala, después. La elección de los extranjeros sobre los marginados «nacionales» es de una claridad meridiana: hay que estar en situación de poderles expulsar o acoger alternativa y flexiblemente, y esa función solo se puede adjudicar a quien no puede consolidar derechos porque no los ha empezado a tener, a un extranjero.

En el análisis del racismo y la xenofobia ha habido, a mi entender, una constante confusión entre causas, víctimas, funciones y legitimaciones discursivas, y una constante confusión también en el análisis realizado a distintos niveles de integración social, desde el nivel estatal al de una barriada, extendiendo las generalizaciones postuladas en el análisis de un nivel a todos los demás, entendiendo igual una manifestación racista de vecinos y el discurso xenófobo de un dirigente político o una medida legislativa. Los factores del fenómeno migratorio, los factores que producen situaciones de marginación social, los factores que suscitan tensiones entre grupos perjudicados, tienen su base en las condiciones del sistema sociocultural y su devenir histórico, y ese análisis debe ser global y generalizador. Pero, aunque los factores del enfrentamiento se produzcan sobre esa base y aunque se esgrima el racismo o bien el fundamentalismo cultural, unos y otros varían a distintos niveles de integración social del sistema. Varían en mil formas, en mil situaciones sociales concretas. Porque ni el tipo de prejuicio ni el tipo de comportamiento restrictivo, discriminador o excluyente, ni el tipo de condiciones en las que emerge, son equiparables en sus manifestaciones concretas. Cualquiera de las alternativas posibles de relación con «los otros» varían internamente en términos de quiénes son las víctimas y quiénes son los sujetos del discurso y del comportamiento, varían respecto a las áreas de emigración de las que proceden los extranjeros y su posición en el sistema de relaciones mundiales, varían en términos de la cultura y la organización social del receptor y las del recibido, de la mayoría y de la minoría en cuestión, varían respecto al estatus económico y social del extranjero, varían respecto a las imágenes que se ponen en juego, que se crean y se reutilizan de entre las disponibles con anterioridad, respecto a la forma de concebir la legitimación que se preconiza para el conflicto. A los análisis generales y generalizadores hay que añadir los análisis concretos y a distinto nivel de integración social de la organización de la sociedad, sin dar por supuesto que las causas señaladas en el análisis global van a ser las únicas que jueguen a todos los niveles. Un momento crucial en

Europa se va a producir cuando, por ejemplo, a este país, empiecen a llegar ejecutivos, técnicos, especialistas, profesores. Ya ocurre, pero llegará a pasar mucho más y con derechos más amplios que ahora. Plantean, sobre todo, su competencia en el seno de estratos sociales más poderosos. Estamos a punto de saber si la xenofobia se dirige solo hacia los pobres.

## 4. Relación de pueblos citados en las referencias etnográficas*

| | | |
|---|---|---|
| Ambara | Etiopía | Oriente Medio |
| Ashanti<br>Astures (antigua Iberia, s. VII)<br>Atenienses (Grecia clásica) | Ghana<br>—<br>Grecia | África<br>Europa<br>Europa |
| Azande<br><br>Beduinos | Zaire<br>Egipto<br>Libia | África<br>Oriente Medio<br>Oriente Medio |
| Indios de Brasil | Brasil | América del Sur |
| Coreanos | Corea | Asia |
| Cuna | Panamá | América del Sur |
| Españoles (grupos hegemónicos) | España | Europa |
| Espartanos (Grecia clásica) | Grecia | Europa |
| Ganda | Angola | África |
| Gitanos (españoles) | España | Europa |
| Hutu | Ruanda y Zaire | África |
| Ifugao | Filipinas | Oceanía |
| Iroqueses | Estados del Atlántico medio | América del Norte |
| Israelitas bíblicos (antiguos hebreos) | Israel | Oriente Medio |
| Kanuri | Sahara y Sudán | Oriente Medio |
| Lozi | Zambia | África |
| Lugbara | Uganda | África |
| Mbuti | Zaire | África |
| Moriscos (Castilla la Vieja) | España | Europa |
| Nuer | Sudán nilótico | África |
| Santal | India | Asia |
| Sinhalese | Ceilán | Asia |
| Somalíes<br>Taiwán (Formosa)<br>Tarahumara | Somalia<br>—<br>México | África<br>Asia<br>América del Norte |
| Tutsi | Ruanda, Zaire | África |
| Twa | Ruanda y Zaire | África |
| Visigodos (antigua Iberia, s. VII)<br>Wolof | —<br>Sahara y Sudán | Europa<br>Oriente Medio |
| Yanomamo | Amazonia | América del Sur |

\* Para la localización de los pueblos he utilizado la clasificación de G. P. Murdock (1983), *Outline of World Cultures*, 6.ª ed. revisada, New Haven: HRAF Inc.

## 5. Fuentes etnográficas citadas

AHERN, Emily M. y ROHSENOW, H. G. (1981), *The Anthropology of Taiwanese Society*, California: Stanford U.P.

ALBERT, Ethel M. (1963), «Women of Burundi», D. PAULME, ed. (1963), London: Routledge.

BAITY, Philip Ch. (1975), *Religion in a Chinese Town*, Taipei: Chinese Association for Folklore, Asian Folklore and Social Life Monographs, 64.

BARCELÓ, Miquel (1994), «Semen Regio», manuscrito, en prensa.

BARNETT, William K. (1971), *An Ethnographic Description of Sanlei-Ts'un, Taiwan, with Emphasis on Women's Roles; Overcoming Research Problems Caused by the Presence of a Great Tradition*, Ann Arbor: Columbia U.P., Microfilms n.° 71-2026, Dissertation (Anthropology).

BARTON, Roy F. (1930), *The Half-Way Sun: Life among Headhunters of the Philippines*, NewYork: Brewe & Warren.

BATEN, Gregory (1964 [1957]), *Communities and their Development*, Oxford: Oxford U.P.

CERULLI, Enrico (1959), «Il diritto consuetudinario della Somalia Settentrionale (Migiurtini)», vol. 2 de *Somalia*, New Haven: HRAF.

CHAGNON, Napoleon A. (1966), *Yanomamo Warfare, Social Organization and Marriage Alliances*, Ann Arbor: Columbia U.P., Microfilms n.° 67-8226, Doctoral Dissertation (Anthropology).

— (1970 [1968]), *Yanomamo, the Fierce People, Case Studies in Social Anthropology*, New York: Holt, Rinehardt & Winston.

COON, S., ed. (1948), *A Reader in General Anthropology*, New York: H. Holt & Co.

CRISSMAN, Lawrence W. (1974), *Town and Country: Central-Place Theory and Chinese Marketing Systems, with particular reference to Southwestern Changua Hsien, Taiwan*, Ann Arbor: Columbia U.P., Microfilms n.° 74-6269, Dissertation (Anthropology).

CZEKANOWSKI, Jan (1917), *Forschungen im Nilkongo-Zwischenge-bret, Ester Band: Ethnographie Ruanda*, Leipzig: Klinkhardt (trad. HRAF, 1959).

DE GLOPPER, Donald R. (1974), «Religion and Ritual in LuKang», A. P. WOLF, ed. (1974), pp. 43-69.

— (1978), «Doing business in LuKang», A. P. WOLF, ed. (1978), pp. 291-320 y 363-364.

DE PUYDT, Lucien (1868), «Account of scientific explorations in the Isthmus of Darien in the years of 1861 and 1865», *The Journal of the Royal Geographic Society*, vol. 38.

DIAMOND, Norma J. (1969), *K'Un Shen: a Taiwan Village*, New York: Holt, Rinehart & Winston.

DOMÍNGUEZ ORTIZ, Antonio (1978), «Documentos sobre los gitanos españoles en el siglo XVII», *Homenaje a Julio Caro Baroja*, Madrid, pp. 319-326.

DOUGLAS, Mary (1976 [1970]), «Brujería: estado actual de la cuestión. Treinta años después de "Brujería, Magia y Oráculos entre los Azande"», M. GLUCKMAN, *Ciencia y Brujería*, Barcelona: Anagrama.

EVANS-PRITCHARD, E. E. (1929), «Some collective expressions of obscenity in Africa», *Journal of the Royal Anthropological Institute*, vol. 59: 311-331.

— (1937), *Witchcraft, Oracles, and Magic among the Azande*, Oxford: Clarendon Press.

— (1965 [1940]), *The Nuer*, Oxford: Clarendon Press.

— (1965 [1951]), *Kinship and Marriage among the Nuer*, Oxford: Clarendon Press.

— (1960), «The ethnic origins of zande office-holders», *Man*, 141.

— (1974 [1962]), *Ensayos de Antropología Social*, Madrid: Siglo XXI.

— (1971), *The Azande. History and Political Institutions*, Oxford: Clarendon Press.

FERNÁNDEZ GONZÁLEZ, F. (1985 [1886]), «Estado social y político de los mudéjares de Castilla» (*cf*. S. DE TAPIA, 1991: 397-399).

FINLEY, M. I. (1981), *Esclavage antique et idéologie moderne*, Paris: Ed. de Minuit.

FORDE, D., ed. (1954), *African Worlds*, Oxford: Oxford U.P.

FORTES, Meyer (1947), «The Ashanti», *The Geographical Journal*, vol. 110: 149-179.

— (1948), «The Ashanti social survey», *Rhodes-Livingstone Journal*, 6: 1-36.

— (1950), «Kinship and marriage among the Ashanti», A. R. RADCLIFFE-BROWN y D. FORDE, eds. (1950).

GIBBS, J. L., Jr., ed. (1965), *Peoples of Africa*, New York: Holt, Rinehart & Winston.

GIMÉNEZ ADELANTADO, Ana (1994), Tesis Doctoral, Madrid: Universidad Complutense, Facultad de Ciencias Políticas y Sociología, Departamento de Antropología Social. (No publicada. Con permiso de la autora.)

GLUCKMAN, Max (1967), *The Judicial Process among the Barotse of Northern Nigeria*, Manchester: Manchester U.P., 2.ª ed.

GÓMEZ ALFARO, A. (1994), *La gran redada de gitanos*, Madrid: Ed. Presencia Gitana/UE.

GONZÁLEZ ECHEVARRÍA, Aurora (1984), *Invención y castigo del brujo en el África Negra*, Barcelona: Ediciones del Serbal.

GOULD-MARTIN, Katherine (1977), *Women Asking Women: an Ethnography of Health Case in Rural Taiwan*, Ann Arbor: Columbia U.P., Microfilms, Dissertation (Anthropology).

HILL, Polly (1972), *Rural Hausa. A Village and a Setting*, Cambridge: Cambridge U.P.

HUANG (1983), *San-Lin*, New Haven: HRAF mcf. AD5, 52, E5.

HUTCHINSON, H. W. (1963), «Race relations in a rural community of the Bahian Reconcavo», C. WAGLEY, ed. (1963).

IRVINE, Judith T. (1974), *Caste and Communication in a Wolof Village*, Ann Arbor: University of Penn, Microfilms n.º 74-14, 082, Dissertation (Anthropology).

JORDAN, David K. (1972), *Goods, Ghosts, and Ancestors. The Folk Religion of a Taiwanese Village*, Berkeley/London: University of California Press.

JUNKER, W. (1992 [1891]), *Travels in Africa During the Years 1879-1883*, London: Chapman & Hall, Ltd., 2 vols. (HRAF, 1992).

KNEZ, E. Irving (1970 [1960]), *Sam-Jong-Dong. A South Korean Village*, Ann Arbor: Syracuse University, Microfilms n.º 59-6308, Dissertation.

LAMLEY, Harry J. (1981), «Subethnic Rivalry in the Ch'ing Period», E. M. AHERN y H. G. ROHSENOW, eds. (1981), pp. 282-318, 461-465.

LEACH, Edmund (1968 [1961]), *Pul-Eliya: A Village in Ceylon. A Study of Land Tenure and Kinship*, Cambridge: Cambridge U.P.

LEÓN TELLO, P. (1963), «Judíos de Ávila» (*cf.* S. DE TAPIA, 1991: 57).

LEVINE, Donald N. (1965), *Wax and Gold; Tradition and Innovation in Ethiopian Culture*, Chicago: University of Chicago Press.

LEWIS, Ian M. (1961), *A Pastoral Democracy*, Oxford: Oxford U.P.

LUMHOLTZ, Carl (1902), *Unknown Mexico. A Record of Five Years Exploration of the Western Sierra Madre; in the Tierra Caliente of Tepic and Jalisco; and among the Tarascos of Michoacan*, New York: Charles Scribners' Sons', vol. 1.

MAQUET, Jacques J. (1954), «The kingdom of Ruanda», D. FORDE, ed. (1954).

— (1961), *The Premise of Inequality in Ruanda*, Oxford: Oxford U.P.

MARSHALL, Donald S. (1950), «Cuna folk: a conceptual scheme involving the dynamic factors of culture, as applied to the Cuna indians of Darien», Harvard University, manuscrito no publicado (reproducido, con permiso del autor, en HRAF).

MAYER, Hans (1916), *Die Barundi*, Leipzig: Spamer (traducción al inglés en HRAF, 1959).

McKIM, Fred (1947), «San Blas: an account of the Cuna indians of Panama; the forbidden land: reconnaissance of Upper Bayano River, R.P., 1936», *Ethnologiska Studier*, vol. 15, Göteborg.

MESKILL, J. M. M. (1979), *A Chinese Pioneer Family: The Lins of Wu-Feng, Taiwan, 1729-1895*, Princeton U.P.

MIDDLETON, John (1964 [1960]), *Lugbara Religion*, Oxford: International African Institute, Oxford U.P.

— (1984 [1965]), *Los lugbara de Uganda*, Barcelona: Publicaciones de la Universidad Autónoma de Barcelona.

MONCADA, Sandro de (1974 [1618]), *Restauración política de España. Discurso octavo: expulsión de los gitanos*, Madrid: Instituto de Estudios Fiscales.

MORGAN, Lewis H. (1901), *League of the Ho-De-No-Sau-Nee o Iroquois*, New York: Herbert M. Lloyd, ed., 2 vols.

MUKHERJEA, Charural (1962), *The Santals*, Calcutta: A. Mukherjea & Co., Private Ltd., 2.ª ed.

NIMKOFF, M. F., ed. (1965), *Comparative Family Systems*, Boston: Houghton Mifflin.

NORDENSKIÖLD, Erland (1930), «Cuna indian religion», *Proceedings of the International Congress of Americanists*, vol. 23.

— (1938), «An historical and ethnological survey of the Cuna indians», *Comparative Ethnographic Studies*, vol. 10, Göteborg: Henry Wasen, ed.

PAGÉS, G. (1933), «Un royaume hamite au centre de l'Afrique: au Ruanda sur les bords du Lac Kivu (Congo Belge)», *Institut Royal Colonial Belge*, coll. 8.º, vol. l.

PASTERNAK, Burton (1972), *Kinship and Community in Two Chinese Villages*, California: Stanford U.P.

PAULME, D., ed. (1963), *Women of Tropical Africa*, London: Routledge.

PETERS, E. L. (1965), «Aspects of the family among the Bedouin of Cyrenaica», M. F. NIMKOFF, ed. (1965).

PUTMAN, P. (1948), «The Pigmies of the Ituri forest», S. COON, ed. (1948).

QUIÑONES, Juan de (1621), *Al Rey nuestro Señor, discurso contra los gitanos*, Madrid: Biblioteca Nacional (*cf.* M. H. SÁNCHEZ ORTEGA, 1991: 90-98).

RADCLIFFE-BROWN, A. R. y D. FORDE, D., eds. (1950), *African Systems of Kinship and Marriage*, Oxford: Oxford U.P.

Richards, A. I. (1954), *Economic Development and Tribal Change; a Study of Immigrant Labour in Buganda*, Cambridge: Heffers & Sons.

Rohsenow, Hill G. (1974), *Prosperity Settlement: The Politics of Paipai in Taipei, Taiwan*, Ann Arbor: University of Michigan, Microfilms n.° 74-15, 837, Dissertation (Anthropology).

Rojas Marcos, Luis (1995), «Oklahoma y los "ángeles anónimos"», *El País*, 30 de abril de 1995.

Rosman, Abraham (1966), *Social Structure and Acculturation among the Kanuri of Northern Nigeria*, Ann Arbor: Yale University, Microfilms n.° 66-2677, Dissertation (Anthropology).

San Román, Teresa (1986a), «Entre la marginación y el racismo», T. San Román (1986b), Tercera Parte.

— comp. (1986b), *Entre la marginación y el racismo: reflexiones sobre la vida de los gitanos*, Madrid: Alianza.

— (1994), *La diferència inquietant. Noves i velles estratègies culturals dels gitanos*, Barcelona: Alta Fulla/Serveis de Cultura Popular.

Sánchez Ortega, M.ª Helena (1977), *Los gitanos españoles. El período borbónico*, Madrid: Castellote.

— (1986), «Evolución y contexto histórico de los gitanos españoles», T. San Román, comp. (1986).

— (1988), *La Inquisición y los gitanos*, Madrid: Taurus.

— (1991), «La oleada anti-gitana del siglo XVIII», *Espacio, Tiempo y Forma*, IV, 1991: 71-124.

Sangren, Paul S. (1980), *A Chinese Marketing Community: an Historical Ethnography of Ta-Ch'i, Taiwan*, Ann Arbor: Stanford U.P., Microfilms n.° 8011703, Dissertation (Anthropology).

Sayad, Abdelmalek (1991), *L'immigration ou les paradoxes de l'altérité*, Bruxelles: De Boeck-Wesmael.

Seligman, Charles y Brenda (1932), *Pagan Tribes of the Nilotic Sudan*, London: Routledge.

Smith, Robert J., ed. (1974), *Social Organization and the Applications of Anthropology*, Ithaca: Cornell U.P.

Southwold, Martin (1965), «The Ganda of Uganda», J. L. Gibbs Jr., ed. (1965).

Stout, David B. (1946), «Further notes on albinism among the San Blas Cuna, Panamá», *American Journal of Physical Anthropology*, n.s., vol. 4.

— (1947), *San Blas Cuna Acculturation: An Introduction*, New York: Viking Found, Publications in Anthropology, n.° 9.

— (1948), «The Cuna», *Smithsonian Institution. Handbook of South American Indians*, vol. 4. Washington: Bureau of American Ethnology, n.° 143.

TAPIA, Serafín de (1991), *La comunidad morisca de Ávila*, Ávila: Exma. Diputación Provincial, Institución Gran Duque de Alba.

TURNBULL, Colin M. (1965a), «Mbuti Pygmies: an ethnographic survey», *American Museum of Natural History of New York*, Anthropological Papers, 50: 139-282.

— (1965b), *Wayward Servants; the two Worlds of the African Pygmies*, New York: The Natural History Press.

— (1974 [1961]), *The Forest People*, London: Jonathan Cape.

WAGLEY, C., ed. (1963), *Race and Class in Rural Brazil*, Ann Arbor: Columbia U.P.

WANG, Shih-Ch'ing (1974), «Religions organization in the history of a Taiwanese town», en A. P. WOLF, ed. (1974), pp. 71-92, 354.

WANG, Sung-Hsing (1974), «Taiwanese architecture and the supernatural», en A. P. WOLF, ed. (1974), pp. 183-192, 357.

WILLIAMS, Patrick (1991), «Le miracle et la nécessité: à propos du développement du pentecôtisme chez les tsiganes», *Archives des Sciences Sociales des Religions*, 73: 79-98.

WOLF, Arthur P. (1964), *Marriage and Adoption in a Hokkien Village*, Ann Arbor: Comen U.P., Microfilms n.° 65-4171, Dissertation (Anthropology).

— (1974a), «Marriage and adoption in northern Taiwan», R. J. SMITH, ed. (1974).

— ed. (1974b), *Religion and Ritual in Chinese Society*, California: Stanford U.P.

— ed. (1978), *Studies in Chinese Society*, California: Stanford U.P.

WOLF, Arthur P. y Huang (1980), «Hai-Shan», HRAF micrf. AD5, 51, EV 4, 5.

WOLF, Margery (1968), *The House of Lim; A Study of a Chinese Farm Family*, New York: Appleton-Century-Crofts.

— (1972), *Women and the Family in Rural Taiwan*, California: Stanford U.P.